U0646283

心理健康教育指导师培训用书

心理健康教育指导师

三级

丛书主编◎傅小兰 武国城
执行主编◎林春 庞红卫
副主编◎郭勇 张平 李旭培

北京师范大学出版集团
BEIJING NORMAL UNIVERSITY PUBLISHING GROUP
北京师范大学出版社

图书在版编目 (CIP) 数据

心理健康教育指导师：三级 / 林春，庞红卫主编 . —北京：北京师范大学出版社，2023.4
（心理健康教育指导师培训用书/傅小兰，武国城主编）
ISBN 978-7-303-28596-9

Ⅰ . ①心… Ⅱ . ①林… ②庞… Ⅲ . ①心理健康—健康教育—中小学—教学参考资料 Ⅳ . ①G444

中国国家版本馆 CIP 数据核字（2023）第 001165 号

图 书 反 馈 意 见 **gaozhifk@bnupg.com** **010-58805079**
营 销 中 心 电 话 010-58807651

XINLI JIANKANG JIAOYU ZHIDAOSHI SANJI

出版发行：北京师范大学出版社 www.bnup.com
　　　　　北京市西城区新街口外大街 12-3 号
　　　　　邮政编码：100088

印　　刷：河北品睿印刷有限公司
经　　销：全国新华书店
开　　本：710 mm×1000 mm　1/16
印　　张：20
字　　数：313 千字
版　　次：2023 年 4 月第 1 版
印　　次：2023 年 4 月第 1 次印刷
定　　价：55.80 元

策划编辑：姚贵平　苏丽娅　　　责任编辑：葛子森　乔　会
美术编辑：焦　丽　　　　　　　装帧设计：邓　聪
责任校对：陈　荟　　　　　　　责任印制：陈　涛

编委会

总　序

▼
▼
▼

为深入贯彻党的二十大精神，全面执行党的教育方针，落实立德树人根本任务，培养德智体美劳全面发展的社会主义建设者和接班人，中小学必须将不断提高学生心理健康素养作为一项重要工作。针对该项工作当前的重点、难点问题，要进一步强化专业支撑和科学管理，形成切实有效的心理健康教育工作体系，要配齐建强中小学心理健康教育教师队伍，持续壮大专业力量，要抓好辅导员、班主任队伍建设，着力提升心理健康工作能力和水平。针对人才队伍建设方面的迫切需求，特编写心理健康教育指导师培训用书。

本套丛书共三册，分别对应于中小学心理健康教育教师的初级、中级、高级培训。三级教材作为初级培训用书，主要介绍心理健康教育与学校教育教学的关系，青少年发展心理学与人际交往心理学等基础理论知识，以及中小学心理辅导活动课的设计与教学等专业技能。二级教材用于中级培训，内容涉及中小学心理辅导站的建设与运行，个体与团体心理咨询基本理论及方法，结合典型案例讲述中小学常见心理问题与解决办法，并介绍中小学开展心理健康教育工作可能遇到的相关法律和伦理问题。一级教材重点介绍学校心理危机干预理论与方法及心理咨询督导的相关内容。参加高级培训的教师学完一级教材并通过考核，应当具备指导初级、中级教师开展心理健康教育工作的能力。

丛书的作者是心理学家、临床心理咨询专家，以及多年在一线从事学生心理健康教育工作的专职教师，具有扎实的心理学理论功底和丰富的实际工作经验。他们参与编写使本套丛书具有几个明显特点：一是理论部分比较成熟，有针对性地介绍了与中小学心理健康教育密切相关的心理学理论；二是理论与实践紧密结合，偏重实用性和操作性，采用大量案例介绍心理咨询辅导的方法技术，通俗易懂便于掌握；三是注意学习的递进性，三册内容前后衔接，从易到难循序渐进，为心理健康教育教师初级、中级、高级进阶培训提供了学习资料。

▼

本套丛书可以作为心理健康教育教师培训用书，以及班主任或其他学科教师了解学校心理健康教育常识的阅读材料，也可供学生家长和所有关心青少年心理健康的社会各界人士使用。立德树人是国之大计，必须健全学校、家庭、社会联动的良好的育人机制。学习运用心理学知识，势必会成为健全育人机制的刚需。

本套丛书的出版是需求在先，因需急办，仓促成稿之中难免会有疏漏或错误，敬请各位读者不吝批评指正。

感谢北京师范大学出版社责任编辑给予的支持和帮助。希望在出版社的指导下，本套丛书可以不断修改完善。

前 言

▼
▼

百年大计，教育为本。随着社会主义建设进入新时代，人民群众对美好生活的向往日益强烈，对优质教育的需求更加迫切，驱动着教育的内涵发展与高质量提升。2018 年，习近平总书记在全国教育大会发表重要讲话，提出了"培养什么人、怎样培养人、为谁培养人"这一教育的根本问题。为党育人、为国育才，培养担当民族复兴大任的时代新人，是党和国家赋予教育的崇高使命。教育就是要落实立德树人的根本任务，将青少年培养成身心健康、人格健全、全面发展的高素质人才，为民族伟大复兴培养时代新人。

青少年时期是人格健康发展的关键期，也是容易滋生心理健康问题的非常期。青少年自我意志相对薄弱，认知结构不够完善，生理与心理成熟不同步，生活阅历比较少，心理状态不稳定，容易产生对社会和家庭叛逆及依赖的冲突，出现成就感与挫折感的交替，更易产生各类心理问题。尤其在社会竞争加剧的新时期，青少年的心理健康问题更加突出，抑郁、焦虑、情绪情感障碍等各类心理问题与疾病影响着青少年的健康成长。

近几年来，在党中央、国务院与各级地方政府的高度重视与共同推动下，全社会开始关注青少年心理健康教育问题，不少学校开始把青少年身心的健康发展放在教育教学的重要位置，把培养身心健康的孩子作为教育的首要任务。但囿于专业心理教师的不足，以及心理健康教育专业化培训体系的匮乏，很多学校和教师不知如何使心理健康教育真正"落地"。如何在学校开展系统的心理健康教育工作？如何开展积极有效的心理辅导活动课？如何提高心理辅导和学生咨询的专业技能？如何让班主任的学生管理工作更具有专业性和科学性？这些问题经常让一线心理教师和班主任在日常教育管理中举步维艰。

如何为心理专兼职教师建设一套体系化的培训体系，搭建一条专业化的成长路径，加强和改进学校心理健康教育，为青少年身心健康成长打下坚实基础，这是当前学校心理健康教育的重大课题与重要使命。本书的出版，就是希望为学校领导、心理教师和班主任提供一种心理健康教育的整体观、发展观和科学观，在专业基础、专业知识与专业能力方面增强学校心理健康教育的专业化、科学性、跨越式发展。

本书认为，心理健康教育不是孤立的，也不是单一的，更不是没有渊源的，中国的心理健康教育是在优秀的中华传统文化中生根发芽的，富于智慧和活力。本书中的第一部分系统展示了中国心理健康教育的背景和环境，重点阐述了学校心理健康教育与中华优秀传统文化、学校教育教学的关系。很多古圣先贤对人生问题做出的清晰观察和总结，直到今天仍具有普适性。这部分章节中提到的优秀文化滋养、学校教育融合、班主任工作的德育整合等，都明确了心理健康教育在育人工作中的地位和价值，阐明了心理健康教育的内涵和作用。

本书认为，学校开展心理健康教育，需要完善一体化实施路径，从课程教学、活动开展、心理危机预防与干预等方面入手，构建纵向衔接贯通、横向渗透联系的有效心育模式。在本书的第二部分和第三部分，编者用了大量的教育案例，介绍了心理健康教育如何在学校有效实施，如何开设一体化课程，如何开展科学有效的咨询和辅导等一系列实践操作层面的内容，让开展心理教育的实施路径更为清晰明确。同时，第二部分和第三部分用翔实生动的咨询个案，增强了心理健康教育在实际学校教育中的可操作性、可实践性和可运用性，使心理健康教育看得到、摸得到、用得到。

随着健康中国战略的实施，生命至上、健康第一的理念已深入人心。健康不只是身体健康，同样包含心理健康。我们有理由相信，随着健康中国战略的深入推进，学校心理健康教育将成为培养担当民族复兴大任的时代新人的重要内容，其专业化水准也将不断提升，从而更好地融入学校教育教学，融入学生整体发展体系。希望本书能帮助学校领导、心理教师和班主任构建更全面、更完整的心理健康教育视域，形成更深刻、更辩证的心理健康教育思维，培养更多元、更多解的心理健康教育能力！

Contents 目　录

第一部分　专业基础

第一章　中华优秀传统文化与心理健康教育　/3

　　第一节　中华优秀传统文化中的心理学思想　/3

　　第二节　中华优秀传统文化独特的心理健康教育价值　/13

　　第三节　中华优秀传统文化在当代心理健康教育中的运用　/17

第二章　现代教育与学校心理健康教育　/24

　　第一节　现代教育与人的发展　/24

　　第二节　从人的全面发展来看心理健康教育　/29

　　第三节　学校心理健康教育的基本理论　/34

第三章　心理健康教育与学校教育教学　/58

　　第一节　心理健康教育与学校教育教学的融合　/58

　　第二节　心理健康教育与高效教学　/69

　　第三节　心理健康教育与学校氛围营造　/81

第四章　心理健康教育与班主任工作　/98

　　第一节　班主任管理工作角色与困境　/98

　　第二节　用心理健康教育的理念做好班主任工作　/102

第二部分　专业知识

第五章　青少年发展心理学 /115

第一节　青少年发展心理学的核心理论 /115

第二节　青少年发展心理学与中小学生常见心理问题 /124

第六章　人际关系心理学 /157

第一节　人际关系心理学的基本理论 /157

第二节　人际关系心理学与师生交往技巧 /164

第七章　管理心理学 /176

第一节　管理心理学的基本理论 /176

第二节　管理心理学与中小学生心理冲突及压力 /191

第三部分　专业能力

第八章　心理辅导活动课教学准备 /225

第一节　心理辅导活动课相关理论 /225

第二节　心理辅导活动课概述 /230

第九章　心理辅导活动课教学进程 /237

第一节　团体暖身阶段 /237

第二节　团体转换阶段 /249

第三节　团体工作阶段 /261

第四节　团体结束阶段 /273

第十章　心理辅导活动课教学示例 /280

第一节　心理辅导活动课教学设计示例 /280

第二节　心理辅导活动课说课示例 /289

参考文献 /301

第一部分

专业基础

DIYI BUFEN

ZHUANYE JICHU

第一章　中华优秀传统文化与心理健康教育

▼
▼
▼

　　中国是拥有五千年灿烂文化的文明古国，中国古代哲学中蕴藏着独特而又丰富的心理学思想。中华优秀传统文化中的心理学思想是东方传统心理学的重要组成部分。这些思想促进人们形成了关于心理现象及其规律的独特理解，体现和构筑了我国民众的心理生活。

　　在中华优秀传统文化中，我们能窥见关于人性、人格、自我、意识的心理学智慧。中华优秀传统文化以独特的形式呈现心理健康教育资源，所以提炼中华优秀传统文化中的心理健康教育思想有其必要性。同时，我们要充分挖掘中华优秀传统文化在当代心理健康教育中的应用价值。

第一节　中华优秀传统文化中的心理学思想

　　近年来，越来越多的心理学家开始关注中华优秀传统文化中的心理学思想。有关中华优秀传统文化中心理学思想的研究，不仅有益于中国现代心理学的科学发展，同时也可以加深我们对中华优秀传统文化独有的心理生活的理解，为我们提供特殊的理论阐释和思考方式。有学者认为，从已有的研究中我们可以了解两个方面的内容：一是中国民众的心理生活具有明显的文化特征，与世界其他文化圈，尤其是西方的心理生活存在很大差异；二是中华优秀传统文化中的心理学思想拥有独特的优势，赋予心理学的含义也与西方心理学存在很大差别。[①]

---

　　① 葛鲁嘉. 心理文化论要——中西心理学传统跨文化解析[M]. 大连：辽宁师范大学出版社，1995：195.

一、中华优秀传统文化中的心理学 ▼

中华优秀传统文化学派众多，其中儒家、道家、佛家是流传时间长，传播范围广，社会影响深远的三个学派。儒家、道家、佛家的思想渊源各有不同，倡导的主题也有差异，使用的概念和解决的问题也不尽相同。虽然如此，但同为中华优秀传统文化的重要组成部分，它们并不是完全对立的，而是有着共同的研究主题，在历史的演变过程中彼此借鉴和相互吸收。如儒家、道家和佛家均着力于把世间万物作为有机的整体加以阐释，以探求心灵、社会、宇宙的一般规律性。

（一）关于人性

在中华优秀传统文化中，心理学理论的起点是关于人性的假设。虽然不同学派的思想家对于人性的含义有着不同的理解，对人的心理本质及其规律提出了不同的理论观点，进而形成了不同的心理生活，但比较一致的是他们都认为人性即人的天赋本性，且以三种形态呈现。

第一，性善论。"人性之善也，犹水之就下也"（《孟子·告子上》），孟子认为人生来就是性善的。"人之所不学而能者，其良能也；所不虑而知者，其良知也"（《孟子·尽心上》），人性中有不学而能的"良能"，不虑而知的"良知"。儒家文化代表孟子认为："恻隐之心，人皆有之；羞恶之心，人皆有之；恭敬之心，人皆有之；是非之心，人皆有之。恻隐之心，仁也；羞恶之心，义也；恭敬之心，礼也；是非之心，智也。仁义礼智，非由外铄我也，我固有之也。"（《孟子·告子上》）这种"善端"是种与生俱来的潜能，但不是现实中的道德品质。"学问之道无他，求其放心而已矣"（《孟子·告子上》），需要通过教育作用保持、发扬、扩充人的天赋善端。"人之初，性本善。性相近，习相远。苟不教，性乃迁"（《三字经》）也是这种思想的重要体现。

第二，性恶论。"人之性恶，其善者伪也"（《荀子·性恶》），儒家代表人物荀子认为人的自然本性是多欲好利的，"饥而欲食，寒而欲暖，劳而欲息，好利而恶害，是人之所生而有也"（《荀子·荣辱》），在现实中人与人之间必然会因为这种自然本性产生弱肉强食的生存竞争。人性本恶是荀子的主要观点，"今人之性，生而有好利焉，顺是，故争夺生而辞让亡焉；生而有疾恶焉，顺是，故残贼生而忠信亡焉；生而有耳目之欲，有好声色焉，顺是，故淫乱生而礼义文理亡焉。然则从人之性，顺人之情，必出于争夺，合于犯分乱理而归于暴"（《荀子·性恶》）。为了制恶求善，维持良好的人际秩序，就需要后天人为的礼仪教化，即起"化性起伪"的教育作用。"故必将有师法之化，礼义之道，然后出于辞让，合于文理，而归于治。用此观之，然则人性之恶明矣，其善者伪也"（《荀子·性恶》）。品德形成包含两个因素：一是"性"，是基础和载体；二是"伪"，即后天的环境与教化。荀子认为品德的形成主要取决于"伪"而不是"性"。

第三，性无善无恶论。人性本无善无恶或有善有恶，后天环境才是影响品德形成的决定因素。"仓廪实而知礼节，衣食足而知荣辱"（《史记·管晏列传》），管子强调物质生活条件对人品德的影响。在与孟子的辩论中，告子多次强调"性无善无恶论"，如"生之谓性""食色，性也"（《孟子·告子上》），以为人格中与生俱来的自然生理属性与本能是不具有道德善恶属性的，"性犹湍水也，决诸东方则东流，决诸西方则西流，人性之无分于善不善也，犹水之无分于东西也"（《孟子·告子上》）。宋朝朱熹认为"天命之性"的"理"与"气质之性"的"气"相结合构成"人性"，前者无善恶之分而后者有，因此要通过教化与学习修养去恶存善。

由上可见，中华优秀传统文化非常强调教化的作用与环境的影响，不论是哪种人性观，最终都需要通过接受教化和改造环境来完善人性。

（二）关于人格

人格通常用来指个体带有倾向性、比较稳定的心理特征，是现代心理学的重要概念之一。中华优秀传统文化中也有许多关于人格的重要概念和思想。与西方的人格研究更多侧重于个体差异不同的是，中华优秀传统文化对人格的探讨主要出自对理想人格的追求。中华优秀传统文化的主流思想将人对理想人格的追求分为两个层次。一是较低水平的食色欲望和感官追求。这不代表人的心性本质，甚至会阻碍后一水平的实现，但也是人生活所必需的。二是需加以修习和发展的较高水平的追求，是必须通过修养心性、体存天道才可获得的。

中华优秀传统文化主流思想认为人生最重要的目标，就是通过不断超越和提升人格修养，追求理想人格。其中儒家、道家、佛家在涉及人格的成长和发展方面，具有各自特征鲜明的教化方式和修习方法。"圣贤人格"为儒家的理想人格，其内涵有三。第一，拥有胸怀"三不朽"的济世之志。第二，拥有深厚的"仁爱"精神和善于进行道德自我修养。第三，拥有"齐家治国平天下"的超人智慧和能力。① 圣贤人格追求的就是"太上有立德，其次有立功，其次有立言；虽久不废，此之谓不朽"(《左传·襄公二十四年》)。道家主张无知无欲，老子说："见素抱朴，少私寡欲。"(《道德经·第十九章》)道家的理想人格崇尚"自然"，坚持"自然无为"，以"顺其自然""无为而无不为"为践行标准。庄子提出要做"真人"，顺从"自然天性"。"真人"理想人格有三个层次："至人无己，神人无功，圣人无名。"(《庄子·逍遥游》)佛家认为天下万物的本质是"无常""无我"。所谓"无常"是指世事无常，一切事物都是在变化中存在，世界上没有不变的东西。"无我"是指不存在与他人完全不同的本质、本性。"无常""无我"即为"空"，既已悟空，则无执念，就可进入"无念""无相""无住"之境。佛家的理想人格是在思想上透彻认识人性，达到"无我"，则可在生活实践中拥有"平常心"。

可见，中华优秀传统文化中各学派的共同点是十分看重人格的成长，并把其看作修习提升的重要路径。各学派从自己的立场出发，塑造具有学派特征的理想人格。这些中国人特有的人格构成，长期影响着中国人的心理生活，并为中国人的人格成长提供了理论依据。

(三)关于自我

自我是个体对自身及自己与外在世界关系的认识，包括生理自我、心理自我和社会自我。研究表明，由于文化背景的差异，中西方的自我存在很大的差异。西方心理学强调个人价值，个体的言行基本上是依照自己的各种感受、意向和思想加以组织的；而中国本土心理学受中华优秀传统文化影响，强调个体心理之间的依存，个体的言行存在于觉知到的关系，是由关系中他人的感受、意向和思想而定的。从这种意义上说，西方现代心理学可以看作有我的自我学说，探讨的自我是相对封闭的自我；中华优秀传统文化中的心理学可以看作无

---

① 邱紫华. 中国传统文化的理想人格之一：儒家的理想人格[J]. 今古文创，2020(01).

我的自我学说，探讨的则是相对开放的自我。[①]

中华优秀传统文化中的儒家思想强调社会关系和社会伦理，认为唯有经过持续的学习与实践来适应社会，自我才会得以发展。例如，"孝"在儒家的传统中被视为美德之源，在亲子关系中，作为子女须虔诚地接受父母的恩赐，从内心尊敬并顺从自己的父母。每个人都需要通过逐渐掌握社会关系的法则，把他人、家庭、国家等融入自我范畴，才能激发本性中潜藏的天赋善性，最终实现自我。"天地与我并生，而万物与我为一。"（《庄子·齐物论》）道家思想中的自我，以无知、无为、无欲的方式顺应世界与自然，表现出中国古代的智慧。佛家思想认为，人无论是自我还是非我都是一体的，人一旦达到了觉悟，就可以进入无我的境地，感受物我如一。

（四）关于意识

意识虽是体现我们存在的重要组成，但我们对它的了解却不多。

儒家思想重视修养心性，体悟天道。意识则是个体修养自身的心性和体悟天道的主要途径，如人唯有借助意识方可辨别善与恶、是与非。对于个体而言，意识到他人就意味着可依据他人来体察自己；意识到礼法就意味着可依据社会标准来体察自己；意识到大道就意味着可参照普遍的德行准则来体察自己。意识是个体在修养心性，体悟天道过程中自我导向和自我超越的活动。

道家提出道是世间万物的本源，而它却又是无形的、无法感知的。人无法通过感知觉来认识道，需将自己的意识状态由普通转为虚静，透过心灵来体悟天道。"视之不见，名曰夷。听之不闻，名曰希。搏之不得，名曰微。"（《道德经·第十四章》）夷、希、微皆表达"道"的超感知性。修道须认识自然规律，即所谓"知常曰明"。老子说："道可道，非常道。"（《道德经·第一章》）道是只可意会不可言传的，是不能借助理智化、概念性的意识来认识的，只有摒除事物的区别和言语的分割，才能达到"不知之知"，这有些类似于我们对意识与潜意识的了解。因为道无为而无不为，所以在体悟道之后，人就会处于一种转变的意

---

① 葛鲁嘉．心理文化论要——中西心理学传统跨文化解析［M］．大连：辽宁师范大学出版社，1995：208．

识状态中，把握事物之变化，顺应其本性而自发。尽管道是无为的，但仍能驾驭事物的发展。[①]

佛家对于意识的看法在某些方面和道家接近，主张意识根源于纯粹、空静，可分为两种状态。一是类似感官映象、肉体欲望等对世界感知的通常状态或理智状态。二是自觉到纯粹的超常状态，是一种直觉的意识，即觉悟。

二、中华优秀传统文化中的心理健康教育 ▼

作为优秀传统文化核心的中国哲学，蕴藏着深厚的本土心理学思想。这些心理学思想统一主张天道和人心是相关联的，道并不游离于人心独立存在，而是与人心相互融合和贯通的。道既存在于人亦存在于心。因此，中国哲学的首要任务在于提升人的精神境界，增强人心对道的把握。怎样将人潜在的心之本性呈现出来，让心灵得以自我超越，并在现实世界中得以展现，也就成为中国传统哲学关注的重点，这一重点与当代心理健康教育(以下简称心育)思想不谋而合。尽管传统的中国哲学并没有现代意义的心理学理论体系，但实际上却拥有丰富的心理学远见卓识，构成了独特的理论和实践体系。[②]

(一)儒、道、佛文化中的心育思想

1. 儒家文化中的心育思想

儒家文化倡导的天道指万物生长和变化必然要因循的规律，并强调以天道立人道。因此，人的行事准则都需要合乎一定的伦理道德，即义理之道，这也是儒家理论的根本和核心。"天命之谓性，率性之谓道，修道之谓教。"(《中庸》)上天给予人的自然禀赋就是"性"，人依照本性去做事情就是"道"，遵循"道"来修习就是"教"。如"道"来源于对"性"的了解，"教"则运用"道"来对行为予以约束，过分时要求回撤，退缩时鼓励继续前行。"性""道""教"三者相互承

---

① 葛鲁嘉.心理文化论要——中西心理学传统跨文化解析[M].大连：辽宁师范大学出版社，1995：213.

② 葛鲁嘉.心理文化论要——中西心理学传统跨文化解析[M].大连：辽宁师范大学出版社，1995：180.

接，互为因果。对"性"的了解，对"道"的追求都是顺应本心的过程，教育就是建立在对"性"的了解与遵从的基础上的，这是中华优秀传统文化中心理健康教育思想的根本体现。

同时，儒家文化虽提倡"天人合一"的理念，但也强调人的本性是潜在的，需要通过修习与觉悟来实现。儒家文化提倡"下学上达"，"尽其心者，知其性也。知其性，则知天矣"（《孟子·尽心上》），人竭尽心力就会知道其本性，觉知到自己的本性就是懂得了天命。天道一方面为心中"仁"，另一方面为社会"礼"。儒家的内圣外王之学中，内圣指通过内在修养成就心中"仁"，外王指利用道德践行实现社会"礼"。

"格物、致知、诚意、正心、修身、齐家、治国、平天下"，为《大学》开列的八个描述个人修行的阶段。格物、致知、诚意、正心、修身是个人内心修养的步骤。格物指正事。格，正也，物，事也，即正其不正(恶)，以归于正(善)。致，至也，知，良知也，致知指使良知至于物。诚意指对心发善念能真好，对心起恶念能真恶。心中意念可能夹杂感性欲望，本心虽无不正，也必正之符合其本心。修身指为善去恶。因为心是身体的明识主宰，所以修身在于正心，正心在于诚意，诚意在于致知，致知在于格物，此为儒家特有内心修习的功法。齐家、治国、平天下是外王事功，重视人与社会的关系，认为内心修养能达到什么样的精神境界，人就能够尽到什么样的社会责任。

2. 道家文化中的心育思想

自然之道是道家思想最核心的内容，"自然"指自然而然而非自然界。老子曰："人法地，地法天，天法道，道法自然。"（《道德经·第二十五章》）道是万事万物之本源，是万物从生根本，万物之所以为万物者皆因德。"道生之，德畜之，物形之，势成之，是以万物莫不尊道而贵德。"（《道德经·第五十一章》）道生成万事万物，德养育万事万物，之所以道被尊崇、德被珍视，皆是因为道生成万物不加以干涉，德养育万物不加以主宰，一切都顺其自然。在老子看来人得道便有德，有德便有自然能力，人的自然本性便能得到充分自由的发展。只要自然地顺德而行，而非肆意妄为，人就能得到快乐。

道家理想人格的目标是纯朴无邪的本真之性，老子曰："罪莫大于可欲，祸莫大于不知足，咎莫大于欲得。"(《道德经·第四十六章》)人往往因为欲望太多、想法太多导致失德、失道。因此老子强调要清心寡欲，提醒人们不要为外物和世俗陈规所束缚诱惑，而泯灭了质朴本性或"真我"。庄子主张要顺其自然，充分发挥自己的自然本性，深入体悟并把握道，实现真正意义上的幸福。

老子称"涤除玄览""虚静""无为"。"涤除玄览"指心中没有过多私欲和杂念时才能更好地看清世间万事万物。"致虚极，守静笃，万物并作，吾以观复"(《道德经·第十六章》)，"涤除玄览"要"虚静"，当心灵达到空明到极点的精神状态时，就能不为外物所动，分析观察出事物循环往复的真正规律。"为学日益，为道日损，损之又损，以至于无为，无为而无不为。"(《道德经·第四十八章》)"涤除玄览"要"无为"，修道是日积月累的过程，只有持续地消除贪欲，才能达到真正与天道合一的无为境界。无为并非不为，而是顺其自然，无为而无不为。道家思想强调人与自然的关系，认为人最终能够通过内心修习达到最高的精神境界，依靠道的力量领悟和引导事物的变化进程，参与大道循环，与道相合。

3. 佛家文化中的心育思想

佛家认为人之所以会陷于痛苦不能自拔，就在于人的贪恋和无知，而人可以通过觉悟了解本性，从而得以摆脱痛苦。佛家讲究"作用之心"，即本性之心的作用。本性之心由现实和经验成就，利用作用之心觉悟内心的本性。

(二)阳明心学中的心育思想

阳明心学是对儒家思想的延续与发扬，但阳明心学更侧重于将精神变为行动，在意识深处达成"知行合一"。行为若遵循良知，则此心光明。阳明心学的大智慧便是拿得起放得下，以开放的心态践行道德，最终获取健康的心理。

1. "知行合一"基本思想内涵

"无善无恶心之体，有善有恶意之动，知善知恶是良知，为善去恶是格物"这是王阳明的四句教。四句教从逻辑而言是一个由认识到实践的进程。从"心"到"物"，从"无"到"有"，从"知"到"行"，从主观到客观，再到"知行合一"，最终达到物我同体的境界。

王阳明主张心外无物，心作为客观存在的主体，是无善无恶的。同样，客观世界的万物自然也是无善无恶的。当我们面对本"无善无恶"的世界时，我们的心会发出"意"。"意"指的是意念，意念即心动，心动就有所指，善恶也随着意念同时出现。当善恶已经存在的时候，分清善恶就非常重要。人的价值观受环境的影响，"心"也会受外物的影响。对此，王阳明提出要"致良知"。"知"只是客观的认识，而"良知"则是有道德含义、价值取向的。"良知"作为人的道德意识与道德情感的统一体，不仅为人指示何为善，何为恶，而且使人能"好"所是而"恶"所非。"格物"则是人改造客观世界的活动，为善去恶是一切活动的目的和准则。在各类践行过程中用格物的方法论来为善去恶也成为阳明心学的重要内容。

阳明心学并非简单地强调人的意识功能，而是关注精神与物质的相互联系及作用，倡导"知行合一"。"知行合一"的过程并不能自发地实现，而是需要一个"致"的过程。所谓"涵养则在自敬，为学则在致知"，"良知"并非天生的，所以需要"致良知"。"致"既是一个认知过程，也是一个修习过程。没有"致"的过程，就无法从"知"到"良知"，从"良知"到"知行合一"。

2."知行合一"与心理健康的契合

心理健康具备一些基本特点。首先，心理健康是一个较为主观的因素，更关注个体内在的精神生活。其次，心理健康是一种连续变量。没有绝对的健康，也没有永远的问题和困惑。个人即使身处困境，也有获得主观幸福感的可能。最后，心理健康强调积极因素。每个人虽然都可能会遇到心理困扰，但重点在于个体态度及行动对于解决心理困扰的积极意义。这些和阳明心学"知行合一"的基本思想是一致的。

"知行合一"强调尊重人性，从人性本质出发，即"心外无物、心外无事、心外无理"。人的一切行为均由其内在需要决定，唯有顺应本性，顺从良知才能合道。如果仅仅知道凌驾于人心的道理，而不去践行，就不是道，而是妄。就如现实生活中，很多人深谙各种心理调适的方法与技巧，却不能根据自身的状况去体验和实践，或只是生搬硬套，就会出现"这些道理我都懂，但依然过不好"的状态，最终仍被心理疾病所困扰。

　　"知行合一"的直接经验对个体维护心理健康具有重要的启发，可以教会我们学会与问题共处。若是生了病，我们会想方设法治愈，但对于某些疾病，特别是某些心理上的疾病，这么做不仅难以起到治愈的作用，甚至还会加重症状。有时最有效的办法却是内心放松，顺其自然地带着症状生活，不去刻意治疗反而可能会自然痊愈，这是"知行合一"的具体表现之一。一个身心健康的人，并非没有困扰，而是能以泰然的心态去接受痛苦，并在实践活动中去经历安详。这与心理健康的促进理论极为吻合，只有适应与践行才是应对痛苦的良方，并最终让症状消失于心灵成长的过程中。

　　"知行合一"的价值追求就是要达到生命理想的境界。人们可以通过解释性认知来认识世界，而不同的认知产生了截然不同的神经通路。王阳明曾提出"破山中贼易，破心中贼难"，特别关注品德及精神生活的质量，认为只要关注内心世界的改造，大家都可以立德、立功、立言而成圣人。每个人都是自我人生的专家，是自我生命的创造者，能够按照"知行合一"的方式挖掘内心潜意识的力量，能够通过修通以往的经历重塑解释风格来提升心理健康。

　　3."知行合一"对心理健康的践履

　　阳明心学认为，"知"与"行"是一件事，不存在先后顺序，《传习录》中的"知是行之始，行是知之成"说明"知"与"行"是合二为一的。"知之真切笃实处，即是行；行之明觉精察处，即是知。"表明"知行合一"本真状态是"真知行"，"知"一定要落实在"行"上，才算是真知，只有经过"行"才能知之真切。

　　"知"为"行"提供了动力。儒家经典《大学》有言："知止而后有定，定而后能静，静而后能安，安而后能虑，虑而后能得。"意为知道应该达到的境地，才能够使自己志向更加坚定；志向坚定，才能够镇定而不躁；镇定而不躁，才能够心安理得；心安理得，才能够思虑周详；思虑周详，才能够有所收获。这与王阳明"欲行之心即是意，即是行之始矣"是相通的。有意才会有行，也才会有所指。"知"偏于觉察，"行"偏于指向，"知"对"行"起着指导的作用。"知"具有适应性，是一种直觉式辨别力，有助于个体生存。越是能够全面认知的人，越不容易有心理困扰，越能从多角度及宏观层面来看待生命，越能拥有一种淡然的心境和健康的心态。

"行"为"知"提供了保障。真知必须要贯彻到行动上才算完结，其深层的意义是，唯有有效的行动才能知之真切。"行"与"知"本为一体，"知"潜存于人的精神中，需不断在具体实践中得以发展。王阳明说："哑子吃苦瓜，与你说不得。你要知此苦，还须你自吃。"阳明此言是指主体践履的言行，即"以求履其实而言谓之行"。这种"行"便是"笃行"。当人们面对未知的事件时，只要满怀好奇和热情去"笃行"，设法按这个世界的本来面目去看待并改善世界，则"此心光明"。

面临人生的困境，以安定的心态，全神贯注地对待，就能抗拒烦躁、不安，同时也能避免同时去做好几件事，也就获得了当下经由行动而产生的精神愉悦。能拿得起同时也能放得下，放得下的同时又能拿得起，这就是解决现实生活的大智慧。人们面对心理上的问题不应逃避，而应勇于实践。只要人们以过去、现在和未来的眼光审视，心理问题就永远处于动态变化当中。这对于正面临心理困扰的人们而言，是一种极为振奋的鼓舞。不管我们现在遭遇怎样的挫折，都有可能获取美好的未来。

第二节　中华优秀传统文化独特的心理健康教育价值

中华优秀传统文化承载着五千年的历史积淀，具有独特的魅力。尤其是中华优秀传统文化蕴含的心理健康思想，更是呈现出特有的、古朴且厚重的原生魅力。中华优秀传统文化多以"阴阳五行"哲学思想为基础，结合"天人合一"的认知理念，以"仁义道德"为行为准则，以"中庸之道"和"修身克己"为处事方式，形成和谐多元的架构体系。中华优秀传统文化中的心理健康思想与西方心理健康思想突出的"医学模式"有所不同，更加注重"灵"与"肉"的区别，以及人格的发展与提升，对人格的养成与心灵的护佑产生了重要影响。

一、中华优秀传统文化富于心理学意义 ▼

"心理学"与"心"在本质上有着内在关联。中华优秀传统文化关键之处在于对"心"的理解与把握。中华优秀传统文化强调的"心"，超越了人体器官的意义，是一种包含思想、情感、品格、意志等的精神状态。中国古人喜用"心"来表达人的智慧、心灵与精神世界，这里的"心"与心理学的"心"高度吻合，超越了心脏，也超越了大脑，甚至超越了个体，作为天地之心，被称为"道之本原"。从这种意义而言，"心"可被视为一种天下的至理，是中国古人对人间世事和宇宙的认识和理解。显而易见，中华优秀传统文化关于"心"的概念中有着极其深刻的内涵。①

二、中华优秀传统文化蕴含心理健康教育资源

(一)"神"实"形"虚的形态

从历史文化中不难看出，我们的历代先辈皆十分注重"神"而非"形"：无论是占主导思想的"修身养性"学说，还是中医理论中的"身心合一、防治并举"；无论是注重和谐人际的"仁爱"观念，还是以保持平衡状态为重点的"中庸之道"；无论是传统时令节庆以求"天人合一"，还是各种具有人际沟通功能的风情民俗。

(二)朴素的唯物辩证法

中华优秀传统文化虽博大精深且玄妙非常，但最基本、最重要的哲理思想是强调各类事物之间的对立统一，强调各种事物的发展变化与相互关系，如古代朴素的唯物哲学"阴阳五行"思想。这种世界观与方法论对中国民众产生了深远的影响，使人们看问题更加客观全面，重视从源头上解决问题，避免因认知偏差而产生心理问题，这也正是中华优秀传统文化中心理健康思想的优势所在。

(三)与道德养成有机融合

道德养成一直是教育的重要内容，是学校、家庭、社会根据个体道德的生长规律，对个体进行道德行为的反复训练以形成稳定的行为习惯，将社会道德规范内化为个体的道德心理结构，最终使个体形成稳定的道德品质的过程。在中华优秀传统文化中，养成高尚的人格品质是做人的根本，也是心理健康的重要标准。中华优秀传统文化中包含的道德养成思想，不仅对正确处理道德教育与心理健康教育的关系有重要指导意义，也极大丰富了心理健康教育的内涵。②

---

① 徐晓暖. 中国传统文化的心理健康教育价值[J]. 大连干部学刊，2008(05).
② 徐晓暖. 中国传统文化的心理健康教育价值[J]. 大连干部学刊，2008(05).

三、中华优秀传统文化对当代心理健康教育的实际作用 ▼

(一)提供文化支撑

社会历史的模样是由人的实践活动塑造的。每一种文化背景都会产生其独有的个性心理特征，影响该文化背景中的所有成员，潜移默化地对每个个体产生教化、规范和塑造的作用。因而在不同文化背景下生活的成员自然也会形成不同的心理特征和行为方式，就像文化学家所说的那样："文化世界不仅是人类创造的，而且同时也在不断地创造着人类，创造着不同国家、民族、社区人们的性格、心理、行为方式、思维方式，以及种种价值观念。"[①]

因此，我国的心理健康教育工作要想取得更大的进步，获得更好的成效，应当将中华优秀传统文化与西方的心理咨询理论有机结合，创造中国本土的、更符合我国国情的心理健康教育理论。

(二)提供文化资源

文化与心理的关系是相互的，文化可以影响和制约人的心理发展，心理也会在一定程度上影响社会环境和文化。当我们在传统文化中探索可以古为今用的心理健康因素时，可以着眼于优秀传统文化对人生有积极影响的部分。

中华优秀传统文化是多种学术思想、宗教文化及各民族文化碰撞、交流、融合的产物，更是中国人民从劳动实践中总结归纳出的思想智慧。可以说，每一代中国人的思想和行为都会深深地受到中华优秀传统文化的影响。尽管尚未在中华优秀传统文化中发现系统的心理健康理论构架与体系，但中华优秀传统文化蕴含着丰富的积极思想，经过千年传承，造就出了中华民族特有品格和精神。[②] 中华优秀传统文化具有丰富的积极因素，是开展我国心理健康教育的重要文化资源，具有非常重要的价值和意义。

---

① 司马云杰．文化价值论——关于文化建构价值意识的学说[M]．济南：山东人民出版社，1990：1-2.

② 黄洁．论中国传统文化对当代大学生心理健康教育的价值与借鉴[J]．社会心理科学，2013(11).

(三)提升民族认同感与归属感

人有获得认同与归属的需要。中华优秀传统文化也一直弘扬爱国的精神信念。国家的稳定与国际声誉会影响个体的认同感与归属感，个体同时也在为创造归属感贡献着自己的力量。

白晓丽等人的研究指出，文化认同是民族认同的另一种表现形式，是个体对所属文化群体产生的归属感。① 这就说明，认同中华优秀传统文化，也就增加了国民的归属感。研究显示，个体的民族认同与国家认同、文化认同密切相关，与文化适应和人格发展等也存在着密切的关系。由此可知，要实现个体身心健康发展，积极的民族认同是不可或缺的条件。

所以，教师在开展心理健康教育时，应增强学生对传统文化的理解和认同感，对传统文化去芜存菁，保持优秀传统文化生命与精神的延续感，提升学生对本土文化的心理归属感。

(四)提高学生的心理健康水平

中华优秀传统文化中有着数不胜数的修身养性的理念。践行这些理念的古人，获得了身心的协调和健康。这些理念也可以指导当下学生的心理健康教育。例如，"仁爱""谦和"可以教育学生营造良好的人际关系，"中庸之道"可以让学生看待问题和处理事情时全面客观、科学适度，保持自己的心理平衡。

有教师建议，可以通过家庭教育和学校教育两条途径，将中华优秀传统文化融入学生的心理健康教育。② 在家庭教育方面，核心思想是先引起家长对中华优秀传统文化的认同，进一步再影响学生。可以以社区为单位开展家长培训，成立家庭教育指导中心，通过经典学习、戏曲欣赏等活动，达到对家长进行文化熏陶并间接影响学生的目的。在学校里可以通过形式多样的社团活动、社会实践等校园文化活动弘扬中华优秀传统文化，有效地提高学生的心理健康水平。

---

① 白晓丽，七十三，乌云特娜，等 . 心理学视域中民族认同研究的嬗变与发展[J]. 西南大学学报（社会科学版），2020，46(06).

② 李静 . 基于传统文化的中学生心理健康教育[J]. 魅力中国，2020(10).

第三节　中华优秀传统文化在当代心理健康教育中的运用

　　我国心理健康教育借鉴与应用了许多西方先进的心理学研究成果。因文化差异等原因，西方心理学在我国教育实践中的应用不可避免地出现了"水土不服"的问题。"西方心理学的大多数问题只有在西方的历史、地理、经济、军事和科学背景的范围内才是有意义的。"①因此我们一方面应"洋为中用"，结合中国人的心理特点，批判地吸收、借鉴西方先进的理论和技巧；另一方面应"古为今用"，充分挖掘中华优秀传统文化在当代心理健康教育中的应用价值，发展中国本土的心理学研究。

一、提炼中华优秀传统文化中心理健康教育思想的必要性

（一）弘扬中华优秀传统文化的需要

　　中华优秀传统文化在世界范围产生了巨大的影响，这也为中国人文社会科学研究提出了新的课题和重要使命，即人文社会科学学者在新时期应如何弘扬和发展优秀的传统文化。习近平同志指出："中国传统文化博大精深，学习和掌握其中的各种思想精华，对树立正确的世界观、人生观、价值观很有益处。"②"只有坚持从历史走向未来，从延续民族文化血脉中开拓前进，我们才能做好今天的事业。"③提炼中华优秀传统文化中的心理健康教育思想，是弘扬中华优秀传统文化的具体实践。

---

　　①　[美]墨菲，柯瓦奇. 近代心理学历史导引[M]. 林方，王景和，译. 北京：商务印书馆，2009：19.

　　②　习近平. 在中央党校建校 80 周年庆祝大会暨 2013 年春季学期开学典礼上的讲话[M]. 北京：人民出版社，2013.

　　③　习近平. 在纪念孔子诞辰 2565 周年国际学术研讨会暨国际儒学联合会第五届会员大会开幕会上的讲话[M]. 北京：人民出版社，2014.

弘扬中华优秀传统文化是民族文化自信的重要表现，具有帮助个体形成良好社会心态，促进个体心理健康的功能。自信对个人心理健康和群体良好心态具有重要的作用。一个自信的人在心理健康方面不会出现太大的问题；一个自信的民族在社会心态方面必将呈现积极、和谐的状态。① 中国人在世代的文化传承中弘扬和发展中华优秀传统文化，使中国人的精神命脉得以世代相传，使广大国人的精神归属需要获得了满足，从而增强了民族自豪感。

（二）发展心理健康教育理论的需要

中国的心理健康教育在众多中国学者的努力下，经过近半个世纪的发展，无论是在教育实践中，还是在理论成果上都取得了丰硕的成果，也已经形成了一定的理论体系。处于这个发展的新阶段，中国也开始迫切需要确立一套适应本国实际且科学的心理健康理论体系，这就对提炼与利用传统文化中的心理健康教育思想提出了新的要求。

中华优秀传统文化虽然没有明确地把心理学单列为一门学科，但其中蕴含的心理学思想及其教育意义却是非常丰富的。这些宝贵的资源在社会文明快速发展的今天仍具有重要的价值。如果忽视这些几千年积累沉淀下来的心理健康资源，将不利于发展国内心理健康教育理论体系。只有汲取传统文化中的宝贵资源，为中国的心理健康教育增添适合国情的资源和教育内容，并与西方的心理健康教育的优秀成果结合起来，才能形成中国独特的心理健康教育理论体系。②

（三）实践心理健康教育理论的需要

从我们的优秀传统文化中探寻和挖掘心理学思想和心理健康教育理论，并在心理健康教育的实践中加以运用，已经成为现代心理教育的必然要求。在当前的心理健康教育过程中，很多学生对中国本土的心理学成果充满了好奇和渴望，迫切希望了解中华优秀传统文化中的心理健康思想。例如，学生希望通过心理学理论对社会行为追根溯源，了解现实社会中人的内在心理动机。而这些

---

① 徐辉. 中国传统文化中心理健康教育资源的凝练[J]. 马克思主义学刊，2017(01).
② 徐辉. 中国传统文化中心理健康教育资源的凝练[J]. 马克思主义学刊，2017(01).

都绕不开人的社会文化背景，因为不同社会文化背景中的人对同样的行为会产生不同的理解。

提炼中华优秀传统文化中的心理健康教育思想是进一步提高教学效果的需要。经过多年的发展，当前心理健康教育体系已经取得显著的成果，但仍然有许多地方需要进一步改进，需要我们站在新的高度，在教学内容和教学方法上有创造性的突破。充分利用从中华优秀传统文化中提炼出来的心理健康教育思想，是提升心理健康教育效果的新内容、新路径。

挖掘和提炼中华优秀传统文化中的心理健康思想，将其与当前实际情况和学生实际需要相结合，寻找合适的途径和方法把这些资源融入学校心理健康教育内容中，是中国心理健康教育事业重要而迫切的任务。①

二、中华优秀传统文化中心理健康教育思想的承载形式 ▼

中华优秀传统文化在本质上是围绕着"人"这一核心展开的学问，反映出强烈的人文精神。中华优秀传统文化中的心理健康思想可散见于各类文献。

（一）成语典故

成语是中国汉语言文学的精粹。与成语相关的典故揭示了在当时文化背景下人们对于心理与心理健康的思考。目前，已有众多学者从心理学的角度研究成语典故。早在1989年，由张锦萌等人编著的《成语典故中的心理学》就分析了成语中涉及的心理学现象。之后涌现出大量的相关研究，如1990年王广才的《百条成语心理趣谈》、2007年范晓清的《幸福鸡汤——成语小故事，心灵大健康》、2007年徐声汉的《从成语典故谈心理健康》和2012年邓多的《成语中的心理学》等多部著作。②

杨怀文则在研究中对成语进行了心理分析，认为成语中蕴含一些心理状态，如心平气和、心花怒放、胆战心惊、垂头丧气、怒不可遏等；成语反映一些心

---

① 徐辉. 中国传统文化中心理健康教育资源的凝练[J]. 马克思主义学刊，2017(01).

② 赵旻，黄展. 中国传统文化视域下的心理学和大学生心理素质教育研究综述[J]. 思想教育研究，2014(09).

理学思想，如习与性成、知易行难等；成语反映心理学范畴，如心不在焉、恍如隔世、宁死不屈；成语反映心理学效应，如从众效应——"人云亦云"、权威效应——"狐假虎威"、心理摆效应——"乐极生悲"等。[①]

（二）诗词歌赋

诗词歌赋既是我国传统文学的概称，也是中华优秀传统文化精髓的一种高度概括。古人作词赋诗时，常常是伴随着强烈的情感体验的，所以诗词歌赋也可以说是对内心感受的一种表达。因此，吟诗作对也能在一定程度上陶冶人的情操。解梅等人认为，诗词的韵律可以让读者在诵读时宣泄内心愤懑，培养旷达的精神，克服自我缺陷。[②] 斯静亚认为，诵读诗词可以使人在生理层面获得愉悦感，同时诗词的意象意境也可以促进心灵的解放，使人在感受其深层次的思想中获得精神层次的升华。[③]

王国祥发现不同风格的诗词对读者的影响也不同，因此要根据不同欣赏者的个性特征，提供不同的诗词"处方"。他根据诗词的内容和节奏韵律，把诗词大体分为崇高、优美、欢乐和抑郁四大类。欣赏崇高的诗词可以使人精神振奋，调节抑郁等负面情绪，这类诗词有岳飞的《满江红》、苏轼的《念奴娇·赤壁怀古》、毛泽东的《沁园春·雪》等；欣赏优美的诗词可以调节人的心率和呼吸，使人情绪平和，安抚内心的不安和烦躁，提高睡眠质量，如杜甫的《春夜喜雨》、白居易的《忆江南》、李白的《望庐山瀑布》等；欣赏欢乐的诗词可以缓解心中的忧郁和焦虑，使人获得精神上的满足，如王安石的《元日》、杜甫的《闻官军收河南河北》等；欣赏伤感类的诗词可以使读者内心的忧愁得到宣泄和疏解，这类诗词有李煜的《虞美人·春花秋月何时了》、李清照的《一剪梅·红藕香残玉簟秋》、温庭筠的《更漏子·玉炉香》。[④]

---

① 杨怀文. 浅析成语中的心理学[J]. 黑龙江教育学院学报，2014，33(01).
② 解梅，段兴利，陈红. 略论古典诗词对大学生的心理调适作用[J]. 卫生职业教育，2010(18).
③ 斯静亚. 传统诗词与大学生心理健康保健探析[J]. 成功(教育版)，2008(9).
④ 王国祥. 中国古典诗词欣赏与情感心理健康[J]. 福建医科大学学报(社会科学版)，2004(02).

（三）礼乐

中国的传统文化非常重视礼乐。所谓"礼"就是指各种礼节规范，"乐"则包括音乐和舞蹈。礼乐在于"博学于文，约之以礼"，广泛学习开阔眼界，同时以礼约束自己的行为。因此，传统礼乐文化天然就可以调节个体的心理健康。

音乐有调适情绪，促进个体表达的作用。现代心理学系统性地建构了音乐疗法。音乐疗法分为聆听式、编创式和即兴演奏式三种方法，不论是聆听式的欣赏，还是主动参与式的演奏、歌唱、舞蹈等活动，都可以直接影响人的生活观念，提高人的生活情趣，培养人的积极进取精神。

《黄帝内经》中具有"治未病"思想，指出音乐能使人心态平和，可以有效预防多种心身疾病。《黄帝内经》中强调以人的情感为轴心，是人从事音乐活动的核心内蕴。宫调式音乐沉静厚重，商调式音乐哀郁婉转，角调式音乐通澈清新，徵调式音乐欢快热烈，羽调式音乐凄切柔润。不同风格的音乐，会使人产生不同的情绪及心理变化。

先秦时期已有音乐心理治疗思想。孔子崇尚通过推广礼乐来实现移风易俗的社会功能，主张以音乐触发人，达到身心和谐统一的心灵境界，这也正是当代人本心理治疗取向中音乐治疗研究方向的出发点和落脚点。

（四）体育运动

中国传统体育养生是以"气"一元论作为哲学基础的，尤体现于五禽戏、太极拳等传统运动形式，一招一式间，"气"流转全身，使得身心感到舒畅。中国传统体育养生在"气"一元论的基础上，构筑了有机的整体生命观，无疑能更好地从整体上调节生理和心理。[①] 从身心一体的角度来说，身体层面的舒展和放松有助于心理内部矛盾的化解。

魏德样研究发现，太极拳锻炼可以有效地缓解焦虑和抑郁，促进人们的心理健康。这是因为练习太极拳时左脑会渐渐受到抑制，右脑则逐渐兴奋，人的负性情绪体验就会减少，正性情绪体验就会增加。而且，太极拳锻炼时，"意与

---

① 龙潘．中国古代传统体育养生史纲要[D]．广州：广州体育学院，2009．

气合、气与力合"，以及"以心行气、务令沉着"，为气沉丹田、以意领气的"调息"和开合自如的"调身"提供了心理基础，可以有效缓解人们的抑郁，平复焦虑情绪，获得心理的平衡。[①] 太极拳的柔性文化也有助于调节心理。

余玲等人的研究也发现，以太极拳、五禽戏和八段锦为主要运动内容的传统养生体育运动处方锻炼，能够提高老年女性的心理健康水平、主观幸福感水平，改善睡眠质量。[②]

三、中华优秀传统文化融入心理健康教育的方法 ▼

个体是否心理健康可以从三个方面进行评价：自我控制能力，对待外界影响的能力，以及保持内心平衡和满足现状的能力。这与儒家文化的理想追求是一致的，因此，中华优秀传统文化有着融入心理健康教育的天然优势。

(一)融入人格培养

在中国传统教育思想中，德育始终是教育的核心和根本。学习要先学做人，所以儿童启蒙读物《三字经》就说道："首孝悌，次见闻。"意思是在一个人的道德培养中，应把孝悌摆在第一位，然后才是见闻。可见古人认为个人的道德修养非常重要。[③]

中国传统的德育思想具有以下三个特点：一重"修身"，二重"伦理"，三重"内省"。以传统德育思想为指导，塑造青少年健全的人格。重"伦理"即维护家庭伦理道德，有助于青少年形成良好的心理素质；重"修身"让学生在成长中逐渐养成良好的道德品质；而"内省"是自我调理的好方法，可以有效调节学生的压力。

(二)融入心态调整

个体在遭遇挫折时，需要自己调节好心态，即保持心理的协调平衡，然后

---

① 魏德样.太极拳锻炼与心理健康的关系：一项元分析研究[J].福建师范大学学报(自然科学版)，2011，27(05).

② 余玲，夏君玫，周小翔，等.传统养生体育运动处方对随迁老年女性心理健康的应用研究[C].第十一届全国体育科学大会论文摘要汇编，2019.

③ 郑洁欢.浅析中国传统文化教育对学生心理健康的积极影响[J].人文之友，2019(10).

再重新出发。中华优秀传统文化中心理平衡的代表性思想是"中庸之道"，即"不偏之谓中，不易之谓庸。中者天下之正道，庸者天下之定理"。用现代的语言解释，中庸就是适度，防止偏倚，保持适度。遵循心理平稳可以调节个体的生活方式，规范道德行为，使个体最终获得自我实现。对现代人而言，适度自信可以促进事业的成功，但是自信过头就是自负，达不到就是自卑。对待挫折，感受适度的痛苦可以推动个体向目标前进，但过于沉溺痛苦个体就会失去奋斗的意志，难以振作，而毫无痛苦个体就没有改变的动力。①

（三）融入价值观树立

个体的价值观影响着个体的人生价值界定，中华优秀传统文化里的"修身、齐家、治国、平天下"的思想就是在教育个体要先从身心和谐出发。个体身体健康、内心安宁，才能家庭和谐。和谐的家庭多了，整个社会才会安定，国家才能繁荣昌盛。这种思想不仅对中华民族的文化心理产生了积极作用，还影响着自古至今中华民族的价值观树立。因此，这种优秀传统文化中的经典思想有利于学生形成正确、积极的世界观、人生观和价值观。

（四）融入校园精神文化建设

校园精神文化是校园的精神存在和精神价值，是校园显性和隐性文化的有机结合，是校园文化的核心内容。而中华优秀传统文化蕴含着丰富的哲学心理学思想，如仁爱、自强、乐观的精神，自强不息、知足常乐、不慕荣利的价值取向，以及调节心理平衡、维护心理健康的传统方法等，值得应用并融合在校园的精神文化建设中。② 可以吸收优秀传统文化里的积极因素，将其融入校园文化活动，进而加强校园精神文化建设，提高学校正确认识和处理学生心理困扰的能力，这样才有利于促进学生更好地认识自我，形成健全的人格，发展为适应社会发展需要的人才。

---

① 张忠华. 论中国传统文化的心理健康教育价值[J]. 现代大学教育，2005(05).
② 郭晓梦. 中国传统文化对大学生心理健康教育的实际意义[J]. 中国科教创新导刊，2014(07).

第二章　现代教育与学校心理健康教育

在 2018 年的全国教育大会上，习近平总书记提出了"加快推进教育现代化、建设教育强国"的要求。党的二十大报告中更是提出："我们要坚持教育优先发展、科技自立自强、人才引领驱动，加快建设教育强国。"现代教育就是要牢牢抓住习近平总书记在关于教育的重要论述中的两个精髓要义。一是"坚持以人民为中心发展教育"，二是"坚持把服务中华民族伟大复兴作为教育的重要使命"。着力提高人才培养质量，转变教育发展方式是现代教育的核心问题；完善教育体系和高水平的人才培养体系是现代教育的重要内涵；改革创新是推动现代教育事业健康发展的动力；坚持把教师队伍建设作为基础工作是实施现代教育的前提。

第一节　现代教育与人的发展

现代教育的学生观是尊重每一位学生的禀赋和潜能，承认学生之间的差异。现代教育要做的就是使每一个学生的受教育过程成为学生潜能发挥、能力增长、精神唤醒、个性发展健全的过程。现代教育的教学观是以学生学习为中心，建立师生合作的学习氛围。教师在传授知识的同时，也注重促进学生智慧的成长，让学生对知识产生兴趣，感受知识的形成和发展，愿意通过自己的能力去探究和创新。现代教育的人才观认可社会发展需要的是多元化人才。人才的规格是多规格、多样化、多类型的。人的发展是循序渐进的，是有规律可循的。现代教育相信每个学生都是人才，每个学生最终都能成为人才。

一、人身心发展的特点 ▼

《礼记·学记》中的"不陵节而施之谓孙"，指教育要遵循循序渐进的原则。

由此可知，教育的本质在于引导个体建构和完善自我，教育要尊重人身心发展的规律。人的身心发展指的是个体生命过程中不断发生变化的过程，特别强调个体的身心特点向积极方向变化的过程。身心发展包括身体发展和心理发展。身体的发展主要是机体的正常发育和体质的增强；心理的发展主要是精神方面的发展，包括知、情、意和个性倾向性的发展。身体和心理的发展密切相关，身体发展是心理发展的物质基础，心理发展也会影响身体的发展。

（一）顺序性

个体身心的发展是一个由低级到高级、由简单到复杂、由量变到质变的连续不断的发展过程。在这一过程中整个身心发展具有一定的顺序性，身心发展的个别过程和特点的出现也具有一定的顺序性。例如，身体的发展是按照"从头部向下肢"和"从中心部位向全身边缘"进行的，而思维的发展是从形象思维发展到抽象思维，记忆的发展是从机械记忆发展到意义记忆。

（二）阶段性

个体不同年龄阶段呈现不同的特征，前后相邻的阶段之间进行有规律的更替。个体的阶段性有：乳儿期(1岁以内)，婴儿期(1～3岁)，幼儿期(3～6岁)，童年期(6～12岁，又称学龄初期)，少年期(12～15岁，又称学龄中期)，青年期(15～18岁，又称学龄晚期)，成年期(18～65岁)，老年期(65岁以后)。童年期个体的思维具有具体性和形象性的特点，抽象思维能力还比较弱，不易理解抽象的道理；少年期个体的抽象思维已有很大的发展，但经常需要具体的感性经验支撑；青年期个体的抽象思维居于主要地位，能进行理论的推断，富有远大理想，关心未来的职业。知识的获得与应用形成良好的有机结合，使成年初期个体智力结构中各要素在基本保持稳定的同时，继续向高一级水平发展。随着年龄的不断增长，个体人生观，如"人应该怎样生活""什么样的生活才是真正的生活""人生的意义、人生的价值究竟是什么"等，开始形成并稳固。

（三）不均衡性

个体身心发展不是一个匀速前进的过程，其发展的不均衡性表现在：第一，不同年龄阶段身心同一方面的发展是不均衡的；第二，在相同年龄阶段身心不同方面的发展是不均衡的。例如，机体的各组成部分不是匀速发展的，通常神经系统、淋巴系统先成熟，生殖系统最后成熟。从速度上看，出生最初几年与青春期是两个发展的加速期。生理的成熟先于心理的成熟，而且有关研究显示思维、记忆、想象等都存在发展的关键期。所谓发展关键期，就是指身体、心理的某一方面机能和能力最适宜形成的时期。

（四）差异性

个体的身心发展，由于遗传、环境、教育和自身主观能动性的不同，存在个别差异。正如人们常说的，有的人早慧，有的人大器晚成；有的儿童身高是早长，有的则是晚长；有的儿童 8 岁时抽象思维已有很好的发展，能够接受中学教育，而有的儿童抽象思维到 14 岁左右，才有显著的发展。

（五）互补性

个体身心发展过程中心理机能和生理机能之间存在互补的可能。一方面，机体某一方面的机能受损甚至缺失后，可通过其他方面的超常发展得到部分补偿。例如，失明者可通过听觉、嗅觉等方面的超常发展得到部分补偿。另一方面，互补性也存在于心理机能和生理机能之间，使人在某方面机能缺失的情况下依然能够通过意志、情绪状态对整个机体进行调节，帮助人战胜疾病和残缺，使人的身心得到发展。例如，身患重病或有身体残缺的人，如果有顽强的意志和战胜疾病的信心，身心依然能够得到发展。因此，培养自信和努力的品质是教育工作的重要内容。

二、现代教育对人身心发展的作用 ▼

影响人身心发展的因素很多，其中主要是遗传、环境和教育。在这三大因素中，教育对人的身心发展起着主导作用。我们不难发现，教育不仅能够制约人的遗传素质对人的身心发展的影响，而且还可以能动地调整环境对人的身心发展的影响，更为重要的是教育最终还会对人身心发展的方向、速度、内容和程度施加系统的影响。虽然我们说教育并不是万能的，但是从目前的发展来看，现代教育的超前性、科学性和发展性，越来越影响着人的身心发展。

（一）现代教育促进人的主体性发展

现代教育对人的主体性发展起着极为重要的促进作用。教育通过对人的道德、智力、能力的培养，提高人对自我的认识，增强人的主体性。对于个体而言，教育的过程是一种不断提升自我的过程，是激发并弘扬自主性、能动性和创造性等主体品质的过程。

学校教育作为现代教育最重要的内容，对个体发展具有即时和延时的影响。小学教育的内容具有普遍性和基础性，因而对个体今后的进一步学习具有长远的价值。此外，学校教育提高了人的自我意识和自我教育能力，对人的发展来说，具有长远意义。学校教育能帮助个体形成对自身发展的自主能力，使个体的发展由自发阶段提高到自觉阶段。

（二）现代教育促进人的个性化发展

现代化教育主要通过不同的教育内容和不同的教育形式来实现。人在受教育的过程中会产生兴趣、爱好的分野，由此又形成个人在专业领域或技能领域的分野，人的个性特征也因此表现为专业或职业特征。人的个性特征还表现在情感、性格、气质等方面，其形成在很大程度上是后天教育的结果。

在教育工作中，心理内化是促进学生个性化发展的关键环节。所谓内化，就是外部的客体的东西转化为内部的主体的东西。在学生的个性化发展中，主要有三种心理内化形式：道德内化，就是把社会道德转化为个人品德；知识内化，就是把知识结构转化为认知结构；智力内化，就是把实际操作转化为智力操作。首先，教育功能的实现依赖于教育提出的社会行为要求为学生所领会——学生只有具有良好的态度，才能领会教育要求。其次，教育功能的实现依赖于这些领会了的要求为学生所接受——这些行为要求只有在活动中得到概括化和系统化发展，才能成为学生的个性特征，学生才能自觉地调节和控制自己的行为。

（三）现代教育促进人的个体价值的实现

人生价值是通过个体在社会生活中发挥的作用及作用的大小来衡量的。个体能否有益于他人、有益于社会，与他的道德水准和能力水平有关。人越有道德、知识、才能，越能展现生命的价值，并创造生命的辉煌。现代教育则使人意识到生命的存在，并使人努力追求生命的价值与意义。教育赋予人创造生命价值的信心与力量。

现代教育对个体发展提出了社会性规范。社会对个体的基本要求不外乎体质、道德、知识水平与能力等几个方面。这些规范的具体内容又随着社会性质与发展水平、不同教育阶段的人才培养而变化，并规范学校的其他工作，通过各种教育活动使学生达到规范的目标。所以，受过现代教育的人与未受过现代教育的人相比，在接受人类积累的各种文化上，不仅具有数量、质量和程度的差异，而且具有态度与能力上的差异。教育具有加速个体发展的特殊功能。如果学校教育能正确判断学生的最近发展区，这种加速将更明显、更有意识、更富有成效。

三、人的身心发展对现代教育的要求 ▼

现代教育要以人的身心发展规律为基础，在不同的阶段选取恰当的教学方式和教学材料。

(一)教育应循序渐进

人的身心发展过程是由低级到高级、由简单到复杂的，具有一定的顺序性。身心发展的顺序性决定了教育教学工作的顺序性，无论是思想品德的修养，还是知识、技能的传授，都应坚持由易到难、由简到繁、由具体到抽象、由低级到高级循序渐进地进行，不能"揠苗助长"。如果教育工作者违反了客观顺序，就不可能对学生的发展起到积极作用。

(二)教育应分阶段进行

人身心发展的阶段性决定了教育教学工作的阶段性。各个年龄阶段的发展具有不同的本质特征，在教育措施上不能一概而论。每一个年龄阶段又是相互联系、相互衔接的，每个阶段是不能分开的。

(三)教育应适时进行

教育措施应与学生各方面发展的成熟程度相适应，既不能强行给学生灌输难以接受的内容，也不能迁就学生的现有发展水平，要为学生的发展创造条件，促进其更快成熟，达到更高的水平。

（四）教育应相对稳定

一般来说，在基本相同的社会和教育条件下，个体身心发展的年龄阶段，年龄特征，发展顺序、速度和水平等大体相同，具有一定的稳定性，但是随着社会和教育条件的改变，同一年龄阶段的个体发展是有差异的，发展速度和水平是可变的。身心发展的可变性对个体来讲就是可塑性。身心发展的稳定性和可变性都是相对的。身心发展的年龄特征的相对稳定性，决定了教育内容和要求的相对稳定性。教育内容的选择和要求的提出，必须以学生相对稳定的生理、心理特征为依据，这样才能避免教育工作的主观性和随意性，增强教育工作的计划性和稳定性，促使学生循序渐进地发展。与此同时，教育工作还要重视学生身心发展的可变性，通过教育工作充分利用发展的可能性，促使学生有较快的发展。

（五）教育应因材施教

由于遗传素质不同，接受的社会环境和教育影响及主观努力程度不同，个体的发展程度是有差异的。教育要根据学生身心发展的共性和差异性，在按国家统一规定的教育目的、计划、措施进行的同时，认真分析和研究每个教育对象，有的放矢地提出切实可行的要求，采取特殊的有效措施，加以个别指导，充分发挥每个学生的潜力和优势，弥补每个学生的短板。

第二节　从人的全面发展来看心理健康教育

人的全面发展表现为人的完整发展、人的充分发展、人的和谐发展和人的自由发展。个体在达到全面发展的过程中，各种需要、潜能素质、个性将获得充分发展，而现代教育就是在人的发展这一基础上不断演变发展的。人的发展也是心理健康教育的基础。人的发展与心理健康相互依存，相互作用。

一、人的全面发展的内涵 ▾

人的全面发展在不同的历史时期和不同的社会历史条件下有着不同的内涵。马克思主义关于人的全面发展分为三个阶段，第一个阶段是"人的依赖关系"阶段，第二个阶段是"以物的依赖性为基础的人的独立性"阶段，第三个阶段是建立在个人全面发展上的"自由个性"阶段。人的全面发展是马克思主义的一个基本观点，是指人的自我意志获得自由体现。马克思把人的全面发展和个性发展、心理发展结合在一起，强调为人的完整发展、充分发展、和谐发展、自由发展，也就是我们平时所说的人的各种需要、潜能素质、个性获得最充分的发展，人的社会关系获得高度丰富等。

(一)人的全面发展表现为人的完整发展

人的完整发展，从内涵上更强调人的各种最基本的素质必须得到全面的发展，各个方面可以有发展程度上的差异，但缺一不可，也就是说发展的速度可以有快有慢，发展的程度可以有高有低，但不能没有发展，即可偏移而不可偏废。从人的基本发展的角度来说，我们可以把它理解为"身和心"两个方面的完整发展，身主要包括身体，心就是心理的发展。从学生的角度来说，我们可以把它理解为德智体美劳的完整发展；从社会人的角度来说，我们可以把它理解为真善美的完整发展。

(二)人的全面发展表现为人的充分发展

充分发展的实质是"有个性的发展""最大潜能的发展"，也就是说，人自身所具有的潜能、潜质都能得到充分的发掘、发挥。个体应该在实际的条件下，根据个人的禀赋、发展的需要和社会的要求，尽可能地追求个人素质、个性、能力的全方面发展。每一个个体都能呈现自身"最优秀"的状态，成为他人不可替代的"这一个"。这里的"充分发展"只是一个尽可能的状态，因为"多方面"是没有界限的，具有极大的个体差异性。在教育中，很多学校特别强调这一点，即让每一位学生成为"最优秀的自己"。

(三)人的全面发展表现为人的和谐发展

人的和谐发展是马克思关于人的全面发展理论的内涵，是指把人看作整体系统的一个积极主动的环节。这个环节左右相关，前后连接。从教育角度来看，学生德智体美劳这些最基本的素质，需要获得一定程度的发展，且这些素质的发展尽量要均衡。虽然素质发展各有差异，但不能某一素质发展过于迟缓，否则就会影响其他素质的发展，更会进一步影响人的整体素质的提高，也就是说人的各种基本素质必须获得协调的发展，基本能呈现一种有差异的和谐发展的状态。

（四）人的全面发展表现为人的自由发展

人类历史的进步是人类追求自由，并一步步实现这种追求的过程。人的全面发展还包括个性自由、智慧的发展等。自由发展，是对人个性差异的肯定，对人性丰富多彩的强调，充分体现了人类发展的必然趋向，也展示了社会发展的最终目的。同时，自由发展也意味着，全面发展应当符合个性的内在要求，而不应该出现强迫。违反个人本性的发展，让个体感受到不自由状态的发展，并不是真正意义上的全面发展。在现代教育领域提到的个体的自由发展，强调的就是每个学生都可以按照自己的体力、智力、禀赋、兴趣、意愿等获得全面发展，学生个体的智慧、力量和潜能都能全面而自由地发挥。

二、人的全面发展与心理健康的相关性 ▼

心理健康教育指的是教育者从受教育者的身心发展特点出发，利用多种方法和技术，对受教育者进行积极的心理引导，促进其全面发展的一种教育活动。有效的心理健康教育与个体的全面发展息息相关，既能满足学生全面发展的内在需要，还能帮助学生在兴趣、动机和个人心理品质上保持全面发展和自我实现的长久动力，为学生激昂奋进地踏上全面发展的道路提供必要的精神动力支持。

（一）心理健康是人的类特性发展的前提

马克思认为，人的类特性是人的生命活动的性质，即人的自由的、自觉的活动，是人作为类存在区别于动物的最主要特征。也就是说，人是有意识的生命且具有思维，因而能够对从事的活动进行计划、执行和反思。人的这种意识是人特有的心理活动，是心理发展的最高阶段。而人的意识和思维良好发挥的前提就是人的心理系统发展完整，即心理系统内外的协调，如人的认知、情感、意志、能力、性格等的发展，人与自然、人与社会关系的和谐发展等。心理健康强调的是人类个体自身具有的一种持续的心理状态或内部心理结构。人的自由的、自觉的活动就是个体的一种存在状态，在这种状态下，个体能达到生存性社会适应和发展性自我实现之间的和谐统一。心理的内部系统发展失调或者残缺，必然会限制人的自由自觉的活动。换句话说，只有心理健康发展的个体，其全面发展的方向性和发展的效率才有基本的保障。心灵扭曲、心理病态的个体，是很难谈"发展"二字的。

(二)心理健康是人的社会特性发展的基础

马克思说："一个人的发展取决于和他直接或间接进行交往的其他一切人的发展。"可见，人的社会关系的发展是人的全面发展的重要内容。人的社会特性是指人的社会关系，是个人发展的社会基础。人的社会关系，包括外显部分的个体或群体之间物的联系和行为的联系，内隐部分的个体或群体之间心理的联系。而很大程度上，人的外显的社会关系受内隐的心理的影响和制约。因此，可以说人的社会关系更为本质的内涵是人的心理关系。人的心理健康状况对人的社会关系的发展具有重要的影响。也就是说，只有心理发展健康的人，他的社会关系和社会化活动才能得以产生和发展。可以这么说，追求心理健康的过程，本质上就是个体社会化的过程。所以，联合国教科文组织把"社会适应"明确地写入了"心理健康"指标中，强调心理的健康发展是人的社会关系发展的基础性条件。

(三)心理健康是人的全面发展的重要内容

人的综合素质包括思想道德素质、科学文化素质及心理健康素质等。由于时代特点和人的素质的实际状况不同，在不同时期，人的全面发展和素质的提高的要求是不同的。随着人的主体性大大增强，人的素质在社会发展中的地位和作用较以往任何时代都更为重要。特别是在现代社会的飞速发展中，人的心理问题逐渐突出。只有重视心理健康问题才能提高人的精神生活水平，为我国的经济发展和社会进步提供精神动力。只有不断提高人们的综合素质，人的全面发展才会不断实现。素质的全面发展分为生活素质、心理素质和社会素质。健康的心理本身就是人的全面发展的一个重要组成成分。生理素质的提高由体育来实现，社会素质（道德、审美等）的提高由德育、智育、美育等来实现，心理素质的提高更多需要心理健康教育来实现。同时，心理健康教育是作为"五育"的心理基础而存在的，是"五育"之间的桥梁。只有心理健康的人才可能形成较为稳定的世界观和人生观，并以此为中心把个人的意识、情绪、需要、理想、信念和行动有机地结合起来，获得健全人格。

三、心理健康教育对人的全面发展的意义 ▼

心理健康教育对个体的全面发展具有重要意义。首先，心理健康教育能引导学生不断正确认识自我，增强自我调控、承受挫折的能力，从而培养学生积极向上的生活态度和健全的人格；其次，心理健康教育能帮助学生认识自我，学习人际交往的方法和技巧，从而建立良好、和谐的人际关系；最后，心理健康教育还能让个体了解心理卫生知识，减少身心疾病。

（一）心理健康教育有助于塑造健全的人格

人格是一个人的素质的重要组成部分，健全人格不仅会影响一个人的全面发展，而且会影响到整个社会的和谐。健全的人格，如独立、自信、勤奋、积极等都是人全面发展中不可缺少的一部分。塑造健全的人格是心理健康教育的目标。心理健康教育不同于传统学科的知识性教育，它是在心理健康活动中不断生成、体验、感悟和自动构建的，且根据学生的发展阶段的特点和需求不断发生改变。心理健康教育的对象往往是学生，尤其是初高中学生，正好处在人格发展的重要阶段，自我意识强，情绪容易波动，逆反心较重，容易走向偏激。而心理健康教育的目的就是引导学生不断正确认识自我，塑造与社会主义现代化需要相适应的健康人格。

（二）心理健康教育有助于建立和谐的人际互动

人是社会动物，每个个体均有独特的思想、背景、态度、个性、行为模式及价值观。而人际关系是人们在进行人际交往过程中发生、发展和建立起来的

▼

人与人之间的关系，尤其是心理上的联系。人际互动的水平对每个人的健康、情绪、生活、工作有很大的影响，更是影响着个体，尤其是初高中学生的全面发展。良好的人际交往能力是青少年社会化的起点，是他们将来在社会立足的条件，也是他们为社会做贡献的本领。不少学生就是在师生交往、生生交往、亲子互动的过程中，认识到自己的长处和短处，充分地了解自己，不断地追求自我完善。但人际互动有许多科学性，需要我们不断学习人际沟通技巧，尤其对学生而言，通过心理健康教育，可以了解人的特点，认识自我，学习人际交往的方法和技巧，从而建立良好、和谐的人际关系。

（三）心理健康教育有助于预防潜在的心理疾病

面对社会的飞速发展及社会形式与结构的变化，人们的社会压力和心理压力越来越重。人在一生中，会遇到很多困难、挫折、冲突和危机等，会产生恐惧、压抑、迷茫等暂时的心理问题。压力带来的情绪上的问题得不到解决，就有可能会发展为心理疾病，影响人的身体健康。现代医学研究发现，人类疾病中由心理因素引起的疾病占很大一部分。很多疾病，如冠心病、原发性高血压、偏头痛、消化性溃疡、支气管哮喘等都与心理疾病有关。精神负担过重，紧张、焦虑的情绪如果无法得到很好的调整，也会引发身体功能的紊乱，出现头痛、失眠等症状。所以，开展心理健康教育，能够让个体了解心理卫生知识，预防心理疾病，减少身心疾病的发生。

第三节 学校心理健康教育的基本理论

中国的心理健康教育始于学校教育领域，兴起于 20 世纪 80 年代中期，现已成为有别于西方咨询心理学的一门兼具心理学与教育学特征的新学科。今天的学校心理健康教育，已由解决学生心理问题的一种权宜之计，上升为一种新型教育形态，成为学校教育的重要组成部分。系统梳理中国学校心理健康教育的发展脉络，总结其发展的特点，展望其发展的方向，将有助于学校心理健康教育走上科学化、规范化的轨道，有助于心理健康教育在学校教育中发挥更为核心的作用。

一、学校心理健康教育的基本定位 ▼

学校心理健康教育是人性化且能体现教育目的的教育。中国学校心理健康教育完成由教育方法、教育形式到教育目的跃升的过程，预示着学校心理健康教育将由心理咨询、心理健康教育课程向人本化教育迈进。这也同样表明心理健康教育不仅具有解决学生心理问题、提升学生心理素质的本体功能，而且贯穿学校教育的全过程，使学校教育展现出人性关照、人文关怀的特征。

随着学校心理健康教育的实践发展，当前的心理健康教育不只关注有心理问题的人群，更是旨在提高所有人的心理健康意识。首先，提高学生的心理健康意识，形成去污名化的校园氛围。很多存在心理问题的学生不愿意跨进学校心理咨询室，一个重要的原因就是担心自己患有"心理疾病"。"心理疾病"变成加在患者身上的羞耻标签，让他们因忌惮自己及亲友遭受歧视，而不愿接受心理咨询，或接受心理咨询后在重返校园时面临巨大障碍。因此，学校心理健康教育的一个重要任务就是普及心理健康知识，让学生能及时发现自己的心理健康问题，并采取行之有效的方法应对和处理。其次，提高全体教师的心理健康意识，形成全员教育的强大合力。开展学校心理健康教育工作，专职教师和心理健康专业人员是先锋，任务是专业地解决学生的心理问题；政工队伍和兼职心理健康工作者是主力，任务是日常维护和重点监管。然而，要做好心理健康教育工作，仅仅依靠这两股力量还不够。学校心理健康教育的定位应以预防为主，这就要求提高全体教师的心理健康意识。在教育教学过程中，教师能采用正确的方法，自觉做学生心理健康的"保健医生"；在与学生的日常接触中，教师能有意识地发现学生的心理问题或隐患，及时预警。这样，就能形成全员教育的合力，更好地预防、发现和解决学生的心理健康问题。

二、学校心理健康教育的发展历程 ▼

中国学校心理健康教育经过多年的发展，逐渐从无到有、从小到大成长起来。结合学校心理健康教育在学校教育中地位与作用的变化轨迹，大致可以将学校心理健康教育发展历程划分为三大阶段。

(一)个别尝试期(20 世纪 80 年代中期到 90 年代初期)

20 世纪 80 年代初,随着学校与社会对学生心理健康问题的关注,心理学工作者开始深入教育实践进行研究与探索,与教育工作者一起,试图应用心理学的理论和方法解决学生面临的心理问题,心理健康教育也以心理咨询的形式在学校中应运而生。人们开始认识到心理问题的表现与危害,呼吁要关注学生的心理健康问题。一些研究者开始引进西方心理咨询的理论与方法,并尝试运用心理咨询解决学生的心理问题。这一阶段的学校心理健康教育的主导形式是心理咨询,关注点是解决学生面临的各种心理问题。因为这一阶段只限于个别人的活动,因此称为个别尝试期。

(二)初步发展期(20 世纪 90 年代初期到末期)

20 世纪 80 年代后期,社会的发展变化对学校人才的培养提出了更高的要求,素质教育的思潮在我国逐渐兴起。1993 年中共中央、国务院公布的《中国教育改革和发展纲要》提出要由"应试教育"转向全面提高国民素质的轨道。在应试教育向素质教育转轨这样一个大的教育背景之下,心理素质的地位和作用开始凸显。为了使学生的心理素质得到健康全面的发展,教育者有必要实施有针对性的教育,因此,通过心理健康教育促进学生心理素质的发展成为必然。这也标志着学校心理健康教育开始由一种教育方法提升为与德育、智育、体育等并列的一种教育形式,成为学校素质教育的重要组成部分。特别是 1999 年 8 月教育部颁布了《关于加强中小学心理健康教育的若干意见》,使心理健康教育开始真正纳入学校教育的实践之中。这一阶段的学校心理健康教育,主导形式是心理健康教育课程,关注点是整体提升学生的心理素质。在学校教育中将心理健康教育定位为与德智体美劳并列的一种教育,注重教育目标、内容与方法的确定与实施。

(三)全面展开期(21 世纪初期至今)

随着素质教育的深入发展,在对素质概念内涵的揭示过程中,研究者逐渐发现,素质是一个人身上处在发展中的基础条件。个体的素质结构主要包括生理、心理两大基本要素,生理方面主要指学生身体的发育、机能的成熟和体质、体力的增强；心理方面则指学生认知、情感、意志、个性的发展和完善，其外显形式表现为多个方面的发展。心理素质是一个人整体素质提高的基础，因此，心理健康教育既是一切教育的前提和基础，也是一切教育最终要达到的目标。这一阶段的学校心理健康教育开始呈现出研究与实践全面展开的特点。一方面，研究者将心理健康教育看作教育目的之一，是"以人为本"现代教育理念的现实表现，试图以"心理发展"为逻辑起点，建构学校教育的目标体系；另一方面，研究者与实践者也开始反思学校心理咨询的经验，探索中国学校心理咨询的实践模式，关注心理健康教育的课程化。

三、学校心理健康教育的相关理论

与学校心理健康教育相关的理论包括发展心理学、人格心理学和学校心理学三大块。其中，发展心理学主要研究个体从出生到衰亡的整个过程中的心理变化，以弗洛伊德、埃里克森和皮亚杰等学者的研究为代表，包括埃里克森以人格特征为标准划分的个体心理发展阶段和皮亚杰以认知发展为标准划分的心理发展阶段等。人格心理学则包含精神分析学派的个体心理动力、行为主义学派的观察学习等研究成果。学校心理学是心理学理论与学校教育实践相结合的产物，在我国的发展起步较晚，其研究任务和服务范围涉及心理预防与心理卫生、心理咨询、诊断性评价和行为矫正等内容。

（一）发展心理学

1. 埃里克森的八阶段理论

埃里克森认为，个体的发展过程是自我与周围环境相互作用和不断整合的过程。他在弗洛伊德提出的儿童发展五阶段的基础上，同时考虑了生物因素和社会文化因素的影响，将个体的发展划分为八个阶段，同时指出了每一个阶段的主要发展任务。第一阶段，婴儿期，1岁半以前。这个阶段主要的发展任务是满足生理上的需求，发展信任感，克服不信任感。第二阶段，儿童早期，1岁半～3岁。这个阶段主要的发展任务是获得自主感，克服羞怯和疑虑，体验意志的实现。儿童在这个阶段除了要养成适宜的大小便习惯，还渴望到广阔的空间去探索新的环境。如果这一阶段的发展任务能顺利完成，将有利于儿童对未来社会秩序和法律生活的适应；如果这个阶段的任务不能顺利完成，儿童就会产生羞怯和对他人及生活的疑虑。第三阶段，学前期，3～6岁。这个阶段主要的发展任务是获得主动感和克服内疚感，体验目的的实现。埃里克森认为，儿童在此阶段主动性的发展程度，将与以后工作中经济上取得的成就有关。如果这一阶段的任务不能很好完成，儿童就会感到自己无用而产生内疚感。第四阶段，学龄期，6～12岁。这个阶段的发展任务是获得勤奋感而克服自卑感，体验能力的实现。这个阶段的儿童开始了学校生活，需要努力去完成学习任务。儿童在这个时期形成的勤奋精神将与以后的工作态度有关。如果儿童不能很好地完成学习及其他方面的任务，就会产生自卑感。第五阶段，青年期，12～18岁。这个阶段的发展任务是建立同一感和防止同一感混乱，体验忠诚的实现。第六阶段至第八阶段分别对应成年早期、成年中期、成年晚期，即从18岁到死亡。这三个阶段的成年人将开始一种相互信任、努力工作、生儿育女的生活，以便最终能圆满地进入社会，通过自己的努力收获美好的人生。

2. 皮亚杰的发生认知论

皮亚杰基于生物学、逻辑学和心理学，提出了发生认知论。皮亚杰的理论属于内外因相互作用的建构主义发展观，既强调内外因的相互作用，又强调在这种相互作用中心理不断产生量和质的变化。他认为，心理、智力、思维起源于主体的动作，这种动作的本质是主体对客体的适应，主体通过动作对客体的适应是心理发展的真正原因。个体的任何心理反应，不论指向外部动作还是内部思维(动作划分为外部动作和内化了的思维动作)，都是一种适应。适应的本质在于取得机体与环境的平衡。此外，皮亚杰认为，心理发展过程具有连续性、阶段性和顺序性，每个阶段具有其独特的结构，儿童的思维发展依次经过四个阶段。阶段一，感知运动阶段，0～2岁。这个阶段儿童主要通过感觉动作图式来和外界取得平衡，处理主、客观关系。在1岁左右，儿童发展出物体恒存的概念。在婴儿面前将玩具藏在两块相同的盖布A和B的任何一块下面，如藏在A下面，9个月的婴儿会伸手掀开A找出玩具，重复一次婴儿仍然能从A下面找到玩具，然后在婴儿面前将该玩具藏在B下面，结果婴儿继续到A下面去寻找玩具。皮亚杰将这种现象称为 A 非 B 错误。这说明此时的婴儿对客体存在的认识，还依存于他对客体做出的动作之中。阶段二，前运算阶段，2～7 岁。这是表象与形象化思维的萌芽阶段，各种感知运动图式开始内化为表象或形象图式。表象具有相对具体性、具体形象性、不可逆性、自我中心性、刻板性、集中化等特点，特别是由于语言的出现和发展，促进了儿童表象思维。阶段三，具体运算阶段，7～12 岁。具体运算思维是在前一个阶段很多表象图式融合、协调的基础上形成的。具体运算的特点有两个。第一，守恒性。所谓守恒性就是内化的、可逆的动作。守恒性是通过两种可逆性实现的，可逆性是思考问题时可以从正面去想，也可以从反面去想，可以从原因看结果，也可以从结果看原因。第二，群集运算。由于出现了守恒性，因而儿童可以进行群集运算，能够对这些运算的结果进行分析综合，从而正确地掌握逻辑概念的内涵和外延。阶段四，形式运算阶段，12 岁以后。这个阶段儿童形成抽象逻辑思维。经过不断同化、顺应、平衡，在旧的具体运算结构的基础上逐步出现新的运算结构，这就是和成人思维接近的、达到成熟的形式运算。

皮亚杰还对儿童的品德发展进行了研究。他通过观察儿童活动，用编造的对偶故事同儿童交谈，发现：儿童的道德发展既非天赋，也非社会规则的直接内化，而是受主体与客体相互作用的性质强度影响；儿童道德发展不仅取决于对道德知识的了解，更重要的是取决于道德思维的发展程度；儿童道德发展是一个有明显的阶段特点和顺序性的过程，与儿童逻辑思维的发展具有极大的相关性。他提出，道德发展是一个由他律逐步向自律、由客观责任逐步向主观责任转化的过程，包括三个阶段。阶段一，前道德阶段，1～2 岁。这个阶段的儿童由于认识的局限性，行为多与本能需要的满足有关，还不理解、不重视成人或者周围环境对他们的要求。在游戏时，规则或成人的要求对他们还没有约束力，儿童只按照自己的意愿去执行游戏规则。阶段二，他律道德阶段，2～8 岁。这个阶段的儿童认为应该尊重权威和尊重年长者的命令。一方面他们绝对遵从成人、权威者的命令；另一方面，他们也服从周围环境对他们的规则或要求。阶段三，自律或合作道德阶段，8～12 岁。这个阶段儿童思维已达到具有可逆性的具体运算阶段，有了自律的萌芽，公正感不再是以"服从"为特征，而是以"平等"的观念为主要特征，以此逐渐代替了前一阶段服从成人的权威。儿童意识到准则是一种保证共同利益的、契约性的、自愿接受的行为准则，并表现出合作互惠的精神。儿童开始以动机作为道德判断的依据，认为公平的行为都是好的。关于惩罚，儿童认为只有回报的惩罚才是合理的。

3. 柯尔伯格的三水平六阶段理论

在道德形成的研究历史上，两位最具影响力的人物就是皮亚杰和柯尔伯格。柯尔伯格在芝加哥大学的研究，综合并拓展了皮亚杰关于智力发展的很多观念，且重新激起了人们对该领域的研究兴趣。和很多人一样，柯尔伯格也提出了这样的问题：没有是非观念的婴儿是如何形成道德准则的？

循着皮亚杰的研究，柯尔伯格提出了自己的理论主张：人类所有的独一无二的道德判断能力是以一种可预测的方式在整个儿童时期逐步形成的。而且，他相信，与皮亚杰的智力发展阶段相似，道德准则也存在某种特定发展阶段。正如柯尔伯格所解释的："儿童能够内化父母及文化背景中的道德价值观，而且只有当儿童逐渐把这些价值观与他已理解的社会秩序，以及他作为一个社会自我的目标联系起来时，儿童才能将上述道德价值观内化为自己的一部分。"换句话说，儿童必须达到某种智力发展阶段后才能达到一定的道德发展水平。

柯尔伯格提出道德形成遵循一定的发展阶段。我们很容易想到所有能力的发展都有一定阶段，但是，心理学家对那些随时间而逐渐发生的变化(如一个人的身高)，与在不同阶段差别很大的变化进行了区分。因此，柯尔伯格关于童年和少年时期道德结构发展阶段的理论包含三方面内容。第一，每个阶段不仅有一种独一无二的道德思维方式，而且不是对成人道德概念理解的逐渐深化。第二，各阶段总是以固定的顺序出现，不可能跳过任何一个阶段，也绝对没有倒退的情况出现。第三，阶段具有优势性，即儿童理解所有处于他们现有道德阶段以下的道德判断，且至多只能对他们所处阶段以上一个阶段的道德问题有某种程度的理解。此外，鼓励、教育和练习都不能使儿童向高于他们应有阶段的道德阶段发展。而且，儿童喜欢以他们所达到的最高道德发展水平来对事物进行判断。无论个体之间是否存在经验和文化上的差异，发展阶段都是具有普遍性的，以固定的顺序向前发展。柯尔伯格相信，他能通过给不同年龄的儿童提供道德判断的机会，来对道德形成阶段加以探究。如果发现儿童做出道德决策的思维方式随年龄而有规律地发展，那么这将可以证明道德阶段论是基本正确的。

柯尔伯格在实验中向不同年龄的儿童提供 10 个假定的道德两难故事，每名儿童需要接受两小时的关于这些故事的访谈。研究者对访谈进行录音，以便对儿童使用的道德推理进行进一步的分析。

柯尔伯格的两难故事实验

第一则，弟弟的难题。乔的爸爸许诺说，如果乔挣够了 50 美元便可以拿这笔钱去野营。但后来爸爸又改变了主意，让乔把挣得的 50 美元都交给他。乔撒谎说只挣了 10 美元，并把 10 美元交给了爸爸，拿剩余的 40 美元去野营。临走之前，乔把挣钱和向爸爸撒谎的事告诉了他的弟弟阿里克斯。阿里克斯应该把事情的真相告诉他的爸爸吗？

第二则，海因茨的难题。在欧洲，一位妇女因患有一种特殊的疾病而濒临死亡。医生认为只有一种药或许能挽救她的生命。那是她所在镇上的药剂师最新研制的一种特效药。这种药的成本昂贵，而且这位药剂师向购买者索要 10 倍于成本的高价。他花了 200 美元制造这种药，但在售出时要 2 000 美元。这位病人的丈夫叫海因茨，他向他认识的所有人都借了钱，但在最后他也只能借到 1 000 美元。他向药剂师恳求说他的妻子快死了，求求他便宜一点卖给他或者允许他以后再支付另一半的钱。但药剂师却说："不行，我研制该药的目的就是赚钱。"所以，海因茨绝望了，他后来闯进了药店，为他的妻子偷了治病的药。海因茨应该这样做吗？

柯尔伯格最初的被试是居住在芝加哥郊区的 72 名男孩。这些男孩分属于三个年龄组，即 10 岁、13 岁和 16 岁。每个年龄组中有一半被试来自社会经济条件处于中下水平的家庭，而另一半则来自社会经济条件处于中上水平的家庭。在两小时访谈中，这些被试表达的道德观点从 50～150 个不等。

下面是柯尔伯格引用的 4 名不同年龄的儿童面对道德两难困境时的反应。

丹尼，10 岁，关于弟弟的难题："一方面，他应该告诉爸爸事情的真相，否则的话，他的爸爸或许会生他的气，甚至会打他的屁股。另一方面，也许他应保持沉默，否则他的哥哥会揍他。"

道恩，13岁，关于海因茨的难题："是药剂师的错。他是不公道的，索要高价却不顾别人的死活。海因茨爱他的妻子，想救她。我认为任何人都会这么做的。我相信他不会被关进监狱。法官会全面看待这场官司并明白药剂师是漫天要价。"

安第，13岁，关于弟弟的难题："如果我爸爸事后发现了真相，他将不会再信任我，我的哥哥也会这样。但如果弟弟不说出真相，我也不会觉得有什么不好。"

乔治，16岁，关于海因茨的难题："我不这样看，因为药剂师有权决定药的价格。我不能说海因茨确实做对了，尽管我猜想任何人都会为了妻子而这么做。他宁愿进监狱也不愿看到他妻子死去。在我看来，他有正当的理由这么做，但从法律的角度看，他是错的。至于究竟是对是错我不能发表更多的意见。"

基于这些陈述，柯尔伯格和他的同事界定了三种道德水平六个道德发展阶段，并把被试所有的陈述分别归入其中某一个发展阶段。此外，被试做出道德判断的动机也有六种类型，与每个阶段一一对应。值得注意的是，柯尔伯格描述的每个道德推理阶段都可以普遍适用于儿童可能面临的情境。尽管道德发展阶段无法预测一个儿童面对真实的两难处境时采取的特定行动，却能预测儿童在决定一个行动时进行的推理过程。

道德观念发展的早期被柯尔伯格称为"前习俗水平"，该水平的特征是以自我为中心，看重个人利益，包括最初的两个阶段。第一阶段，儿童意识不到他人的利益，其道德行为是出于对不良行为将要受到惩罚的恐惧。第二阶段，儿童开始意识到别人的利益和需要，但他们的道德行为是为了得到别人回报同样的道德行为。这时，良好行为的本质是儿童为了满足自身需要而对情境进行的控制。在道德发展到"习俗水平"时，习俗道德作为人际关系中个体角色认知的一部分开始发挥作用。第三阶段，儿童的道德行为是为了达到他人对自己的期望，并维持与他人之间信任和忠诚的关系。按照柯尔伯格的观点，正是在这个阶段，金科玉律式思维开始出现，而且儿童开始关注他人的感受。第四阶段，儿童开始意识到法律和秩序的存在，并表现出对法律和秩序的尊重。这个阶段的儿童从更大的社会系统的角度看待事物，并以行为是否遵纪守法为衡量尺度。他们对现有的社会秩序表示认同，并认为遵守法律的行为都是好的。当道德发展进入"后习俗水平"时，道德判断开始超越现有的法律。第五阶段，人们开始承认某些法律比另外一些法律好，现实中有合情不合法的事，也有合法不合情的事。处于这个阶段的个体仍相信，为了维护社会和谐人们应该遵守法律，但他们也会通过特定的程序寻求对法律的修正。柯尔伯格声称，这一阶段的人在尝试调和道德和法律时将面临冲突。第六阶段，个体的道德判断将建立在对普遍道德行为准则的信仰之上，当法律与道德准则发生冲突时，个体将依据自己的道德准则做出决策而不考虑法律。决定道德的将是个体内在的良心。柯尔伯格在研究中发现，只有极少数人能够完全达到第六阶段。

柯尔伯格指出，这一新的概念体系阐明了儿童是如何以一系列可预测的有序阶段来对周围的世界进行积极的道德构建的。对儿童而言，这一过程不应被简单地视为成人通过口头解释和惩罚，使道德准则被同化和内化为儿童的一部分，而应被视为一种儿童与社会和文化环境相互作用而发展起来的道德认知结构。按照这一观点，儿童不仅仅是在学习道德标准，而且是在建构道德标准。这就意味着儿童在完成第一阶段和第二阶段的道德认知建构前，根本无法理解和使用第三阶段的道德推理。同理，一个人除非已经经历而且建构了前四个阶段的内在道德模式，否则他是不会使用属于第五阶段的基本人权的概念来解决道德两难问题的。

（二）人格心理学

1. 精神分析学派：个体心理动力

精神分析学派的代表人物弗洛伊德是奥地利的精神病医生和心理学家，他的理论核心为性本能是个体心理发展的动力。他认为人的心理活动主要包括意识和无意识两部分，在此基础上又细分为本我（id），自我（ego）和超我（superego）三个部分。其中，本我属于无意识的动向，是原始的、本能的，是人格结构中最难接近的部分，包括人类本能的性内驱力和被压抑的行为倾向。本我驱使人们争取最大的快乐和最小的痛苦，遵循"快乐原则"。自我是意识部分，本我不能直接接触现实世界，个体要与现实世界进行交流，就必须通过自我，自我遵循现实原则，而不是随心所欲的本能冲动。随着年龄的增长，个体的自我在行为中所起的作用越来越大。超我包括两个部分，良心和自我理想。良心具有惩罚性的功能，当个体有某种坏行为时，良心就会使他有犯罪感。而自我理想则具有积极的功能，使个体积极向上。简单地说，超我代表着人类的道德标准和发展的高级方向，体现着"至善原则"。

2. 行为主义：行为与强化

行为主义心理发展观的代表人物有华生、斯金纳和班杜拉。华生认为，各种心理现象只是行为的组成因素，都可用客观的 S(刺激)-R(反应)公式来论证。行为反应是由刺激引起的。生理构造的遗传作用并不导致机能上的遗传作用。华生是名副其实的环境决定论者，主要体现在否认遗传的作用，片面夸大环境和教育的作用，认为学习的决定条件是外部刺激。他认为外部刺激是可以控制的，不管多么复杂的行为，都可以通过控制外部刺激而形成。斯金纳认为，除经典条件反射机制外，人或动物还能通过操作性条件反射来学习。操作性条件反射是指一种行为的结果改变着该行为发生频率的学习机制。操作性条件反射理论强调塑造、强化与消退、及时强化等原则。强化会提高一种行为发生的概率，而惩罚则会降低一种行为的发生概率。班杜拉提出了社会学习理论，其核心概念为观察学习。观察学习也可称为榜样学习、模仿学习，是指人们通过观察他人的行为及结果，获得示范行为的象征性表象，并做出与之相对应的行为的过程。观察学习分为四个阶段：注意过程、保持过程、动作复现过程和动机过程。同时，班杜拉认为强化可以分为直接强化、替代强化和自我强化。直接强化即通过外界因素对学习者的行为直接进行干预。替代强化是通过对榜样进行强化来提高学习者某种特定行为出现的概率。自我强化是指行为达到自己设定标准时，以自己能支配的报酬来增强或维持观察学习的四个阶段。班杜拉特别重视社会学习在社会化过程中的作用，他重点研究了社会学习对儿童的攻击性行为、性别角色的获得及亲社会行为发展的作用。

实验：波比娃娃

心理学史上有一个非常著名、非常有影响的实验。这个实验阐述了儿童是怎样习得攻击行为的，由班杜拉和他的助手多萝西娅·罗斯及希拉·罗斯于1961年在斯坦福大学完成。班杜拉认为除直接的鼓励和惩罚之外，行为的塑造还有一种重要的方式，即可以通过简单观察、模仿其他人的行为而形成。

参加这项实验的被试由36名男孩和36名女孩组成，他们的年龄为3~6岁，平均年龄为4岁零4个月。24名被试被安排在控制组，他们将不接触任何榜样。其余的48名被试先被分成两组：一组接触攻击性榜样，另一组接受非攻击性榜样。

每个被试分别接触不同的实验程序。首先，实验者把一名被试带入一间活动室。在路上，实验者假装意外地遇到成人榜样，并邀请他过来"参加一个游戏"。被试坐在房间的一角，面前的桌子上有很多有趣的东西，有印章和一些贴纸。这些贴纸颜色非常鲜艳，还印有动物和花卉，被试可以把它们贴在一块贴板上。随后，成人榜样被带到房间另一角落的一张桌子前，桌子上有一套儿童拼图玩具，一根木槌和一个1.5米高的充气波比娃娃。实验者解释说这些玩具是给成人榜样玩的，然后便离开房间。

无论在攻击情境还是在非攻击情境中，成人榜样一开始都先装配拼图玩具。1分钟后，攻击性榜样便开始用暴力击打波比娃娃。在攻击情境中的所有被试看到的攻击行为的顺序是完全一致的。攻击性榜样的攻击行为包括身体攻击和言语攻击，持续时间将近10分钟。然后，实验者回到房间里，向攻击性榜样告别后，把被试带到另一间活动室。在无攻击行为的情境中，无攻击性榜样只是认真地玩10分钟拼图玩具，完全不理波比娃娃。

10分钟的游戏以后，所有被试都被带到另一个房间，那里有非常吸引人的玩具，如消防车模型、喷气式飞机、配有多套衣服和玩具车的娃娃等。研究者相信，为了测试被试的攻击性反应，使被试变得愤怒或有挫折感会令这些行为更有可能发生。为了实现这种目的，实验者先让被试玩这些有吸引力的玩具，不久以后告诉他们这些玩具是为其他被试准备的，并告诉被试可以到另一个房间里去玩别的玩具。

在最后的实验房间内，有各种攻击性和非攻击性的玩具。攻击性玩具包括波比娃娃、一个木槌和一个上面有人脸的绳球。非攻击性玩具包括一套茶具、各种蜡笔和纸、一个球、两个娃娃、小汽车和小卡车及塑料动物。实验者允许每个被试在这个房间里玩20分钟，在这期间，评定者在单向玻璃后依据多条指标对每个被试行为的攻击性进行评定。

看到成人榜样攻击行为的被试，也就倾向于模仿这种行为。男性被试每人平均有38.2次，女性被试每人平均有12.7次模仿了成人榜样的身体攻击行为，男性被试平均17次、女性被试平均15.7次模仿了成人榜样的言语攻击行为。这些特定的身体和言语攻击行为，在无攻击行为榜样组和控制组几乎没有被发现。此外，几乎在所有条件下，男性比女性都更明显地表现出身体攻击的倾向。实验中，男性共表现出270次暴力行为，女性则表现出128.3次暴力行为。

在本研究中，班杜拉和他的助手们宣称，他们已经证明暴力行为是怎样通过观察和模仿而习得的，即使不给榜样或观察者以任何强化物。他们的结论是：成人的行为向儿童传递了这样一个信息，即这种形式的暴力行为是被允许的，这样便削弱了儿童对攻击行为的抑制程度。他们指出，这些儿童在以后遇到挫折时，可能更容易表现出攻击行为。

(三)学校心理学

学校心理学是心理学理论与学校教育实践相结合的产物，是心理学为学校教育服务的重要途径。学校心理学以发展性辅导为主，以预防性辅导为辅，以学生的身心发展及认知、学习、适应等为主要研究领域，同时也根据学校教育工作的内容和要求，对教师、家长进行适当的心理援助和咨询。实质上学校心理学是一门关于在学校教育领域中如何开展心理辅导与咨询的学问，属于应用心理学的分支学科。学校心理学在我国的发展起步较晚，1993年我国才有第一个学校心理学的专业组织。从广义上讲，学校心理学的研究对象包括个体也包括群体，甚至还包括班级管理、学校管理、教师的讲课评估等。从狭义上讲，学校心理学主要研究5～18岁的学生在成长过程中遇到的各类问题，以儿童和青少年遇到的发展性问题为主，障碍性问题为辅。当前，我国学校心理学研究任务或服务范围大致涉及以下几个方面。

第一，心理预防与心理卫生。心理预防，即预防学生在校期间可能出现的各种心理行为问题，保障学生心理健康发展，顺利完成学业。特别是在中小学衔接阶段(中考、高考阶段)和心理发展的敏感期或转折期，学校应注重采取心理卫生措施，对学生加以监督控制。在心理卫生方面，学校要使学生劳逸结合，保持身体健康，要按照不同年级或年龄安排好生活节奏，要正面教育、引导学生情感良性发展，要积极开展青春期卫生教育(性教育)，要根据学生气质、性格和能力方面的特点，因材施教，充分发挥他们的潜能，要防止意外伤亡事故的发生等。心理防御和心理卫生问题，主要依靠常规的心理健康教育来解决。

第二，心理咨询。心理咨询的原意是指对人们，特别是对心理失常的人，通过心理商谈的程序和方法，使其对自己和环境有一个正确的认识，以改变其态度和行为，并对社会生活有良好的适应。学校开展心理咨询，主要对象是学生，其次是家长和教师。值得注意的是，许多家长和教师对学校心理咨询有误解，认为只适用于学生，与自己无关。实际上，许多家长和教师在教育学生的方式方法上存在问题，也应该接受心理咨询。另外，开展学校心理咨询的目的是帮助学生学会解决心理发展中的各种疑难问题，克服各种心理障碍。要达到这一目的，学校心理咨询人员必须得到家长和教师的配合，一起会诊，分析学生有关心理症状，掌握学生确切的征兆，把握病因，从而采取有针对性的措施，排除学生的心理障碍。

第三，诊断性评价。诊断性评价是指根据一定的理论和标准，以心理学的方法和工具为主，对学生个体的心理状态、行为异常或障碍，以及学生的成长环境进行描述、分析、归类、鉴别、评估的过程。诊断性评价是一个包括确定目的、观察现象、收集资料、查询原因、实施测量综合评估等在内的完整过程。在学校心理健康教育中，建立学生的心理档案，就是一种一般性的诊断性评价。在对学生进行心理治疗前，要对学生进行综合的或特定方面的诊断性评价，以确定症状，寻找原因。

第四，行为矫正。行为矫正是指对不同年级学生在语言、认知、行为和人际关系等方面的问题进行心理学干预，帮助道德越轨、学习困难、情绪受挫和社会性发展不适的学生获得正常的发展。目前，对注意缺陷与多动障碍、学校恐惧症等的治疗中广泛应用了行为矫正。比如，有学校恐惧症的儿童对离家上学极度害怕而表现出多种心理和行为问题，如腹痛、头痛、呕吐、腹泻等躯体症状，还伴有焦虑、抑郁和恐惧等心理症状。学校心理学家对学校恐惧症的表现、病因及分类等问题进行了大量研究，并提出了基于经典性条件反射(系统脱敏法)和操作性条件反射的治疗理论，获得了较好的治疗效果。

第五，学习指导。学习指导是指帮助学生实现教育的价值，以教材为媒介进行的各种活动，包括学习内容的安排、学习方法的辅导、学习成绩的评估及反馈等，特别是比较细致地帮助学生掌握学习策略和选择学习方法，使他们学会学习，进而按照学习目标和学习进程进行学习，以便获得系统的知识，形成一定的能力。

第六，职业指导。职业指导即对学生如何选择适当的职业加以指导。目前，不少学校在进行职业理想的教育研究，以此作为学校德育和心理健康教育内容的一项重要改革。我们可以通过心理测量等手段，对学生个人的能力、性格、体力、家庭、经历等进行考察，通过调查和统计获得各种职业对能力和特长的要求，并向学生提供职业信息，指导学生选择合适的职业。职业指导可以具体地帮助学生发现自己的特点，唤起他们对将来的考虑，指出机会并监督其工作的情形和进展，使学生正确选择并从事职业，充分发挥其能力和积极性。

实验：罗森塔尔效应

1968年的一天，美国心理学家罗森塔尔和助手们来到一所小学，说要进行一项实验。他们从一至六年级各选了3个班，对这18个班的学生进行了"未来发展趋势测验"。之后，罗森塔尔以赞许的口吻将一份"最有发展前途者"的名单交给了校长和相关老师，并叮嘱他们务必要保密，以免影响实验的正确性。其实，罗森塔尔说了一个"权威性谎言"，因为名单上的学生是随机挑选出来的。8个月后，罗森塔尔和助手们对18个班级的学生进行复试，结果奇迹出现了：凡是上了名单的学生，个个成绩有了较大的进步，且性格活泼开朗，自信心强，求知欲旺盛，更乐于和别人打交道。

显然，罗森塔尔的"权威性谎言"发挥了作用。这个谎言对教师产生了暗示，影响了教师对名单上学生的能力的评价，而教师又将自己的这一心理活动通过自己的情感、语言和行为传达给学生，使学生变得更加自尊、自爱、自信、自强，从而使学生各方面得到了异乎寻常的进步。

四、学校心理健康教育的发展路径与模式探索 ▼

在心理健康教育越来越受到重视的今天，学校心理健康教育成为维护中小学生心理健康的有效手段。学校心理健康教育可以通过以下路径得到有效实施，真正发挥功能，从而帮助广大的学生拥有较为丰富的内心世界及健全的人格。

(一)学校心理健康教育的发展路径

1. 学科渗透

课堂教学活动是学校教育的主要方式，当然也是心理健康教育的主阵地。中小学的不少学科，尤其是中小学思想品德课、语文课、政治课及青春期教育课等，都可以渗透心理健康教育的知识、理念，以及心理素养的提升等内容。

2. 文化渗透

校园文化是一种隐性教育，其优美的环境、高雅的文化、和谐的氛围、多彩的活动都可以形成一个教育场。学生在优美的教育场中，心灵会得到净化，心理会更加健康。学校可以将心理健康教育与校园文化整合，积极发挥校园文化隐性教育的熏陶、凝聚、导向功能，用健康教育理念全方位创设和优化校园文化，通过健康校园文化的打造，引导学生学会做人，激发学生蓬勃向上的精神。

3. 活动渗透

校园活动丰富多彩，如班会课、体育活动、诗歌朗诵、爱国教育活动、感恩活动、创建和谐宿舍等，学校的心理健康教育活动往往可以和这些校园活动有机整合在一起。学校可以设计与心理健康相关的主题内容，搭建让学生体验、实践、比赛等心理教育的平台，落实心理健康教育。

4. 通识课程

目前，有不少学校已经将心理健康教育课程纳入中小学日常教学中，使之成为一门必修或选修课程，并逐渐成为中小学课程体系中非常重要的组成部分。开展作为通识课的中小学心理辅导课程是中小学开展心理健康教育的重要方式之一。不少浙江的学校，在高一开设了生涯规划课程，在高二开设了青春期选修课程，在高三开设了发展性心理辅导课程。心理健康教育课程使学生能够全面系统地掌握心理健康知识，对提高中小学生心理健康水平，全面推进素质教育具有重要作用。

5. 主题活动

学校可以开展对中小学生的心理辅导、咨询及测试的工作，尤其是对中小学生的心理状态开展定期测试，并建立学生的咨询档案。同时学校也可以通过心理健康教育讲座、团队素质拓展等活动，掌握学生的心理状态，以便及时发现并疏导学生的心理问题。

6. 队伍建设

学校心理健康教育的顺畅开展势必需要一支较强的专兼职教师队伍。从心理健康工作全面发展的角度来看，学校需要加大培训力度，提高教师自身的心理健康水平及心理健康教育水平。从专业角度来看，学校需要有专业的心理教师从事心理专业工作。学校应建设好中小学的心理健康教育队伍，使心理健康教育工作专业化、科学化、可持续化。

7. 社会支持

心理健康教育是一个系统，需要学校、家庭和社会的合力，三者缺一不可。尤其是在家庭教育中，父母的作风、习惯、修养，以及父母的心理品质、个性特征、教育方式，都可能会影响儿童的心灵成长。学校心理健康教育要加强对学生父母的教育指导。家庭教育与学校教育同步发展，才能真正形成合力，为学生的心理健康保驾护航。

(二)学校心理健康教育的模式探索

1. 自主发展心育模式

自主发展心育模式遵循以学生发展为根本的理念开展心理健康教育工作，以促进学生自主健康发展为出发点和落脚点。学校心理健康教育应服务全体学生而非仅仅呵护个体，助推学生成长而非仅仅干预危机，通过课程、测评、个体辅导、团体辅导等多种途径，开展面向学生、教师和家长的心理健康教育工作。

案例：北京师范大学附属实验中学

2015年9月10日，教育部办公厅公布了首批205所全国中小学心理健康教育特色学校名单，北京师范大学附属实验中学位列其中。

北京师范大学附属实验中学自1990年引入首位专任心理教师以来，持续改进，不断创新，走出了能干预、早预防、创教育到促发展的阶梯式心育工作发展历程。在多年系统开展心理健康教育的工作历程中，学校基于以学生发展为根本的理念，致力于让每个实验学子和实验教师都能享受到优质的心理健康教育服务，促使以人为本、重视身心健康的观念深入人心。学校心理健康教育工作围绕智慧学习与快乐考试、悦纳自我与和谐人际、积极情绪与良好适应、健康生活与自主规划四大心育主题，逐渐完善个体辅导、团体辅导、专题活动和心育宣传等心育途径，大力发挥学校教育的主导作用，以学校、家庭和社会三位一体的工作模式开展工作。

为了更好地配合学校的工作，心理健康教育工作运用数据连接"学校—家长—学生"，不仅为6～18岁学龄期中小学生提供学习习惯养成、学习动力提升、学习方法改进、学业压力缓解四大类近百种与学习有关问题的专业测评及解决方案，并且为教师提供教育管理技能培训、科研指导、心理减压服务，还为家长提供学生的学情分析、学业成绩分析、心理健康状态报告、智力检测，精准提供相关的学习及心理问题改进建议，并为家长提供学习课程和心理咨询服务。

2010 年开始，学校还组建了生涯教育教师项目组，开始自主探索以学生自主发展为导向的中学生涯教育模式，逐步建立起独树一帜的生涯教育课程体系，尤其是对体验式学习方式的创新，促使学生在学习中达到知行合一。现行的中学教育体制缺乏对学生深层次的个体探索，生涯教育的心理学测评可以更好地帮助学生了解自己。学校很早就引进了"高中生涯发展教育系统"。学生通过兴趣、性格、技能、价值观、学科偏好等方面的自我测评，继而进行自我分析，然后由学校有针对性地进行生涯辅导。另外一个重大改变体现在体验式的学习方式上：电影课堂，让学生看电影说人生；精品导读，用好书来引导学生探讨人生；生涯探索实验室，用玩的方式让学生在实验室里发现兴趣。每个学生都可以根据自己的喜好选择学习方式。2014 年 5 月 17 日至 24 日，在北京举行的全国科技活动周上，由北京市科委资助、北京师范大学附属实验中学建立的"北师大实验中学生涯探索实验室"（Career Exploration Lab）正式亮相。这个实验室通过高科技的仿真技术还原经典职业活动，在单次约两小时的游戏化体验式教学里，从学生行为中采集数据，对学生的能力、兴趣和职业方向做出科学评估。实验室活动大量使用多媒体、游戏化交互系统，学生可以自助完成全部体验。学校还建立了"真人图书馆"，把每个学生的中学阶段用电子信息的形式记录下来，为后面的学生提供参考。

2. 人文心育模式

人文心育模式遵循文化育人的理念开展心理健康教育工作，积极探索环境育人、活动育人，将心理健康教育与学校整体的文化活动，如人文德育实践、学校课程体系建设、课堂教学改革、校园文化建设、学生创新素养培育、学校人文管理等结合在一起，创造健康和谐的人文氛围来积极探索心理健康教育工作，使学生们的思想、学习、生活都有崭新的飞跃。

案例：上海七宝中学

上海市七宝中学是首批上海市中小学心理健康教育示范校及首批全国中小学心理健康教育特色校。学校现有专职心理教师及兼职心理教师多人，均拥有"上海市学校心理咨询师"或"国家二级心理咨询师"证书。学校拥有心理专用教室、心理沙盘室、心理辅导室、心理松弛室，以及减压舱、宣泄仪等心理健康教育硬件设施设备。在"全面发展、人文见长"办学理念和"平民本色、精英气质"育人目标的引领下，学校重视心理健康教育，并始终坚持以发展性心理辅导为主的教育理念，依托丰富多彩的心理教育教学活动，通过渗透、体验、熏陶、感染等多种形式，将心理健康教育融入学校教育的全过程，形成了师生共谐的人文心育模式。

学校重视学生心理素质提升与健全人格培养。学校构建了心理活动课、拓展课、研究课、社团课等系列化的心理辅导课程体系，以满足学生发展性心理成长需求。学校通过面对面、电话、网络等多种咨询方式和途径，帮助学生化解心理危机与困惑。学校通过多种方式和渠道，如校园广播、主题活动、网络平台、学生刊物、走廊橱窗、家长会等，对学生、教师、家长进行心理健康知识的普及与宣传，并把心理健康专题教育活动有机融入校园主题文化节中，如释放心理压力的"心灵涂鸦""枕头大战"，考验耐心与意志力的"密室逃脱"等。此外，学校心理健康教育还紧跟时代步伐，积极开展生涯规划教育，不断提升学生的生涯发展意识和生涯规划与决策能力。

学校关注教师的身心健康与心灵成长。学校积极开展"教师心理成长工作坊"和"教师生涯成长工作坊"校本培训，不断提升教师的心理辅导技能、心理健康水平和生涯发展自觉，为教师开设了游泳、太极拳、韵律操、羽毛球等13门"阳光体育课程"，成立了钢琴、国画、陶艺、摄影等17个教师文化社团，并开设了心理茶室等，促进教师身心和谐发展，提升教师职业幸福感。

学校深入开展生涯教育。学校在原有心理辅导课内容基础上，进一步拓展了有关自我认识、高考新政认识、大学专业认识、社会职业认识等方面的内容，使得心理辅导课更能满足学生对选科、选报考专业等问题的辅导需求，并在此基础上开发了七宝中学学生教育读本《有规划的人生更精彩》。该读本内容分为融入适应篇、自我认知篇、学业指导篇、选课选学篇、心理调适篇、职业规划篇、健康生活篇。该读本不仅为教师教授生涯教育课提供了参考，也成为学生自我生涯教育的好读本。除心理课外，生涯教育课程还可以包括校友或家长举行的"生涯讲堂"专题讲座，班级日常的生涯主题班会等，以及学校为了增加学生生涯体验而开展的社会实践课程、职业体验课程等。

学校做好心理测量,为学生建立心理和生涯发展档案。心理辅导教师可以在原来心理档案的基础上,帮助学生建立生涯发展档案。学校通过对学生进行16PF人格测试、霍兰德职业兴趣测验、职业价值观及动机测试、职业能力测试等,一方面帮助学生科学、理性、客观地了解自我,分析自我,全面认识自身的兴趣、能力、性格、价值观等;另一方面,在此基础上形成学生个性化生涯发展档案。每个学生可在累积的生涯发展档案中寻找自我专业发展和自我个性倾向的交集,查看个性化的生涯发展规划报告。生涯发展档案为学生的"3+3"选科、高考后的大学专业志愿填报等提供了方向和参考。

学校做好团体生涯发展训练与个体生涯发展辅导。心理辅导教师根据学生个体的实际需求开展诸如"澄清你的价值观"等生涯发展的团体训练。此外,心理辅导教师对心理社团的活动进行精心设计,充分利用心理社团开展生涯发展的团辅训练,将社团变为激发学生自觉进行人生规划、聚焦志趣、发展特长、提升自我综合素质的生涯发展平台,引导学生在自我教育、自我计划、自我创造中逐步完成高中阶段的生涯发展任务。对于在生涯发展中遇到困惑前来求助的学生个体,心理辅导教师积极与学生及其任课教师、家长沟通,全面了解学生个性、心理、学习等各方面情况,帮助他们合理确立人生发展方向和奋斗目标,引导学生客观认识与理性处理生涯发展中遇到的困难。

3. 同伴互助模式

同伴互助模式遵循发展性教育的理念开展心理健康教育工作,确立以发展性辅导为主,以预防性辅导和治疗性辅导为辅的核心理念,通过营造学校和谐的心理文化氛围,激发学生的互助动机,通过学生心理委员制度,寝室结对帮扶、心理社团建设等活动,将学校心理健康教育融入学校生活,最终形成较为成熟的学生同伴辅导的心育特色。

案例:浙江温岭箬横中学

从2005年起步至今,浙江温岭箬横中学的心理健康教育工作始终秉承着踏实进取的态度,注重基础性和常规性的工作。截至2022年,学校建有600余平方米的心灵成长坊，设有心动教室、智慧泉、互助阁、倾听坊、舒心园、清风小筑、TAP 实验室、室外公园八个功能区，还被评为教育部"国培计划"浙江师范大学实践教学基地、浙江省一级心理健康辅导站、浙江省心灵港湾工作坊示范点。

阶段一：起步阶段。

2005 年开始，学校陆续派出教师到浙江师范大学参加浙江省心理健康骨干教师高级研修班学习，使学校拥有了第一批持有学校心理健康教育上岗资格 A、B 证书的师资力量。在这些教师的努力下，学校的心理健康教育工作逐步铺开并发展起来。

阶段二：摸索阶段。

在校领导的支持下，学校发动班主任及其他科任教师进行全员 C 证培训，鼓励和支持班主任及其他科任教师用心理健康的相关知识与技能去解决教育教学中遇到的一些困惑与问题。在班主任论坛和读书会上，教师探讨了一些平时教育教学过程中遇到的案例及具体辅导过程中的策略措施，推广应用。

德育导师制，原是指学校以德育处采取统筹安排、学生自主选择等方式，开展师生结对帮扶，关心学生思想、生活，给予学生指导、帮助和关怀的制度。学校以这个平台为载体，指导结对教师更多地利用心理辅导的原则关注学生的心理健康和成长需求，形成"全员育人"机制，发挥科任教师特别是非班主任教师的德育心育作用。

学校借助七、八年级思想品德课和每周一节的主题班会课，不定期开设心理辅导活动课。学校利用已有学科资源进行心理辅导活动课校本课程内容开发。例如，"七年级《思想品德》心育内容的开发与教育形式的构建"课题研究荣获台州市市级课题优秀结题。这种形式既扩大了教师与学生的参与面，又结合了学校已有平台与资源，真正把心理健康教育化有形为无形，融入学校教育教学工作的每个角落。

学校运用校园广播电台、宣传橱窗、校园网络，举办心理健康手抄报比赛，开展心理健康宣传教育活动，普及心理健康知识，注重对学生的发展性教育，营造学校心理健康教育氛围。学校设立班级心理委员制度，由点到面，让学生学会助人自助。

阶段三：发展阶段。

2008年，学校有了专任学校心理健康教师，心理健康教育教师团队力量得到充实与加强。学校的心理健康教育也在前几年的基础上，在专业教师的引领下逐渐规范化起来，初步形成了"宣传教育、心理辅导课、团体活动、系列讲座、个案辅导、教育科研"一个比较完整的心理健康教育框架。

学校注重通过营造学校和谐的心理文化氛围，激发学生的互助动机，引导学生观察学习他人的互助行为，从而产生互助动机。学校每个学期都会有一个大型的心理健康活动，上半年是5·25心理健康活动周，下半年是感恩节。学校每月都有一个主题活动，如"心理漫画展""心理剧大赛""心理健康有关的黑板报比赛""心灵加油站"等。经过十余年的探索，学校形成了成熟的学生同伴辅导特色。

学校心指中心通过"班级心理状态晴雨表"来监测全校学生的心理状态。每年到咨询室咨询的学生人数超过300人，咨询师的咨询安排经常爆满，加班做咨询对该校专兼职心理教师来说是家常便饭。学校个别心理辅导室全天开放，专兼职教师固定值班时间为每天11：40—12：30和16：40—17：30（其余时间可预约）。心理辅导站每学期组织心理健康教育沙龙，分析辅导个案，交流辅导心得，分享学生近期心理动态。

截至2022年，学校心指中心组织校内外心理健康教育工作坊300多场，汇编同伴心理辅导活动课教案集3套，创作同伴心理辅导剧本60多部，撰写"1＋1"辅导典型个案36篇，并出版《同伴辅导实务》。学校通过各种途径来提高教师、家长、学生对心理健康教育的重视程度。学校多次邀请台州市心理健康教育专家张国荣老师和温岭市心理健康教育专家包育彬老师开办心理健康普及性和针对性讲座。学校充分利用各种媒介，如心理墙报、心理黑板报、心理广播等，通过各种方式宣传心理健康知识。学校成立了心理社团，在专职心理教师的指导下，发挥心理委员的作用。学校还定期对心理委员进行培训，提高他们处理心理问题的能力。学校多次各级会议上做经验介绍报告，接待参观交流及国家级省级培训数百次，在省内外心理健康教育工作方面发挥着示范引领作用。

学校建立了温岭箬横中学的心理危机干预机制，建立了三级心理危机干预体系，对各班学生心理动态快速反应，从心理层面上予以疏导和帮助，消除学生潜在的压力和焦虑，促进学生人格的健康发展。面对部分心理问题严重或者不适宜继续在校咨询的学生，在家长和学生自愿的基础上，学校将其转介到温岭市心理咨询与治疗中心等校外机构。学校通过健全的心理健康教育网络及时地体察师生的心理需要。

第三章　心理健康教育与学校教育教学

随着国家的大力扶持，各地学校开始重视心理健康教育工作，不少学校把心理健康教育纳入学校教育教学规划。学科教学是学校教育教学的重要组成部分，在学校的各科教学中借助各种教学方法、教学手段和教学媒体对学生进行心理健康教育意义重大。学校针对不同学生的不同心理发展阶段，给予相应的指导与帮助，促进学生心理朝向积极的方向发展，有助于提高学生的心理素质。

第一节　心理健康教育与学校教育教学的融合

心理健康教育和学校教育教学密切相关。学校的教育教学面对的是人，所有教育的知识只有通过人的内因才能真正发生作用。学生学习、内化新知识的过程本质上就是心理变化的过程。心理健康教育，可以让学生了解和调整自己的心理状态，从自己的需要、动机、兴趣、信念、气质、能力、性格等方面来完善自己。教师也可以通过心理健康教育来推动学生学习能力、注意力、兴趣、动机等心理素养的发展，提升教育教学的质量。

一、心理健康教育推动学校教育教学的发展

（一）心理健康教育以立德树人为支撑和引导

党的十八大报告明确提出，把立德树人作为教育工作的根本任务。2018 年习近平总书记在全国教育大会的重要讲话中强调，立德树人是中国特色社会主义教育事业的根本任务。党的二十大报告再次强调：办好人民满意的教育，全面贯彻党的教育方针，落实立德树人根本任务。只有把握立德树

人的本质内涵，才能真正回答培养什么人，怎样培养人，为谁培养人这一教育事业的根本问题。

立德树人，要求培养德智体美劳全面发展的人。当前，各国发展竞争激烈，而人才是国际竞争的关键，是各国发展的第一资源。国家发展需要的人才不仅要具备丰富的知识、优秀的技能，更要拥有坚定的理想信念、强烈的责任担当、高尚的道德修养、健康的人格素养。国家把立德树人作为教育事业的核心，就是要求把育人的中心任务融入教育教学各环节中，落实到学生管理、教学改革、课程设置及师德建设等各个环节，并把理想信念作为道德的最高内涵贯穿教育全过程，真正塑造有信仰、有力量的民族未来接班人。

落实中小学心理健康教育，本质是落实立德树人根本任务的一个重要抓手。我国中小学的心理健康教育发展较为迅速，并取得了一些成绩，但是在心理健康教育整体目标定位、开展方式、评价手段等方面，也确实存在着一些争论，并且有些地方开展的心理健康教育也存在不少问题。例如，心理健康教育理念还不是很成熟，存在"问题式""诊断式"倾向；心理健康教育内容还不是很科学，负面的、偏重警示的较多；心理健康教育的评价还不是很恰当，以单一的心理氛围营造，心理课程开设等来进行考量。

心理健康教育必须要以立德树人为支撑和引导，紧密围绕服务于全体学生的健康成长，服务于学生全面发展的核心使命，进一步明确发展内涵，不断提高学科质量。构建适合中国文化，适合中国学生特点，符合中国教育发展实际需求的心理健康教育体系。《中小学心理健康教育指导纲要(2012年修订)》明确指出，心理健康教育的主要内容包括普及心理健康知识，树立心理健康意识，了解心理调节方法，认识心理异常现象，掌握心理保健常识和技能，这些内容紧紧围绕国家立德树人的育人目标。

(二)心理健康教育是一种全员参与的发展性教育

发展性教育是让每一个受教育者都具备发展的意识和发展能力的教育，主要包括三个方面：一是教育需要面向全体学生，二是教育需要促进学生最优化的和谐发展，三是教育需要培养学生的创新精神和实践能力。

《教育部关于加强中小学心理健康教育的若干意见》明确要求，心理健康教育要全面渗透在学校教育的全过程。学校在各项学科教学、教育活动、班主任工作中，都应注重对学生心理健康的教育，这是心理健康教育的主要途径。同时《教育部关于加强普通高等学校大学生心理健康教育工作的意见》也要求在学校开展正规而系统的心理健康教育，强调我国心理健康教育面向全体学生开展。因此，学校应通过采取多元化的教育途径，开发个体潜能，提高心理素质，塑造健全人格，培养良好行为习惯。

践行学生主体发展观视域下的心理健康教育活动，是在学生发展的各阶段给予其成长性的辅导。近几年以发展性心理辅导理念或是积极心理学理念为核心的心理健康教育活动越来越被学校认可。小学生心理健康教育的目标是全面提高学生的心理素质，挖掘学生的潜能，培养学生幸福健康的情感、乐观豁达的个性品质，培养学生的健全人格。初中阶段，是个体发展的危机阶段，主要问题是青春期带来的困扰和学习上的压力。因此，对于初中生的心理健康教育主要是培养他们的学习能力，使学生学会心理调适以顺利度过青春期。高中阶段是一个人的学龄晚期，学生将慢慢进入成人期，是学业负担较重的阶段。这个阶段心理健康教育的目标是帮助学生学习担负责任，挖掘学生潜力，使学生胜任学习任务和未来的社会责任，不断促进学生自我完善。由这些发展目标可见，学校心理健康教育与学校对学生的发展性成长教育是完全一致的。针对中小学开展心理健康教育就必须基于发展性的取向，这一点必须成为当下学校心理健康教育的核心思想，指导现代化学生心理教育实践重要探索的方向，成为学校心理健康教育教学理念变革的重要表现。

（三）心理健康教育是学科核心素养形成的基础

《现代汉语词典》对于"素养"一词的解释为"平日的修养"，《辞海》的解释为"经常修习涵养"。有些学者认为，素养就是指在教育过程中，逐渐形成的知识、能力、态度等方面的综合表现，是在先天条件基础上，通过后天的学习与实践逐步形成的，是"可教""可学"的。

近些年，素质概念有了较大的发展。"素质"一词在《现代汉语词典》中有三层意思：事物本来的性质；素养；心理学上指人的神经系统和感觉器官上的先天的特点。由此可见，在强调后天养成的含义时，素质与素养同义。

2016 年，教育部公布了中国学生发展核心素养相关研究成果。中国学生发展核心素养以培养"全面发展的人"为核心，强调了"文化基础""自主发展""社会参与"三个基本方面，提到了"人文底蕴""科学精神""学会学习""健康生活""责任担当""实践创新"六大素养。

学科素养是我国目前在课程改革过程中提出的一个新概念，强调学科的内在属性与特点，反映的是学科的基础性和学科的发展性。例如，生物学科的核心素养包括生命观念、科学思维、科学探究和社会责任。生命观念是生物学科核心素养的首要要求，教师在教学过程中需帮助学生正确认识生死，科学看待生命中的困难与挫折，形成敬畏、珍爱和尊重生命的意识。心理健康教育，就是培养学生积极向上的生命观、价值观。可见，在某些核心素养的培养上，生物学科的要求与学校心理健康教育的目标是一致的。除生物学科外，心理健康教育也渗透在思想政治学科的核心素养中，包括政治认同、理性精神、法治意识、公共参与四大要素。

各个学科的核心素养是解决复杂问题和发展适应不可预测情境的高级水平和人性水平，核心是创造性思维水平和复杂交往水平，具有时代性、综合性、跨领域性和复杂性等特点。形成这些水平的关键是要有健全人格和良好的心理品质，如积极的心理能量、自信自爱、坚韧乐观、自制力、调节和管理情绪的能力，抗挫折的能力等。

心理健康教育是学生素质教育的重要内容，学生心理健康素养也理应成为学生发展核心素养的重要组成部分。研究提出的学生核心素养，有助于聚焦、定向培养学生心理健康素养，有助于检验与评价学校心理健康教育工作的有效性。心理健康素养，简单说就是个体在遗传基础上，在遗传和环境因素相互作用下形成的，影响或决定个体心理潜能发挥和适应环境能力水平的，内在的、相对稳定的必备品格和关键能力。心理健康素养具有下列特征：综合性，人的个性是一个复杂的、多侧面、多层次的统一体；稳定性，心理健康素养不是一时一地的行为表现，心理健康素养形成后，会相对稳定；可变性，心理健康素养在一定条件下是可以改变的，稳定性不一定意味着持久性；内生性，心理健康素养存在于个体内部，是内化了的个性品质。

二、心理健康教育与学校教育教学融合的相关案例 ▼

(一)心育和德育融合案例及案例分析

1. 案例：心理主题班会

班会主题	爱心储蓄罐
辅导理念	借助原创故事绘本《爱心储蓄罐》，以感受爱—学习爱—表达爱为脉络，帮助学生感受家庭中爱的N种表达方式，同时通过帮助小小鼠化解家庭危机来学习爱的表达与创造，最终理解爱是需要感受和表达的。
教学目标	第一，通过感受父母(家人)的付出与爱意，感受家庭中爱的N种表达方式：亲密的动作、温暖的语言、精心的礼物、用心的陪伴及关心的行动…… 第二，通过帮助小老鼠化解家庭中的矛盾，感受家庭中适当的矛盾是正常的，关键在于如何应对与化解，并学习向家人表达爱。 第三，通过记录与分享在家庭中如何向家人表达爱，懂得爱是双向的。
班会过程	1. 爱的诞生 　　鼠爷爷已经病得很重了，他在离开这个世界之前，把儿子波比叫到了床前，留给他一样东西——爱心储蓄罐。他告诉儿子："你不断地把爱存进去，就会成为这个世界上最富有的人。" 　　一连好几天，波比怎么也没有想明白，到底如何把爱装进这个储蓄罐里。不过很快他就忘了这件事情，因为波比的妻子莉莉快要生产了，他们都很期待这个新生命的来临。 　　在一个阳光灿烂的日子里，小小鼠降临到这个新的家庭里，波比和莉莉都很兴奋。满怀着爱意，波比给小小鼠起了一个名字，叫乐乐。这个名字承载了父母最真挚的愿望：期待小小鼠快乐成长。 　　师：同学们，你们的名字有什么特殊的含义吗？是否也包含了爸爸妈妈的期许呢？(学生畅所欲言) 2. 爱的存入 　　当波比抱着乐乐的时候，他不厌其烦地逗乐乐笑，脸上洋溢着幸福的笑容。此时，桌上的幸福储蓄罐里悄悄多了一颗红色的爱心。是的，它也感受到了家庭里流动的爱意。 　　小小鼠就在爸爸妈妈无微不至的关怀下逐渐成长。

	当小小鼠受到伤害的时候，妈妈轻轻地抚摸着他，爸爸会在旁边安慰他； 当小小鼠遇到困难的时候，妈妈会温柔地拥抱他，爸爸会不断地鼓励他； 当小小鼠获得成功的时候，妈妈和他击掌庆祝，爸爸会大声地夸奖他…… 师：鼠爸爸和鼠妈妈都很爱乐乐，在表达爱的方式上，爸爸妈妈有什么区别？ 生：爸爸经常用语言来表达，妈妈用肢体动作来表达。 　　小组讨论：在生活中，你的爸爸妈妈通过哪些方式来爱你呢？教师根据学生的回答引导概括。 　　画一画：请每一位学生在音乐声中，回忆与家人相处的点点滴滴，每感受到一个爱的瞬间，就在上面画一颗爱心。 3. 爱的创造 　　可是有一天，小小鼠的家庭中乌云密布，失去了往常的欢声笑语，储蓄罐中有一颗爱心正在失去光泽……原来是爸爸妈妈吵架了。 师：请你猜一猜，他们为什么会发生争吵？ 　　原来鼠爸爸有时候不讲卫生，有点儿邋遢。鼠妈妈发现鼠爸爸到处乱扔的袜子后，很生气。他们为此发生了争吵。 　　师：面对爸妈的争吵，此时小小鼠有什么样的感受？（学生分享） 　　师：如果你是小小鼠，你会怎么做来保护爱心不再消失？

班会过程	教师引导：每一个家庭，都有争吵与责骂……我们不要因为某次争吵而否定家庭中的爱。在生活中我们也可以用自己的方式创造爱，表达我们的爱。 　　小小鼠来到妈妈身边，给妈妈一个大大的拥抱，就像妈妈以前抱他那样；他来到爸爸身边告诉爸爸："爸爸，你别生气了，先喝杯水吧！"就像爸爸以前安慰他那样！ 　　师：在家庭中，小小鼠感受到了爸爸妈妈表达爱的方式，并且还学以致用了呢！在小小鼠的努力下，爸爸妈妈又重新和好了！ 　　爱心储蓄罐里又多了一颗红色的爱心，我们都知道，这是小小鼠乐乐存起来的。 　　写一写：亲爱的小朋友们，你有什么好的方法来向家人表达爱呢？可参考"爱的 N 种方式"，把它写在橙色的便利贴上。 4. 完整的爱 　　第二天，小小鼠收到了一封信。 亲爱的宝贝： 　　昨天你用自己的方式表达了对我们的爱。谢谢你，我们也很爱你。 　　说到"爱"，它之所以非常珍贵，是因为它从来不是单向的，当我们懂得感受爱，学会表达爱的时候，家庭就会更加温暖，"爱"也变得更加完整。 　　　　　　　　　　　　　　　　　　　　　　　　　　　　——爱你的爸爸妈妈

续表

班会过程	师：同学们，鼠爸爸认为爱是由什么组成的？ 生：感受爱＋表达爱。 师：今天在红色的纸上画爱心，感受到了家人带给我们的爱；在橙色的纸上写下了向家人表达爱的方式。接下来我们把它们交叉，它们就变成了一颗完整的爱心。

（案例来源于杭州市钱塘实验小学费兰老师）

2. 案例分析

心理主题班会的设计思路及实践来源于主题班会和团体心理辅导活动课的整合，将心理健康教育和学生德育工作的理念深度融合，其融合点在于"育德育心，育心养德"。心理主题班会的设计尊重学生生命成长规律和心理发展规律。教师通过开展多种形式的教育活动，将心理教育与学校德育相结合，将心理学知识与游戏体验相结合，让学生在集体活动中找到自我和展现自我。学生的参与由被动变为主动，由"你应该这样做"变为"我要这样做"，产生自愿参与动机。教师在体验中充分开发学生的心智潜能，在培育学生健康身心素质的同时，培养学生正确的情感态度与价值观，实现教学的三个维度，从而为学生的终身发展和学校完成立德树人根本任务奠定良好基础。

（二）全员心育的落实案例及案例分析

1. 案例：广州市花都区"从心育德，崇善尚行"理念下的全员心育

广州市花都区教育的发展着眼于人的发展（以人为本），教育发展的成果也要为人共享（教育公平、均衡）。在此前提下，广州市花都区提出了"止于至善"的区域教育发展目标，即以至善至美为终极目标，以"至善"的学校文化引领学生的发展，以人的发展推动区域社会的发展。基于这样的区域教育发展理念，花都区提炼出了"从心育德，崇善尚行"的全员德育理念，着力探索一条以"心"（人）为起点，以"善"为目标，以"文"为手段，通过人的超越来实现区域社会发展超越的区域德育路径。

北兴中学，是一所农村初中学校。为鼓励学生上进，学校尝试开展了成功教育。为让成功教育落到实处，学校设计、开展了系列活动。例如，建设星光

大道，悬挂先进学生的大幅肖像并附上励志话语；建设星级少年榜，把各方面表现优秀的学生评为星级少年，公布上榜；建设电子屏，及时公布好人好事或师生获奖信息。学校通过对学生榜样的宣传，让学生感受到追求并获得成功是一件人人都可以做到的事情，从而唤醒学生追求成功的欲望，促进学生追随成功者的足迹，不断进步。

在冠华小学的钟校长看来，要想让"混沌中"的学生振奋精神，首先要唤醒学生。于是，唤醒教育便成了她首先提出的德育理念。提出这一理念，一是源自盘古传说与盘古精神。盘古在混沌中沉睡 18 000 年后自我唤醒，进而开天辟地，创造宇宙。二是源于狮岭镇崛起的历史。近年来，狮岭镇似睡狮觉醒，凭着敢为人先、勤劳创业的精神，从默默无闻的农村小镇发展成闻名中外的中国皮具皮革之都。三是源于德国教育家第斯多惠的名言"教育的艺术在于激励、唤醒和鼓舞"，体现了现代学校教育的本质规律。唤醒教育取得了巨大的成功，短短几年，冠华小学便由一所普通的农村小学跻身为广东省名校。全国德育实验校、广东省一级学校等盛誉接踵而来，学生的发展水平也有了巨大的提升。

骏威小学，根据"环境即课程，校园即课堂"的课程理念，创设了一个"时时受教育，处处受感染"的育人氛围，整个学校散发着浓郁的书香气息。"楼梯文化"：楼梯两侧使用墙绘，画上学生喜欢的中外经典童话故事。"走廊文化"：水管、横梁上都张贴了古诗、名人名言及诗人介绍的喷画。一楼"娃娃"书吧、二楼"城堡"书吧、三楼"书径"都充满了无限的童趣，成为学生课间驻足阅读的地方。为传承中华传统美德，学校开辟了"道德苑"，课间学生喜欢三五成群流连于此，读一读、背一背、比一比，随时触摸中华经典，感受祖国文化的博大精深。学校设立感恩墙，征集感恩话语，引导学生常以感恩之心为人处世。学校德育橱窗每月分主题展示学生的作品，让学生随时发现爱、感受爱、表达爱。

2. 案例分析

全校师生要共同参与学生的心理健康教育，学生心理素质的提高是每一名学校教职工的责任。所有课程教材都包含心育素材，学校应充分挖掘各科教材中的心育素材，对学生进行心理健康教育。学校应将所有活动视为心育活动，抓住一切时机,全面融合心理健康教育,实现"教书育人、管理育人、服务育人"。学校无小事,事事有教育,我们应该积极营造"人人都抓心育,事事与心育有关"的心育工作大环境。在全校教职工和学生家长中牢固树立这种全方位育人,全员育人,全过程育人的"三全"心育理念,才能营造出浓厚的全员心育氛围。

(三)核心素养的构建案例及案例分析

1. 案例:高中生涯规划之学科与职业初探

课题	高中生涯规划之学科与职业初探
学情分析	本节课作为高中生涯规划课程中学科与职业初探的系列课程之一,面向高一的学生开设。高一的大部分学生对未来专业的选择,职业的规划,以及选考科目的组合等比较茫然,而且不知道该如何对自己感兴趣的专业进行全方位的了解,不知道自己喜欢的专业是什么。本节课作为一堂学科与职业初探的课程,以医学专业为例,为学生开启高中生涯规划之旅。
知识与技能	1. 了解医学专业的相关门类、选科要求及学制要求。 2. 掌握医学专业对应的职业群及对从业者的素质要求。
过程与方法	1. 通过小组探究的方式,辩证地看待学医和从医的优势及劣势,感受医生的职业情怀。 2. 通过职业初体验,感受医生的职业技能。 3. 能够有意识地将"学、者、术、心"这个全方位认识职业的方法应用于自己的生涯规划和职业探索。
情感态度 与价值观	1. 通过分析医生职业特点,树立科学的择业观。 2. 通过分析医生职业的职业情怀,树立正确的职业价值观。

问题与活动	指向的教学目标
1. 问:视频中哪些画面让你印象最深刻?	了解医学专业的相关门类、选科要求及学制要求(知识与技能)。
2. 问:同学们知道医学专业细分为哪些一级学科吗?	
3. 问:临床医学专业对于我们选科有什么要求呢?对于学制又有怎样的要求呢?	

续表

问题与活动	指向的教学目标
1. 小组讨论：通过网友的讨论，结合自身的感受探讨学医或者从医的优势有哪些。	通过小组探究的方式，辩证地看待学医和从医的优势及劣势，感受医生的职业情怀（过程与方法）。
2. 小组讨论：通过网友的讨论，结合自身的感受探讨学医或者从医的困难有哪些。	掌握医学专业对应的职业群及对从业者的素质要求（知识与技能）。通过分析医生的职业特点，树立科学的择业观（情感态度与价值观）。
3. 案例展示：展示学医过程中学业难的案例，展示校友的案例。	
4. 案例展示：展示医学本科毕业生收入数据图。	
5. 案例展示：展示共和国勋章获得者——钟南山的事迹。	
问题与活动	**指向的素养目标**
1. 技能演示：通过实物展台，向学生演示如何缝合伤口。	通过职业初体验，感受医生的职业技能（过程与方法）。
2. 分组体验：学生通过分组的方式亲自动手体验模拟手术的伤口缝合环节。	
3. 成果展示：将学生的缝合成果用图片向大家展示。	
1. 问：医生除了应具备扎实的专业技能之外，还应具备什么样的品质呢？	通过分析医生职业的职业情怀，树立正确的职业价值观（情感态度与价值观）。
2. 体验医生入职宣言。	
3. 总结环节：从医学、医者、医术、医心中总结归纳本节生涯规划课的核心"学、者、术、心"，并举例推广。	能够有意识地将"学、者、术、心"这个全方位认识职业的方法应用于自己的生涯规划和职业探索（过程与方法）。

（案例来源于温州中学姜德尧老师）

2. 案例分析

心理健康教育的核心素养包括以下几个要素，具体构建模式如图 3-1 所示。

第一，自我认知。首先，获得意义感。意义感指个体归属于和致力于某种超越自我的东西，是积极心理学幸福五元素之一。获得意义感简单来说就是寻求生命的意义，是人生最大的动力。我们通过自身的经验发现"真我"的过程就是确立个人的信念及价值，寻找生命意义的过程。其次，拥有积极的自我概念。

拥有积极的自我概念就要全面地认识自己，既充分认识自己的优点，又积极接纳自己的不足，对自己有正面、积极的看法和高水平的自我效能感，以及充分的自信心，能有效进行自我反思、自我监督，调动身心潜力以实现较高层次的人生目标。

第二，人际交往。首先，具有乐群性。乐群性是指真诚、关爱、宽容、合作等与建立积极人际关系相关的正向品质。具有乐群性的人遇事多从他人角度考虑问题，与人为善，善于与他人配合，发挥他人的长处而不丧失自身独立性，具有合作精神和民主意识。其次，拥有人际沟通能力。人际沟通能力强的人能够倾听别人的意见，摒弃个人偏见，能够将自己对他人的理解传达给对方，取得他人的信任，能够找到人际冲突的应对技巧。

第三，环境适应。首先，具有职业规划意识和能力，有意识地了解自己的职业兴趣、倾向，了解职业世界，做好职业规划并不断在探索的基础上实现职业抱负。其次，具有问题解决能力。问题解决能力是指对实际事物、生存环境有独立谋生的意愿，有独立面对现实环境处理实际事物的能力，包括发现问题，界定问题，收集资料和信息，找到最佳解决方案，执行方案，评估问题解决效果等方面。

第四，学科学习。首先，具有耐挫能力。具有艰苦奋斗、克服困难、坚持到底的顽强意志，积极地应对挫折与失败。其次，发展情绪调节能力。认识人类情绪的多样性，感受积极情绪和消极情绪对人的影响，用积极的方式管理情绪。

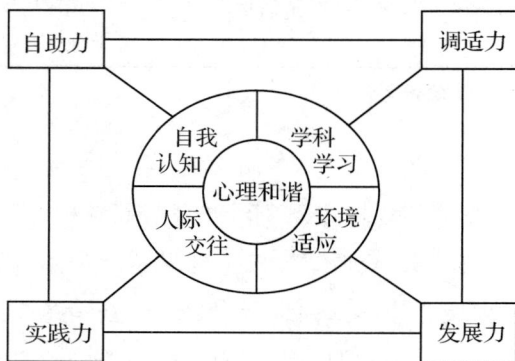

图 3-1　心理健康教育的核心素养构建模式

第二节 心理健康教育与高效教学

心理健康的教学模式，随着教学需求的变化，慢慢向高效教学看齐。高效教学有助于提高学生的自我期望值。自我期望值不只影响学生学习的动机水平，还影响学生做人做事的进取状态。高效教学也有利于学生保持心理健康，进而塑造出良好心理品质抵御外来打击，积极面对挫败。

一、台湾"教训辅"三合一模式 ▼

"教训辅"三合一是我国台湾省推行的学生辅导工作新机制，将全员辅导视为有效教学的前提。"教训辅"三合一方案中的"三"，指的是三种人——教学人员(所有教师)、训导人员及辅导人员；"一"指的是学生辅导工作；"合"则希望该方案实施之后，能带动三种人产生交互作用，把学生辅导工作做得更好。

(一)"教训辅"三合一的目标设想

实现最佳互动模式与内涵是"教训辅"三合一方案的主要目标，该目标明确表示：建立各级学校教学、训导、辅导三合一最佳互动模式与内涵，培养教师"教训辅"统整理念与能力，有效结合学校与社区资源，逐步建立学生辅导新机制。三合一模式期望教学人员与训辅人员产生交互作用，整合发展效果，能以最佳互动模式与内涵为学生服务，达到以下四个目标。第一，带好每一位学生，即不仅能带好一般常态的学生，还能带好非常态的学生。学校可针对不同学生采用不同的策略：对一般学生以教育和辅导为重心，采用初级预防和教学为主；对适应困难的学生以辅导和咨询为重心，采用次级预防和辅导为主；对有偏差行为的学生以训导和咨询为重心，采用三级预防和训辅兼施的方案；对犯罪返校就读的学生，以三级预防和矫正教育优先。第二，结合社区资源发挥学校"教训辅"功能。学生行为日趋复杂多变，要建立学生行为辅导新机制，单靠学校教师及训辅人员的力量是不够的，可以有效地引入社区辅导资源，发展出以辅导为核心，管教为辅助的学校训辅功能。第三，孕育最佳互动模式。三合一模式具有交互作用、整合发展之意，其实施主要在于充分彰显两个系统(教学人员与训辅人员）人际层次之间的相互支援结果，产生一种最佳互动模式与内涵。所有教职员工与学生教学之间形成积极、感恩、爱人、努力的氛围，并彼此激励力求进步。第四，发扬教师大爱。"教训辅"照顾的对象是学生，因此学校必须以"为了学生的健康发展"为中心，进行有效教学，辨识学生的问题行为，融辅导理念于教学过程。作为教师，要做好班级经营管理工作，对于特殊学生给予个别关怀，了解运用网络资源等，通过多元途径协助学生、关爱学生，使教师的大爱得到充分的发扬。

（二）对当前心理健康教育的启示

"教训辅"三合一方案为学校组织再造构建了可持续发展的基础。目前我国大陆高效心理健康教育也强调要在教育教学的全过程中渗透心理健康教育，实质上就是在强调"教训辅"的整合。因此，我们可以从"教训辅"三合一辅导中获得以下几点启示。第一，着力形成"教训辅"的校园文化。建立一个人性化的校园组织文化是"教训辅"工作共同的努力目标。人性化的校园组织文化体现在学生、教师、行政三者的共同努力上。就学生而言，应当了解、认同、善用辅导，了解学校辅导开展的相关措施。就教师而言，应当把有效教学及辅导学生作为自己的天职，具有基本的辅导素养，包括技能、态度、观念、辨识力，善于将辅导理念融入教学，以及运用辅导态度经营班级优质班风，愿意认辅并有能力认辅学生。在行政方面，学校应当建立教学及辅导学生机制，建立学校辅导网络及危机小组运作机制，拟订完善的学校辅导工作计划，示范及宣传带动全体教师投入辅导工作。第二，着力建立"教训辅"整合组织系统。整合不等于学校的整体经营，也不等于把教学、训导、辅导有关工作均视为开展心理健康教育工作的重点。就教学、思想政治教育、辅导的行政组织而言，学校在加强心理辅导中心建设的同时，应加强教学工作、思想政治教育工作和辅导工作之间的职能渗透，特别要加强教务处、学工处等有关职能部门和承担学校心理健康教育工作的主体机构之间的合作，形成课内与课外、校内与校外的协同，教学工作、学生工作和心理辅导工作的协同。学校特别要重视以辅导的理念与方法做传统的学科教学工作、德育工作及辅导初级预防工作，包括生涯辅导及危机处理等。在此基础上，学校强化心理咨询中心建设，设辅导教师及专业辅导人员，开展二级预防的辅导咨询工作，包括个别辅导、小团体辅导、认辅制度的规划、主题辅导与工作、测验的实施与解释，以及学生辅导资料的建立与保管，服务对象由学生扩展到教师及家长。第三，执行研习计划，明确教师辅导职责与促进专业成长。教师是否全面、全力地投入学生的辅导工作决定着"教训辅"整合的成败。只有当全校教师均把辅导学生当作分内职责，在教学的同时愿意花心力协助学生，才能为"教训辅"的整合打下稳固基础。同时，"教训辅"协同的有效实施有赖于全校师生在进修中不断建构辅导的知识体系，因此教师必须适时地参与有关辅导技能的研习，并在进行研习时以学校为本位，制订相应的研习计划。

二、高效教学的相关理论 ▼

(一)行为主义学习理论

行为主义学习理论运用行为主义的理论和方法研究学习，在对动物和人类进行一系列控制较严密的实验研究的基础上，发现并提出一系列有关学习的原理和规律。

行为主义者认为，学习是刺激与反应之间的联结。他们的基本假设为行为是学习者对环境刺激做出的反应。他们把环境看作刺激，把随之而来的有机体行为看作反应，认为所有行为都是习得的。行为主义学习理论应用在学校教育实践上，就是要求教师掌握塑造和矫正学生行为的方法，为学生创设一种环境，尽可能强化学生的正确行为，消除不正确行为。

华生认为人类的行为都是后天习得的，环境决定了一个人的行为模式，无论是正常的行为还是病态的行为都是经过学习而获得的，也可以通过学习而发生更改、增加或消除，他认为查明了环境刺激与行为反应之间的规律性关系，就能根据刺激预知反应，或根据反应推断刺激，达到预测并控制动物和人的行为的目的。

(二)认知学习理论

认知学习理论是通过研究人的认知过程来探索学习规律的学习理论，发端于早期认知理论的代表——格式塔心理学。

1. 认知发现说

布鲁纳强调学习过程是一种积极的认知过程，学习的实质在于主动地形成认知结构。学习任何一门学科，都有一连串的新知识，每个知识的学习都要经过获得、转化和评价这三个认知学习过程。布鲁纳曾经指出："学习一门学科，看来包含着三个差不多同时发生的过程。"同时他又强调："不论我们选教什么学科，务必使学生理解该学科的基本结构。"布鲁纳非常重视人的主动性和已有经验的作用，重视学习的内在动机与发展学生的思维，提倡知识的发现学习。他说："发现不限于那种寻求人类尚未知晓的事物之行为，正确地说，发现包括着用自己的头脑亲自获得知识的一切形式或方法。"他认为发现学习有利于激发学生的潜力，有利于加强学生的内在学习动机，有助于学生学会学习，有利于知识的保持与提取。

2. 认知同化说

认知学习理论提出了独具特色的"有意义学习"理论，即"认知同化说"。认知同化说提出新知识的学习必须以已有的认知结构为基础。学习新知识的过程，就是学习者积极主动地从自己已有的认知结构中，提取与新知识最有联系的旧知识，并且加以"固定"或者"归属"的一种动态的过程。这个过程导致原有的认知结构不断地分化和整合，从而使得学习者能够获得新知识或者清晰稳定的意识经验，原有的知识也在这个同化过程中发生了意义上的变化。

(三)建构主义学习理论

建构主义学习理论主张世界是客观存在的，但是对事物的理解却是由每个人自己决定的。不同的人由于原有经验不同，对同一事物会有不同的理解。建构主义学习理论认为学习是引导学生从原有经验出发，生长(建构)起新的经验。

1. 建构主义知识观

知识不是对现实的纯粹客观的反映，只不过是人们对客观世界的一种解释、假设或假说，将随着人们认识程度的深入而不断地变革、深化，出现新的解释和假设。在具体问题的解决中，人们需要针对具体问题的情境对原有知识进行再加工和再创造。另外，尽管语言赋予了知识一定的外在形式，并且获得了较为普遍的认同，但这并不意味着学习者对这种知识有同样的理解。因为对知识的理解离不开个体自己的知识经验，以及特定情境下的学习历程。

2. 建构主义学习观

学习是学生自己建构知识的过程。学生不是简单被动地接收信息，而是主动地建构知识的意义。学习是学习者根据自己的经验背景，对外部信息进行主动地选择、加工和处理，对接收到的信息进行解释，生成个人的意义或理解。个人头脑中已有的知识经验不同，调动的知识经验相异，对接收到的信息的解释就不同。

3. 建构主义教学观

教学不能无视学习者已有的知识经验，不能简单地、强硬地从外部对学习者实施知识的"填灌"，而是应该把学习者原有的知识经验作为新知识的生长点，引导学习者从原有的知识经验中，主动建构新的知识经验。教学不是知识的传递，而是知识的处理和转换。教师和学生、学生与学生之间，需要共同针对某些问题进行探索，并在探索的过程中相互质疑。

(四)人本主义学习理论

人本主义学习理论是在 20 世纪五六十年代于美国兴起的，主要代表人物是马斯洛和罗杰斯。人本主义的学习观与教学观深刻地影响了世界范围内的教育改革，是与程序教学运动、学科结构运动齐名的 20 世纪三大教学运动之一。人本主义既反对行为主义把人等同于动物，只研究人的行为，不理解人的内在本性，又批评弗洛伊德只研究精神病人，不考察正常人心理，因而被称为心理学的第三势力。

人本主义学习理论强调人的尊严、价值、创造力和自我实现，把人的本性的自我实现归结为潜能的发挥，而潜能是一种类似本能的性质。人本主义主张心理学必须从人的本性出发研究人的心理。

人本主义心理学代表人物罗杰斯认为，人类具有天生的学习愿望和潜能，这是一种值得信赖的心理倾向，可以在合适的条件下被释放出来。当学生了解到学习内容与自身需要相关时，学习的积极性最容易激发。在一种具有心理安全感的环境下学生可以更好地学习。罗杰斯认为，教师的任务不是教学生知识，也不是教学生如何学习知识，而是要为学生提供学习的手段。教师的角色应当是学生学习的"促进者"。罗杰斯"以人为中心"的理论是人本主义教育观的核心和基础，突出学生作为学习主体的地位与作用，提倡学会适应变化和学会学习，倡导自主学习与意义学习，弘扬情感等非智力因素的动力功能，注重培养创造力，建立民主平等的师生关系，创设最佳教学心理氛围。

三、高效教学中相关因素的效应 ▼

(一)高效教学中"激励"因素的效应

激励教育运用教育学和心理学理论知识，采取激励方式，驱动学生内在潜能，让学生可以实现自主性成长。激励教育方式和其他教学方式相比，更加注重教师引领性作用。在心理健康教育活动中，尤其是团辅课上，教师要促使学生形成良好的心理品质，就需要增强学生在学习过程中的成就感和满足感，激发学生自我发展的积极性、主动性、创造性。

1. 言语激励

著名教育家夸美纽斯说："教师的嘴，就是一个源泉，从那里可以发出知识的溪流。"这句话说出了课堂语言的重要性。语言是教师向学生传授知识的重要途径，不但需要通俗易懂，具有科学性，更需要对学生充满鼓励、赏识、尊重，这样才能使学生易于接收信息，激发他们的学习动力。

激励的语言在表现形式上主要可以分为肯定式、鼓励式、期待式等。团辅课需要学生能够互相尊重，开放自我，成长自我。因此，教师的语言激励需要让学生拥有勇气，感受到教师的信任和尊重，从而找到自信，愿意自我暴露、自我成长。在团辅课上，教师可以经常运用以下这些语言来鼓励学生。

"在这个课上，我们都是彼此尊重的，你的任何想法都会得到尊重。

"心理课堂，没有正确的答案，只有真实的答案，你能够真实表达，为你点赞！

"只要你愿意，大胆说出来即可。

"再想想，办法总比问题多。

"你的想法太奇特了，让我们感受到了另一个角度的思考。

"不管做得好不好，我们只要积极参与即可。

"心理课堂更注重感悟，没有正确好坏之分，只要自己有体验即可。

"别着急，再想想，能回答多少就回答多少。

"大胆地说出你的感受，没有对错好坏之分，因为每个人的感受都是独特的。"

2. 榜样激励

我们常说，榜样的力量是无穷的。榜样教育是教师根据教育目的及学生身心发展的特点，以榜样这一特殊的人格形象为载体，通过引导，激发学生内在动机的过程。教师通过增加学生的心理认同，激发学生模仿学习的心理效应，以使学生调整自己的认知，产生情感上的共鸣，最后通过主观努力内化榜样的精神品质，从而达到不断发展变化。

在团辅课上给学生一些用于讨论、交流的实例，可以对学生起到激励和积极心理引导的作用。课例"让爱流动之遇见未知的自己"(吴忠市四中马忠涛老师)中，在针对缓解中考学生心理压力，寻找自我生命意义的团辅课上，教师选用了天生没有双臂双腿的尼克胡哲的励志故事。在多年磨炼当中，这位身体残疾而内心不残疾的人物具有异常坚韧的心智和坚定的行动力。精神上的素养完全弥补了他肉体上的缺陷。这样的榜样容易让学生感动与钦佩，教师可以通过这样的榜样来告诉学生，积极面对生活，微笑面对人生中的困难和考验。

教师在使用榜样激励时需要注意以下几点。首先，榜样必须真实可信，切不可人为夸大、拔高，提供一些太过"高大全"的人物形象。其次，要善于找到榜样和学生之间的联结点，把榜样与学生的实际生活联系起来。最后，要努力激起学生对榜样的敬慕之情，只有使他们在心灵深处对榜样产生爱慕、敬佩之情，才能加深他们对榜样的认识理解，从而达到自我教育、自我提高的作用。

3. 目标激励

目标激励，就是在教学过程中给团队或者个体一个较为明确的前进方向，设定通过团队或个体努力可以达到或者完成的目标和任务，来激发个体的成长。在课例"解开人际千千结"的人际心理团体辅导游戏中，需要团队为一个目标一起讨论合作，所有个体在同一个目标的指引下讨论，相互激励，彼此成就。任务的完成可以启发个体的感悟，形成讨论和交流，如当出现人际交往的"结"时，如何解开，如何应对生活中的人际问题等。

团辅课上，运用目标激励需要遵循以下几个基本原则。首先，可以让团队的每个成员共同参与目标的制定，让团队成员深刻感受到自己的重要性。其次，可以让团队中的每个成员明确任务实施的进度、程度或者完成的难度，让团队能够有一致的向心力。最后，要让团队成员互相帮助、互相鼓励，充分发挥团队的激励效应，提升个人的归属感和荣誉感。

(二)高效教学中"自主"因素的效应

教育家梅纽因曾经说过："学生的动力首先还得来自学生，这一动力正是我们必须从他们身上去挖掘的。"可见，培养学生自主学习习惯和提高学生自主学习的能力是建构高效教学的关键性因素。在教学中，只有在教师精心的设计和指导下，学生才可以通过能动性的学习活动，主动地获取知识，自然地产生感悟和体验，建构新的认知，发展能力，完善人格。

1. 自主强调以人为本

团辅课上的暖身阶段要营造师生间尊重、信任的关系。这一阶段，要充分展现"以人为本"的活动要求，要充分展现教师尊重、接纳、关爱的辅导原则，要传递给学生关怀、鼓励和真诚的态度。

在心理课堂中，强调以人为本，教师要特别注意以下几点。首先，教师要考虑学生是一个多层次的人，实现自主要从学生的实际生活和心理需求出发，来设计教学策略和教学过程。其次，教师要考虑学生是一个自然属性的人，实现自主应考虑学生的理智和情感的特点，做好两者的自然转换和平衡。最后，教师要考虑学生是一个社会性的人，实现自主需要创造和谐的环境和恰当的策略来满足学生的需要，帮助学生在体验活动中自我反思，完成新认知的建构和人格的逐步完善。

2. 自主注重师生共情

共情能力，就是设身处地地认同和理解别人的处境和感情的能力。具有共情能力的人能够站在别人的立场上，用他们的角度来看待事情，理解他们的感受。共情不仅仅是表达同情，更多的是能够换位思考，在遵循自己内心感受的基础上，深入别人的思想，体验别人眼中的世界。师生共情可以打破教师"一言堂"的局面，突出学生的主体地位。尤其在心理教学中，师生共情更能让学生产生一种被尊重、被理解的感受，从而产生好的行为，如探索自我，尊重并接纳教师等。同时，教师也能够感到欣慰和愉悦。师生间如果充满相互理解、接纳、鼓励和关爱，教学过程就可以建立信任、尊重、友爱的关系。心理课堂上，我们可以用以下几种对话方式，传递师生共情的状态。

使用开放式的提问。例如，看完这段视频，请各位同学说说自己的感受。(限制性提问：看完这段视频，大家是不是很感动？说说你感动的原因。)在心理课堂上，教师需多使用开放式提问，给学生一个开放的感受和思考的空间，想想学生愿意表达什么样的需要，把主动权交给学生，让学生讲他们愿意分享的感受。

不匆忙做出判断。例如，看完这段视频，这位同学讲了他内心的感受，不知道其他同学能否也和大家分享一下？(急于做出经验判断：这位同学看完视频后很感动，感觉与他平时遇到的生活事件有类似之处。)心理课堂和其他学科教学不同，过早地给予评价和判断，容易让学生产生情绪阻抗，减少学生内心情绪情感的自然流露。

清晰地表达自我。例如，刚才好多同学表达了个人的感受，我感受到每个同学都能把最真实的内心感受分享给大家，感谢大家，我听完之后也很感动，因为你们的回答让我能更进一步走近你们、了解你们。(泛化地回馈感受：刚才好多同学表达了个人的感受，都挺不错的。)

教学中的师生共情还需要把握好以下几个方向。首先，要耐心倾听。心理教学强调以人为本，要让学生自主地探寻内心世界，需要教师真正了解学生内心的困扰和真实感受，不能太急于表达观点，避免让学生产生防御心理。其次，共情时教师的表达不应该给学生贴上标签，或者用较为负性的词汇来评价学生的反馈内容和状态。最后，避免说"我知道你的感觉"之类的语言，不要用教师已有的经验来解释学生的行为和想法。

3. 自主需要有效策略

教师可以在各授课环节，运用各类有效策略提升学生的自我反思、自主探索能力。在导入环节，教师可以运用图片导入，通过与主题相关或是与生活相关的图片，提高学生的关注度。例如，教师在教授"适应新环境"时，可选取生物界中动物与周围环境颜色相接近的图片，来引发学生的讨论。在讨论环节，教师可采用案例方式，寻找在咨询过程中遇到的或是平时在学生身上发生的案例，引发学生的自主性谈论。例如，在授课"人际交往的小秘密"中，教师选了班级中因参加运动会而引发误会的案例，使学生在浸入感中体会到交往过程的酸甜苦辣。在体验环节，教师可运用实验策略，来增强学生的感受性，提高自我分析能力。例如，在授课"幸福人生"中，教师先给每个学生喝了一杯糖水，然后又给他们吃了橘子，几乎每个学生都认为橘子不够甜，从而引发关于原因的讨论，思考幸福的深层次含义。在反思环节，教师可运用有效性提问策略，设置环环相扣、层层递进的问题，不断推动学生自主思考。例如，在授课"压力应对"时，教师可以问学生几个问题：自己的生活中，什么时刻遇到的压力最大？面对压力，自己往往会有怎样的身心反应？遇到之后，自己往往会采用怎样的方式缓解？这样的缓解方式给你的感受是什么？通过一系列有效提问，挖掘学生自主思考的深度。

心理课堂的内容往往比较多样，因此在运用有效策略时，要注意以下几点。一是创造性地使用有效策略。学生不同，主题不同，年龄不同，在有效策略的具体实施中，就要有所创新，敢于突破，不能过于刻板，要善于把多种策略有机整合。心理课堂强调学生的自我反思、自主探索，因此各环节可以使用多种有效策略，如情境演绎、游戏导入、案例研讨、心理表演等。教师灵活使用各类不同的策略，可以达到很好的课堂效果。二是注意策略的针对性。不能为了使用策略而过于注重形式，忽略课程本来的目的。有效性是策略使用的基本原则。活动的单调化倾向和游戏的过热化倾向，会使得心理辅导活动课流于形式，出现千人一面的状态，就是缺乏有效性的一种体现。三是注意提问的有效性。

有效的提问可以激发学生自主思维，但提问的数量不是越多越好，提问的目的是让学生明确问题的核心。对于太过细碎的问题，学生并不需要太多思考，从而导致学生自主分析能力下降，也是缺乏提问有效性的一种体现。

（三）高效教学中"学习力"因素的效应

"学习力是在有目的的学习过程中，以听、说、读、写、交流等渠道获得知识技能的学习为基础，通过实践、体验、反思、环境影响等途径进行学习提升，以达到产生新思维、新行为的学习效果的动态能力系统。"心理学认为学习力特指学生作为独立的学习主体，消化、运用、创新所学知识，并最终提升自己在社会生活中的条件及现状的能力，包括生理状况、能力水平、情感精神等方面。在教育领域中，学习力的含义则有其特定意义。心理课堂的学习力，更多是指在心理辅导教学活动中，有关学生个体与群体的学习反思力、学习合作力、学习创新力等的统称。

1. 学习反思力是高效课堂的深层次体现

反思力，是一个人内心成长最不可或缺的动力。学习反思力，作为影响学生成长的重要因素之一，是学生自身发展的需要，也是学生学习活动和终身发展的需要，更是学生心理健康素质发展中的一个核心素养。心理课堂中，只有提高了学生的学习反思力，才能够真正实现课堂内容在学生知情意行上的统一。心理课堂上教师可以通过以下几种方式加强提升学生的学习反思力。

第一，围绕"自我"开展反思训练。"认识自我"一系列课程的主要目标是了解自己，扬长避短，完善自我。课程可以以了解自我为开端，以超越自我为归宿，进行"我是谁"的书面描述，提高学生的反思力。

第二，围绕"我与他人"开展反思训练。"人际交往"的一系列课程主要是帮助学生在人际交往中有积极的情绪体验，掌握人际交往的基本方法和一般礼仪。课程可以通过情境教学让学生看到剧中人物的交往特点和交友冲突，反思自己人际冲突的原因，从而提高交往质量。

第三，围绕"我与未来"开展反思训练。"人生规划"的系列课程主要是帮助学生找到自己未来的发展方向，通过积极反思来明确自己的专业或职业选择。

课程可以通过职业测试、专业测试等方式，通过类型的反馈加强学生对自我的反思。

2. 学习合作力是高效课堂的整体再现

团队合作力在现代社会中越来越重要。心理课堂上学生的合作力，往往可以充分地展现出课堂教育教学的实际成效。在团辅中，学生可以在共同商讨解决难题的过程中，学会如何关怀和帮助他人，提高处理人际关系的技巧，学会与不同背景、不同性别、不同能力的人合作。

第一，以团队协作为主要组织形式来开展合作力训练。心理团体活动往往以小组的形式来组织，通过团队的协作来完成。这样的团辅课，形式本身就是一种学习合作力的方式。团队协作一般需要经历以下几个步骤：破冰活动—分小组—建立团队目标—建立团队契约—明确团队任务—分配团队任务—协作商量—互助完成—反思团队成长。

第二，以人际内容为授课主题来开展合作力训练。心理辅导课程中有很多关于如何与他人合作，如何增强人际合作力的内容。教师可以根据这些主题提高学生的合作能力。例如，在"人际交往"心理辅导活动课中，教师可以将人际交往以情景再现的方式让学生观看、讨论，让学生结合自己的实际生活讨论关于人际交往、合作等话题，并通过故事"高山流水"，让学生了解人际交往的常识和法则，让学生懂得如何与老师、同学、家长建立良性的合作方式，维持良好的人际互动。

第三，以游戏训练为主要授课方式来开展合作力训练。在心理辅导课上，教师可以通过心理游戏来有针对性地了解并解决学生存在的困惑。游戏可以让学生对自己和集体之间的关系有一个切身的感受，体验到松弛的同时，提升合作力延展性。例如，"我说你画"的辅导课中，传达者和倾听者对指令存在不同接收状况，让学生感受到有效信息沟通在合作中的重要性；在"巧渡小河"的游戏中，教师强调游戏者需要团体运送木板来越过小河，培养学生冷静和勇敢的同时，让学生认识合作的重要性，从而培养合作精神。

3. 学习创新力是高效课堂的拓展性延伸

培养学生的创造力，关键在于培养学生的创造性思维。在心理课堂中，教师可以通过各类活动、主题让学生以超越常规的眼界，从多元的角度观察思考问题，对生活中的各类困境提出全新的创造性解决方案。

第一，尝试让学生解决"不可能"的任务。例如，心理课堂中，要求学生设计一个"把梳子卖给和尚"的销售任务，让学生开展发散性思维，采用头脑风暴的方式提出自己的方案。

第二，从打破思维定式开始。心理课堂上，教师发给学生一张卷子，卷子里面有各类题目，要求做得越快越好。实际上，教师在卷子最后的几题中做了一个小小的提示，设置了"陷阱"。很多学生拿到试卷就做，掉入思维定式的陷阱。通过这个体验，学生了解到创新需要从打破思维定式出发，要能够有统观全局的思维习惯。

第三，不断激发学生的想象力。在心理课堂上，教师要求小组合作完成"空中飞蛋"的任务，只给学生鸡蛋、塑料袋、胶带纸、细绳子等工具，要求鸡蛋从3层楼以上的高处飞下来却不能破。接到这样的任务后，各小组展开研讨，不断创新、实践、再创新，完成了研讨、反思、突破和创造的思维过程。

第三节　心理健康教育与学校氛围营造

随着教育内涵的不断丰富及教学内容的不断增加，学校要不断转变思维和教育观，让心理健康教育不仅体现在显性的课程上，还体现在润物细无声的支持性学校氛围中。在支持性的学校氛围中，学生会得到更多的尊重和关注，获得较强的安全感，能够自由地表达自己，友好地对待他人。良好的学校氛围不仅能提高学生的学习积极性，更有助于学生的身心健康发展。

一、学校环境与学校氛围 ▼

学校环境是指学校中能够对学生的身心发展产生实际影响的全部条件，是学生赖以成长和发展的土壤，包括自然环境和人文环境。前者指的是校园里的房屋建筑、花草树木及其他基础设施，后者包括学校风气、师生的精神风貌、人际关系及校园的文化氛围。整齐、清洁、优美的自然环境，是校园环境建设的基础，是开展学校各项工作的物质基础。健康的文化活动、浓郁的文化氛围、师生奋发向上的精神风貌、和谐的人际关系、纯正的校风，是校园环境建设的内容，有利于学生良好人格养成。

学校氛围包括心理氛围、情感氛围、意识氛围等。与"环境"相比，"氛围"二字带有质朴、自然的风采，给予学生的是潜移默化的熏陶、感染，而不是威慑、压力。从某种程度而言，良好氛围的营造比环境建设具有更大的难度。有了良好氛围做辅助，物质环境才能产生更积极的影响，教师的言传身教才能发挥出最佳效能。良好的校园氛围能激发学生的求知兴趣，使学生在读读写写中不感到烦躁、苦闷。

已有研究表明，学生心理健康问题与学校氛围之间呈显著相关关系，即学校氛围越好，学生心理越健康。学生感知到的学校氛围对其心理健康和行为有着重要影响。积极的学校氛围能够为学生提供安全、温暖的社会支持，能够促进学生在彼此信任、相互尊敬和关爱的环境中建立健康的师生关系和生生关系，能够在很大程度上减少学生的问题行为，提高学生的心理健康水平。

学校要构建健康的校园文化，营造和谐、友爱的氛围，使学生自发地形成对学校的归属感，对教师的喜爱和对同学的认同。从教师方面来说，教师既是学生学习上的导师，也是学生人生的导师，教师在传授知识的同时应该帮助学生树立正确的观念。从学生方面来说，同学之间应该相互关心、团结友爱。

二、学校氛围营造的相关理论 ▾

(一)环境心理学

随着人与环境的关系越来越密切，环境心理学在环境设计中的应用也成为一个不可忽视的因素。校园环境是师生学习、生活、进行思想交流的重要场所。如何满足师生的行为心理需求是校园环境设计的重点。

当前环境心理学的研究领域可以划分为以下七个：人对环境的感知与评价，环境研究中的个体认知与动机因素及社会因素的影响，环境危险觉知与生活质量，可持续发展行为与生活方式，改变非可持续发展行为模式的方法，公共政策制定与决策，个体与生物、生态环境系统的关系——环境保护心理学。在这些研究内容中，个体对环境的感知与评价是环境心理学关注的传统研究课题，主要考察物理环境对个体心理、行为的影响，如拥挤、噪声、光线对个体认知、情感、动机的影响。随着时间的推移，这些经典研究领域的议题并未被遗弃，而是不断得到更新与升级。除了传统的环境心理学对环境影响个体的关注，研究者也开始注重人类活动对环境的影响。这类研究一方面考察个体对环境问题的关心程度，另一方面致力于研究影响个体产生环境保护行为的因素。总之，这类研究侧重的是如何促进和发展可持续发展的生活方式和行为模式。在研究过程中，有研究者提倡注重社会认知对个体可持续发展生活模式的影响，他们主张应该理解个体的思考方式、动机与目标，并结合政策制定、行为决策等不同领域实现环境与社会的可持续发展。

在我国，环境心理学方面的研究尚处于引进、学习和模仿阶段。当前研究的主题集中在以下几个方面。第一，环境心理学在建筑与设计中的应用，如运用环境心理学(个人空间、空间行为)完善建筑环境、设计。第二，环境心理学学科探讨。这类研究集中在对环境心理学的介绍、引入与推广方面。第三，环境因素对个体的影响，如光线、颜色、空间等环境因素对个体行为与心理的影响。第四，环境认知。这类研究集中体现在个体对环境的觉知方面，如获取环境信息、认知地图等。第五，环境问题对个体的影响。这类研究集中在个体面对环境问题的心理与行为方面，如环境意识与态度、环保行为。第六，环境问题对策研究。这类研究侧重对环境问题解决策略、方案的探讨。

人用视觉、听觉、嗅觉、触觉和味觉等感觉来接收环境信息。从环境中获取的这些信息，经过知觉者自身的经验，结合知觉对象的前后关系和背景，形成人对环境的知觉。空间认知是由一系列心理变化组成的过程。个人通过此过程获取日常空间环境中有关位置和现象属性的信息，并对其进行编码、储存、回忆和解码。一个容易辨认的环境应有明显的路径，明确的边界、区域、节点和地标。

环境刺激对人产生的直接效果是提高唤醒水平。一定的唤醒水平和情绪形式共同决定了情绪的状态。周围环境的情感性质是个人与环境关系中最重要的部分，决定了和场所相联系的心境与记忆的主要因素，也影响个人当时的情绪和绩效。从唤醒理论和领域性角度看，复杂性、新奇性、意外性、不一致性处于中等水平的对象被判断为最美的。

环境心理学着重研究环境对人们的影响，以及人们对环境产生的反作用。即环境是刺激，人的心理活动是反应，然后根据心理活动产生的行为反应，判断环境对人产生的最终影响。然而，人们也会根据自己的需求结合实际，对生活的环境进行创造性或舒适性的设计。这一点又体现出人对环境创设的主动性。环境心理学是将"人—环境"看成一个完整的有机体，从整体的角度来思考人与环境相互之间的关系。对于人为环境而言，相关学者认为人类既塑造了环境，环境也塑造了人类。例如，福建的客家土楼，当时的时代背景决定了土楼外部围合内部通廊式的建筑结构特点，但是现在龙岩市永定区仍以土楼为住宅建筑，这也说明传统的居住环境塑造了他们的居住习惯。已有研究也发现，环境对于孤独症的康复治疗与身心发展具有一定的助益性。因为人类认知的发展是由先天和后天的因素共同决定的，个人的认知结构会随着环境、年龄的变化逐渐深化和拓展。虽然孤独症儿童的障碍特征是由先天性因素决定的，但是随着患儿年龄的增长，可以通过环境的影响和作用来改变患儿的认知结构。

从心理和行为角度看，校园的环境会使师生唤醒和愉悦。因校园环境与众不同而丰富了师生的生活，增加了师生的探索性行为，有助于广义的学习过程，从而促进师生的身心发展和健康。校园环境还具有充实本校师生内心的作用，是一种潜移默化的环境刺激，会提高师生的唤醒水平，促进师生产生积极的、愉悦的情绪，使师生因"与众不同"而产生自豪感，促进师生努力去实现个人或群体的奋斗目标。同时，校园环境能够反映出学校的文化内涵、办学类型及宗旨。环境文化为师生共享，会使师生对校园产生认同感和安全感，促进师生之间的交流，加强师生的归属感，增进师生对环境的控制感，从而增强师生对学校的感情。

（二）文化心理学

对文化问题的心理学研究正在国际学术界蓬勃开展。文化心理学是研究心理和文化之间相互影响的学科，主要目的在于揭示文化和心理之间的相互整合机制，涉及主观与客观，自我与他人，个人与生活环境等诸多领域。

也有学者认为，文化心理学是一门与普通心理学、跨文化心理学、心理人类学、民族心理学等都有联系又有区别的新的心理学分支。文化心理学是研究文化传统与社会活动调整、表达、传递、渗透及影响人类心理生活方式的学科。也有学者认为，文化心理学的第一层次主要表现在对人们外在物品的影响上，第二层次主要表现在对人们价值观的影响上，第三层次主要表现在对人们潜在假设的影响上。文化心理学有两个最基本的前提：人类的生活受制于自身生活的社会文化情境；文化本身又是人类创造性活动的结果。

也有人认为文化心理学就是一门人学。心理与文化都是人所特有的，二者之间的相互作用、相互转化发生在人身上并统一于人的生存实践活动。更重要的是，由于文化本身的特殊性，文化与影响心理发展的其他因素相互转化、相互作用，换句话说，如果想对人类的文化有一个深入的了解，就必须深入地了解人类的心理。当然，心理学研究的各个方面，如感知、情绪、思维、人格等，也都可以以"文化与某某"的方式纳入文化心理学。文化心理学主要研究以下几个领域。

第一，个人主义与集体主义。古尔德和科尔布最早定义了个人主义与集体主义的概念。个人主义是一种以个体自己为最终目的，认识到自我和自己的决断，以及不能容忍社会压力之下的从众的信念。鲁克斯进一步深化了这一概念的主题，认为个人主义包括重视个人尊严与自我发展、自主与个人隐私，同时强调个体是社会的基础。与个人主义相反，集体主义则是一种以强调团体为核心的信念，关注团体的目标与需要胜于关注个体，强调团体的规范与责任，而不是个体自身的快乐，并且乐于接受他人。来自集体主义文化的人有较高的服从倾向。在解决现实中的人际冲突时，集体主义者更倾向于用协商的方法。在社会知觉与人际交往方面，集体主义者看重团体的欢乐与和谐，而个人主义者强调竞争和控制他人。

第二，社会行为。独立型的自我强调个人的独立自主，关注个人的特点和目标，鼓励一个人的成就和实现，看重个人的权利和自由，反对顺从一致。马库斯认为依赖型自我看重人与人之间的联系，强调集体的目标和团结，认为关系和责任是社会中最主要的东西，反对人的自私自利。

第三，文化与归因。个体从内部对行为加以归因，忽略行为产生的外部原因，从而产生偏差。但是，一些研究表明这种偏差主要出现在强调个体自主的文化中。因为在这样的文化环境中，个体是独立自主的，个体的行为反映了其内部特点、动机和价值观。

（三）群体心理学

群体是人们以一定方式的共同活动为中介而组合成的人群集合体。群体心理学是研究结成群体的人们的心理现象、心理活动的社会心理学分支。社会群体生活是人们的基本生活方式，因此，人们在社会生活中的群体心理，就成为社会心理学研究的主要组成部分。

早期社会心理学偏重于研究民族、群众这样一些大型群体问题。第一次世界大战后，实验方法进入社会心理学，致使社会心理学中的群体研究转而侧重于小型群体问题。围绕小群体问题的研究大致可以归纳为以下几个方面：社会促进和社会抑制、顺从、群体凝聚力及其测量、群体领导问题、群体思维、群体决策、群体极端化等。

社会心理学研究群体问题已有很久的历史。拉察鲁斯和斯坦塔尔是民族心理学的直接创建者。1859 年，他们创办了《民族心理学和语言学》杂志，发表了《民族心理学序言》，认为社会心理学的任务是从心理方面认识民族精神的本质，揭示民族精神活动的规律。关于群众心理学，塔尔德于 1890 年出版了《模仿律》，认为只有借助于模仿的思想，才能解释人的社会行为。1891 年，西格尔出版了《犯罪的群众》。1908 年，麦独孤发表《社会心理学导论》，提出社会行为本能理论，以人天生有结群本能来解释人们的结成群体问题。这些早期学者提出的一些思想，如模仿、个性消失、群众极端化等观点，直到现在，还在社会心理学中具有一定影响。

1. 社会助长作用

个体处于群体之中时，群体对个体的积极或消极反应都会有增强作用，被称为社会助长作用。这一现象的出现主要是由于评价顾忌、分心及纯粹在场。人们通常想知道别人是如何评价自己的，这种接受别人评价的意识会干扰熟练掌握的行为。当我们考虑共事者在做什么或者观众怎么反应的时候，我们就已经分心了。

注意他人和注意任务之间的矛盾会给认知系统带来负荷。

2. 社会懈怠

法国工程师林格曼发现，在团体拔河中集体的努力仅有个人单独努力总和的一半。在集体任务中小组成员的努力程度比较小，这就是社会懈怠。拉坦、威廉姆斯和哈金斯等研究者注意到：6 个人一起尽全力叫喊或鼓掌发出的喧闹声还没有一个人单独发出喧闹声的 3 倍响。有趣的是，所有人都承认发生了懈怠，但是没有一个人承认是自己制造了懈怠。在社会懈怠实验中，个体认为只有他单独操作时才会受到评价。群体环境降低了个体的评价顾忌。如果人们不用单独为了某件事负责或者不会被单独评价时，群体内成员的责任感会被分散。如果不考虑个人贡献，而是在群体内一味地采用平均分配，那么群体内社会懈怠就会出现。

3. 群体心理去个体化

当个体的身份被隐藏，就会出现去个体化，并且当个体所在的群体越大时，去个体化程度就越大。群体活动有时候还会引发一些失控的行为。群体既能对个体产生社会助长作用，又能使个体身份模糊。这种匿名性使个体自我意识减弱，群体意识增强。在群体中，如果个体看到别人和自己做同样行为时，会对自己做出冲动性的举动产生一种自我强化的愉悦感。

三、心理健康教育在学校氛围营造中的作用 ▾

(一)心理健康教育有助于班级团队的管理

班级作为学校教育的基本单位，是学生学习、生活最为重要的组成部分，是学生成长的最主要的群体。在这个群体中，不同类型的教师和学生集中在一起，开展师生之间、生生之间的交往。住宿制学校的学生更是与同学、教师相处的时间远远超过与父母相处的时间。因此，班级整体氛围、团队建设直接影响到每个学生的发展。育人必先育心，心理健康教育与班级团队管理并不矛盾，它们之间互相影响、互相促进。心理健康教育与班级管理的对象都是学生，基本职能都是"育人"，都是为了让学生形成积极的心态和健全的人格。因此，心理健康教育应该成为班级管理的目标之一。在班级中实施良好的心理健康教育，有助于整个班级团队的建设和管理。在班级管理中渗透一些心理学知识，能够丰富班级管理方法。在班级建设中开展心理健康教育课程，可以增强班级团队的凝聚力。在班级中开展一些心理健康教育活动，能够促进学生心理素质的发展。尤其是班主任在对学生进行德育时，可以结合班级的具体案例，渗透一些心理健康教育，启迪学生坚韧品质，引导学生体会生活的乐趣，这将有助于班主任深入了解学生的心理状态，加强班主任对班级的动态管理，为学生创造积极健康和有益于积极学习、快乐生活的良好班级氛围，从而促进学生形成正确的世界观、人生观、价值观。

(二)心理健康教育有利于师生和谐关系的建立

在授课和班级管理中，师生容易因心态等问题，产生矛盾与冲突。教育离不开有效沟通，掌握中小学生心理特征是开展师生有效沟通的前提，更是和谐师生关系的基础。因此，心理健康教育有利于师生和谐关系的建立。教师可以有计划、有目的地开展班级心理辅导活动，通过心理游戏、心理小品等，创设一些贴近学生实际生活的情境，让学生主动参与体验、倾诉和讨论，将平日的教育寓于心理教育中，可以在无形中增强师生合作的频率和交流的自然性，为建立良好的师生关系打下基础。心理健康教育让教师能够更深入且充分地掌握学生的思想动态、心理发展变化、情绪表达方式。教师能通过"多观察、多了解、多沟通"，拉近与学生的距离，走进学生的内心。心理健康教育更能够帮助教师寻找学生心理问题的症结，从而帮助学生缓解心中的焦虑不安，当好学生成长过程中的领路人。

(三)心理健康教育有益于校园积极文化的形成

中小学心理健康教育和学校的校园文化都是以培养学生的积极人格为主要目标，以塑造学生健全的人格为首要内容的。心理健康教育是校园文化的重要组成部分，更是一个学校师生学习、生活的精神体现。积极心理学认为，人人都有积极心理的潜能，都有积极向上的精神动力，具备自我向上的成长能力。学校心理健康教育的深入开展，通过提升学生的心理素质，改善学生对校园文化的感知力和体验感，帮助他们用积极的眼光去看待校园文化，以热情的方式开展活动，投入到校园文化的建设中来。学生不仅是校园文化的建设者，更是校园文化的参与者、体验者，他们根据自己的心理需要、兴趣发展、成长需要，在校园文化中不断展示自己，发展自我，丰富人生。健康阳光的学生可以很大程度地推动校园文化的建设，促进良好文化氛围的形成。当然，一个注重心理健康教育的学校，也会充分发挥心理健康教育的效能，通过营建整洁优雅的物态文化，健全学校德育机制，开设心理课程，优化学校、班集体的文化心理环境，注重教师心理保健，开展学生心理社团等活动，来形成校园文化活动和心理健康教育工作的合力，为学生创造积极健康和有益于积极学习、快乐生活的优秀校园文化。

四、学校氛围营造的相关案例 ▼

（一）心理环境建设：自然、美好

学校心理健康教育是一项系统工程，需要多渠道、多途径、多方法加以实施。心理"校园环境渗透"是学校全方位开展心理健康教育的重要环节。校园中的每一座建筑、每一处景点，都成为一种思想的传递，一种文化的表达。优美的校园环境总能以无声胜有声的育人效果，熏陶感染着师生，丰富净化着师生的灵魂。建设一个和谐优雅的校园环境，有利于学生身心健康成长。学校心理健康教育需要校园环境渗透的支撑，而校园环境也蕴含心理健康教育的价值与功能。

为学生智慧成长提供积极和谐的环境支持

——浙江省杭州第十四中学

2018年9月，杭州第十四中学在原有心理咨询室的基础上，围绕"美好·正向·积极"的心育中心建设理念，将学生发展成长的核心，即学生心理健康和生涯规划整合在一起，建立了学生智慧成长中心（以下简称中心）。该中心从整体的设计理念，到具体的设施设备，再到中心的开放活动，都具有全国领先水平。

中心名称体现积极心理暗示。中心名字打破很多学校固有的"心理辅导站"的笼统称呼，用"智慧人生"的引导含义，给学生一种积极向上的心理暗示。在内部的装饰中，整个中心充分遵循以学生为本，倡导积极，崇尚正引导的心育理念。学校墙绘以"走向未来"为主题，以十四中学生为主角进行背景设计，获得了外界的高度认可。整个中心的内部设备和装修风格明朗阳光，让学生置身其中感到放松自然（见图3-2、图3-3）。

图3-2 中心的正门

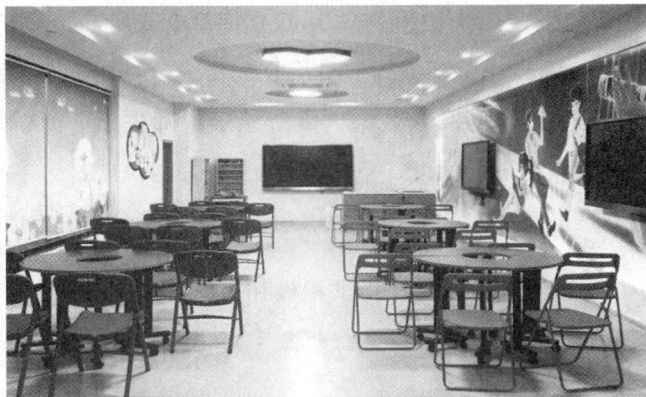

图3-3 中心的教室

中心建立心理健康测试云平台。颠覆传统心理服务工作模式，学校运用云、大数据、物联网等技术理念，建立综合性智能心理服务平台。智能心理云平台将系统化的培训服务整合于一体，实现"线上线下"互联互通，构建一个智能化、远程化、可检测、多机构的综合层级平台体系，规范完善对学生的心理服务，实现心理工作"在云端服务"。图 3-4 展示了心理健康测试云平台的设备。

图 3-4　心理健康测试云平台设备

中心引进 VR（虚拟现实）心理应激监测评估训练系统。全国最先进的心理健康 VR 设备可以逼真模拟各种惊险刺激的场景，采集脉搏、呼吸、HRV 等生理指标，动态分析心理状态，通过让学生在虚拟场景中获得高度的在场感和体验感，结合放松和情绪训练方案，可以显著提升放松和训练的效率，增强学生的日常减压和情绪管理能力，对提高学生心理素质有着较好的效果。

中心配备智能互动击打宣泄系统。该系统基于心理宣泄、暗示疏导、人机交互等多学科理论，融合多维互动宣泄、骨骼动作捕捉技术、3D 数字加速度传感器、智能反馈控制、真人语音引导等高科技手段，采用击打的行为方式转移注意力，通过闯关晋级的进阶式训练流程，快速宣泄负面情绪，进行情绪管理训练，及时释放学生的不良压力，通过肌肉的放松来平复人的紧张情绪。

中心配备音乐智能反馈减压系统。为了更科学地帮助学生缓解紧张、沮丧等情绪状态，学校遵循"适合的个性化放松方案"宗旨，运用高端"BWE 脑波牵引诱导"技术，通过传感器，采集人脑活动产生的脑电信号，对有考试焦虑的学生，进行实时监控，精确显示专注度和放松度的数值。配合系统提供的放松训练和注意力训练，可以有效提高学生在日常生活中的专注能力、放松调节能力、情绪管理能力。

中心建有卡拉 OK 情绪放松室。中心配备顶级卡拉 OK 设备和软件系统，打造出真实的录音棚效果，学生可以体验唱歌、练歌、录音、分享等功能。不少学生喜欢和志趣相投的同学一起唱自己感兴趣的歌曲，在课业之余通过唱歌放松心情。

中心开发大数据生涯信息系统。结合本校学生的实际及生涯规划的需求，学校搜集了大量关于大学和专业的发展数据，对数据进行了整理和优化，开发了大数据下的生涯信息系统。该系统能够提供给学生海量的信息，帮助学生科学地进行选课选考，对学生进行学涯辅导，从多方面帮助学生自我成长。

中心引进人机交流智能机器人。该机器人运用云端大脑智能对话系统，对学生的语言进行智能语音识别。学生可以与机器人交流，也可以点歌、点故事，并能进行云端知识库搜索。

中心开放至今，学生普遍反映学校配置的设备对放松心情、缓解学习焦虑十分有效，更有一些学生多次前来体验和咨询。整个中心的设计和呈现的心理健康教育理念以美好、放松为方向，让学生在其中感受放松，感到美好的生活即教育，在整个杭州市引起了较大的反响，成为杭州市心育中心建设的标杆。

(二)精神文化营造：和谐、人文

校园文化是学校建设的灵魂工程。在教育活动中形成一种特定的文化氛围，对学生心理健康、人际交往、道德培养能够起到正面作用，是学生接受心理健康教育、完善人格、健康成长的保障。加强校园精神文化建设，打牢心理健康教育基础，更容易形成积极的校园文化氛围，成为一种催人奋进的动力，也成为一种约束力，制约不良风气的滋生蔓延。和谐人文的校园文化一旦形成，就会成为一种集体的心理定式，影响着学生的意识和行为。学校中占主导地位的价值观、道德规范、行为模式等都可能被学生认同和内化为其个性的有机组成部分。学校可以将心理健康教育更好地渗透在校园文化中，加强心理与校园文化的整合力，促使校园心理文化健康和谐发展。

和润心田　雅致青春

——记青春期心理健康教育与"和·雅"校园文化融合探索的展示活动

"和·雅"校园文化最核心的内涵是和润人心，雅正品行。近年来学校尝试通过课堂、制度、物质及校内外活动把青春期心理健康教育与校园文化相融合，以更好地服务于青春期学生。

心理微课"我和我的特质梦"从"和·雅"文化中汲取优质的精神资源，如和善、文雅、自信、平和、豁达、勇于实践、好学等，在课程教学中进行挖掘与运用。教师通过焦点短期技术帮助学生形成优秀人格特质的期待，并鼓励学生迈出一小步去发展和形成自己期待的人格特质。教师结合表达性心理辅导的文字卡、图卡、拼贴创作等形式帮助学生更加明确自己的特质目标和获得路径。

青春演讲是商校青春期心理健康教育的经典活动，每年都会鼓励学生结合对《青春期心理健康自助手册》的学习体会，从自己身上挖掘相应的青春成长故事，通过征文评比进行初选。获选学生在全校进行演讲，激励更多商校学生从同伴中汲取青春正能量。展示活动中一位学生讲述了自己经历家庭磨难，在心理老师的帮助下，走出阴霾，重拾自信的故事。一位学生讲述了自己在"笃学·敦行"的校训引导下，投身心理健康教育活动月，发挥青春热情，感悟自己通过行动缩短与祖国距离的感人故事。

微视频呈现了商校学生在"和·雅"校园文化的熏陶下，在青春期心理健康教育的推进之下，通过丰富多彩的社团活动宣泄情绪，调节能量，健康交际，发展更好的自我的故事。学生从校园生活中挖掘激励自我成长的素材，拿起手机拍摄校园中人、事、物的照片，配上激励自己的文字，借此对自己的人格特质进行探索，更了解现在的自己，也更加清楚自己未来的样子。

贺教授对本次展示活动有三点深刻的感受。首先，他认为学校的青春期心理健康教育尊重脑科学，激活情绪脑，能够有效地帮助情绪脑大爆发的青春期学生在喜闻乐见的课堂、课外活动中展现光彩。其次，他认为这些探索和尝试有助于学生找到自己的天赋优势，帮助学生赋能，在大脑中建立正反馈。最后，他认为这些尝试和探索已融入学生的学习生活之中，进入行为链，实现微改变，而学生情绪、认知、行为上微小的改变，会累积变成人生巨大的成长。他期待商校的青春期心理健康教育融入"和·雅"校园文化之中，可以帮助更多学生看见生命的力量，看见青春期的光彩，在充满激情与创造的活动中实现自己，展现更美好的人生。

校园文化建设和中学生心理健康教育是新时期加强和改进学校德育工作，保证学校教育质量的重要举措。校园文化建设与心理健康教育有机结合更是学校实施心理健康教育的重要途径之一。上海市商业学校近年来尝试把青春期心理健康教育融于"和·雅"校园文化建设之中，引导学生释放青春能量，调节情绪，建立自信。青春期学生能够在校园生活中沉淀优势人格和品质，让心灵的微小改变凝聚成对人生决定性的"蝴蝶效应"，实现生命的积极成长。

(三)校园氛围营造：温馨、人文

青春期学生在生理和心理上会产生巨大的变化，激情饱满却又容易失控。中学生心理健康已然成为人才培养成功的重要标准之一。学生的人际交往、办事能力、意志磨炼等心理活动也在学校的各类文化活动过程中得到体现和加强，对和谐人文的校园氛围起到积极的推动作用。打造温馨健康的校园氛围，有助于学生找到充分发挥和展示自己能力和创造才能的场所。例如，学校开展阅读图书、诗歌诵读比赛、辩论赛、运动会、艺术节等活动，让学生在各类活动中感受自己的成长，锻炼生活的能力，进一步认识真善美。

我的宿舍，我的家
——杭州十四中学心理健康宣传周活动

活动意义：针对本校寄宿制学校的特点，学校举办系列活动，培养学生的寝室合作、互助能力，引导学生在寝室人际交往中树立正确的交往原则，掌握合理的交往方法。

活动时间：5月27日至5月31日。

活动内容：晨会、寝室合作大比拼、室友大评比、展板宣传。

活动流程：

活动一：晨会。

5月27日在晨会上以"我的宿舍我的家"为主题发言，并简要介绍心理健康宣传周的活动。

活动二：寝室合作大比拼。

活动时间：5月28日中午、5月29日中午(12：15—13：15)。

活动前期准备：海报宣传，每班报一个寝室参加，要求为6人寝室，寝室全部人员参加。

活动过程：

①解开千千结。

目的：让学生体会到无论个人和集体遇到多大的困难，只要团结一心，依靠团体的力量，问题总会得到解决。

操作：每个寝室为一组，每组成员手拉手围成一个圈，看清楚自己的左手边和右手边是谁，确认后松手，在圈内自由走动，当叫停的时候，大家站在原位置不动，伸手拉住刚才用左右手拉住的人，在不松手的情况下，恢复到开始的圈。

②蜈蚣翻身。

目的：让学生充分体验竞争与合作带来的压力和快乐。

操作：每两个寝室为一组，每组以纵队方式排好，全组同学把双手搭在前面同学的双肩上组成一条"大蜈蚣"，开始练习"大蜈蚣"跑动，看看彼此是否协调，接下来开始做"蜈蚣"翻身比赛，要求第一位组员依次从第二、第三人拉手处，第三、第四人拉手处……一直到队伍最后两人的拉手处钻过去，第二位组员、第三位组员……跟随前面的组员一直钻完所有的手拉孔，整个过程"手链"不能断。

③合力吹气球。

目的：培养沟通配合能力，借着分工合作来完成任务。

准备：气球(每组一个)。

操作：每个寝室为一组，每组每人抽签，抽到嘴巴的人必须凭借抽到手的人来把气球吹起来(抽到嘴巴的人不能用自己的手吹气球)。

④同舟共济。

目的：培养团队协作能力及思维发散能力。

准备：报纸（每组一张）。

操作：每两个寝室为一组，要求每组内所有人的脚都站到一张报纸上，不能出界。

评比：

"最佳合作寝室"：高一组、高二组各2个，为通过全部项目并且完成时间最短的寝室。

"最佳活力寝室"：高一组、高二组各2个，为除"最佳合作寝室"外通过项目数最多的寝室。

"最佳风采寝室"：高一组、高二组各2个，为除"最佳合作寝室""最佳活力寝室"外通过项目数最多的寝室。

活动三：室友大评比。

活动时间：5月30日中午（11：50—12：35）。

活动地点：食堂门口。

活动过程：

在食堂门口竖立六块白板，分别写上"最幽默室友""最具爱心室友""最乐于助人室友""最讲卫生室友""最勤劳室友""最爱学习室友"，每位同学根据对自己寝室室友的了解，在便利贴上写上室友的名字，贴在相应的白板上。

评比：根据学生选举情况，评出"最幽默室友""最具爱心室友""最乐于助人室友""最讲卫生室友""最勤劳室友""最爱学习室友"各3名，和展板一起展出。

活动四：展板宣传。

展示时间：5月31日。

展示内容：

①"寝室合作大比拼""室友大评比"的最终评比结果。

②关于寝室人际交往方面的知识展示。

活动五：心理宣传周总结。

①倡导校园文明，创建和谐寝室。

②让爱驻我家，让情寄寝室。

③友情之花开满全寝，关爱之光照亮全室。

（案例来源于杭州第十四中学教育集团专职心理教师周冰心老师）

心理健康教育是学校教育的一个重要组成部分。杭州第十四中学根据住校生可能会出现的问题、困难，结合学生的心理需求，开展了生动活泼的心理周活动。这些活动通过引导学生正确释放情绪，帮助学生形成更加阳光自信的性格，指导学生营造有爱有温暖的寝室氛围，构建和谐融洽的校园氛围。

第四章 心理健康教育与班主任工作

随着社会对学生心理健康教育的重视，学校里的心理教师已经无法满足一所学校上千名学生获得心理健康教育的需求。班主任作为学生日常生活、学习的管理者，与学生接触的时间较多，对学生的个性、特长、气质、品行、习惯、交往、家庭状况等有较为深入的了解，在平时的教育工作中对学生的影响较大，很多时候自然地承担了心理辅导师、人生指导师、生涯规划师等一些重要的角色。

第一节 班主任管理工作角色与困境

班主任工作是学校教育管理体系最为重要的组成部分，是落实学校德育工作的重要载体。一个班主任往往是一个班级的灵魂，其工作质量直接影响到学校工作的成效，影响到学生的成长。随着社会对班主任的角色要求越来越高，班主任作为管理者、教育者、协调者，其内涵也在不断丰富和修正。班主任不仅要是一名好的任课教师，还要是学生安全的守护者，是学生健康的呵护者，是学生良好人格的塑造者，是班级工作的组织者，是学生人生方向的引导者，是学生学习的伙伴，是沟通家长的桥梁。

一、班主任的管理角色

(一)编外父母

班主任是负责整个班思想、生活与学习等各项工作的教师，是整个班集体的组织者和架构师，是学校教育教学管理的重要环节之一，也是家长、学校及社会之间的纽带。这些决定了班主任要承担多种角色，其中编外父母是班主任非常重要的角色之一。

在学校学习和生活中，师生之间要建立亲密的关系、融洽的感情。尤其在住宿制的学校，学生离开了父母，班主任更是要承担起编外父母的角色，走进学生的内心，温情如母子，真情似朋友。有些学生第一次离开父母，来到学校住宿，有较多不适应，教师就要以更多的关爱，帮助初次离开父母的学生尽快融入班级，适应住宿生活。有的学生生活自理能力差，班主任就要帮助他们学会照顾自己，学会整理房间，做好个人卫生，帮助他们养成良好的生活习惯。除此之外，班主任还要定时到宿舍与学生聊天，多询问与关心学生的生活起居，询问学生生活与学习中遇到的困难，做到及时发现并解决问题，给予学生关爱。

编外父母的角色并不好做，班主任不能急于求成，要宽严相济，心存善意，用发展的眼光看待每一位学生，相信他们有能力变得更好。

(二)人生指导师

学生进入中学以后，对自我的发展、人生的成长、社会的价值观等有了新的认识和想法，伴随而来的是在学习、生活、交友中的困惑、迷茫和不安。中学生又正处于敏感期和叛逆期，难以与父母进行和谐沟通。因此，很多时候班主任承担了中学生人生路上指引者的角色。现实生活中，我们不难发现，有的班主任善于用朋友的身份与学生沟通和交流，与学生分享自己的人生和教育的经验，成为学生成长过程中的良师益友，成为学生的人生指导师和生涯规划师。有的班主任，会根据班级中每位学生的实际情况与发展潜力，制定符合他们的学习目标，帮助学生确立具体、直观的学习任务，寻找适合他们发展的方向。有的班主任经常与学生聊天，及时发现学生的问题，规范他们的行为与习惯，避免学生走歪路，培养他们良好的社会道德品质。

总之，对正处于青春期的中学生而言，其身心发展诸多方面尚未成熟与稳定，如果缺乏正确的引导与教育，很容易误入歧途。这就要求班主任学会与学生平等相处，做学生的朋友，拉近与学生之间的距离，真正走进学生心里，打开他们的心扉，与学生建立良好的师生关系，成为学生人生路上的重要导师。

(三)心理咨询师

中学生个性较为独立、叛逆，对很多事物有不同的见解，也很容易钻牛角尖，容易在学习生活中产生困惑，出现迷茫。对很多教育工作者而言，教育的问题不仅仅是教育的问题，更是解决学生心理的问题。教师和医生不一样，目的不是医治人，而是把时间用在引导、引领、引路上，使学生身心保持健康，最终促进他们心智的发展。作为班主任，经常和学生相处，能够密切掌握班级中发生的事情，掌握学生的思想动态、心理状态。

班主任和学生朝夕相处，因此，班主任的心理素质会对学生的身心状况产生影响。一名优秀的班主任应具备敏锐的观察力、良好的思维品质、稳定的情绪、坚强的意志和良好的自我意识。只有班主任自己身心健康了，才能担负起培养高素质学生的重任。同时班主任可以通过记录学生日常的学习状况、活动情况等途径，及时了解学生的心理状态，发现学生的困惑，并采取相应的解决策略。如果是学生在各科学习中存在困惑，班主任可以及时通过与任课教师的沟通，对学生进行相关的辅导。如果是学生有考试焦虑等压力问题，班主任可以在专业心理教师的指导下，与学生进行单独交流，疏导学生的心理压力，使学生更好地专注于学业。如果学生与家长有矛盾，沟通不畅，班主任可以预约家长，及时与家长进行沟通，尽早解决问题，缓解亲子矛盾。

目前浙江省的很多中小学班主任，已经获得了相关心理证书。学生日常的心理困惑、心理问题可以通过班主任及时得到解决。

二、班主任管理过程中的困境

班主任是学校最小的"官"，管着长不大的一群学生；班主任又是最大的"官"，管着未来的国之栋梁。社会对教育日益重视，教育改革的力度也逐年加大，加之今天的学生个性特点多元，导致班主任在一线教育管理过程中感受到的压力与挑战也越来越大。如何把握好对学生严与爱的尺度，如何解决社会环境与教育环境的冲突，如何与家长形成合力等，都会让班主任走入管理的困境。

(一)社会要求与现实压力的冲突

古代的说法是"天地君亲师""一日为师，终身为父"，现在的说法是"教育是立国之本、强国之基"，教师是"人类灵魂的工程师"。教师，在很多人的心中，是一个神圣的职业。社会对教师的期望很高，一提起教师，大家自然会想到，教师就应该是无私奉献的，"春蚕到死丝方尽，蜡炬成灰泪始干"就应该是对教师职业最好的写照。

现实中，班主任面临着来自各个方面的压力。比如，来自教学的压力，学生的学习成果，学生的学习问题、行为问题都会给班主任带来巨大的压力；来自家长的压力，家长普遍对班主任提出了很高的要求，在一些关于学生的事情上还会与班主任有不同的想法和意见，无法与班主任和谐共力；来自自身的压力，班主任不仅有教育教学的考核评比，还有各种角色的叠加，而管理者、授课者、教育者等不同角色的转换，也让班主任应接不暇。此外，班主任还有来自教学培训、自我发展、专业能力提升的压力。

班主任背负着社会对他们的期望，多重角色让他们感到压力倍增。在现实生活中，有些班主任因为无法承担或者很好地完成社会对他们的要求，产生内心冲突。有些班主任产生了焦虑、抑郁的情绪，有的班主任出现了失眠、食欲低下等身体症状。

（二）严格管理与民主管理的冲突

学校教育教学管理中，严格管理和民主管理各有优缺点。采用严格管理，班主任可以很好地指导学生的整体方向，控制整个局面的发展。尤其在学校一些大型的活动中，严格管理可以减少安全事故的发生。严格管理下的学生，更容易对班主任的指令执行到位，对学习的要求能够贯彻落实。但过度严格管理，也会出现反弹。尤其对中学生而言，过度严格管理缺少温情，容易引起学生的逆反心理，甚至使学生产生对立情绪。

民主管理，更强调尊重学生的个性和权利，在方式方法上更注意和风细雨、潜移默化，强调在获得学生的喜爱和认可的基础上，去管理指导学生。但在具体的实践过程中，不少班主任会发现这样一个现实，那就是"民主管理"的度把握不好也会产生另外的负面效应。教师的权威感无法确立，过于"友好"的关系，导致部分学生不服管教，任性无比，班集体也会显得混乱不堪，集体凝聚力过低。

因此，严格管理和民主管理对班主任来说是一种角色冲突的考验。严格管理更类似于"长辈型管理"，民主管理更接近于"朋友型管理"，这两种角色要能够合理地切换和转变。班主任要根据不同的问题来选择不同的管理方式，才能真正做好班主任工作。在现实中，会出现这样的现象。刚从大学毕业的教师常常坚持民主管理并实践民主的理念，但往往最后会受到学生给予他们的"打击"，内心很受挫，感觉学生没有感受到自己对他们的尊重，加上老教师对他们经验的传递，于是又会走向另一种极端，变民主管理为严格管理，最终与学生之间产生了冲突和矛盾。

第二节　用心理健康教育的理念做好班主任工作

中学阶段是学生学习和成长的重要阶段，是学生性格和心理素质养成的重要时期，更是学生健全人格形成的关键期。班主任作为班级工作的负责人，承担着重要的育人工作。在教育管理中运用心理健康教育，可以有效增强班主任对学生的理解和尊重，有利于班主任精准地把握学生的成长特点，更好地解决学生出现的各类问题。由于社会生活节奏的加快和学习紧张程度的增加，有些学生出现了心理焦虑、行为过激和情绪压抑等问题。因此，作为班主任，更需要关注学生的身心发展状态，通过心理健康教育来提升学生的心理承受能力，预防各类心理疾病的发生。

一、从教导型班主任向辅导型班主任转型 ▼

班主任是班级学生思想政治、道德品质教育的主要责任人，更是班集体的组织者、建设者和指导者，是学校实施教育的最重要的人物。从管理心理学角度看，在影响人的积极性因素中，领导行为是一个非常关键的因素。中小学学生处在人格、价值观形成发展阶段，班主任在培养学生的过程中起着组织、指导、协调的作用，往往带有很强的领导行为，主要表现在班主任对班级学生的影响力、班主任的管理风格、班主任的教育艺术等方面。不难发现，在教育过程中，有的班主任以严厉的方式管理班级，有的班主任教育学生时循循善诱。在不同风格的班主任带领下，班级整体团队及学生的精神面貌都会有很大的不同。

(一)教导型班主任的特点

在管理层面上，教导型班主任非常关心学生，但表现过于自信，而且往往以自己的意愿和感受来对班级事务进行管理。虽然大部分学生比较喜欢这类班主任，但是长此以往，学生会过度依赖班主任。到了中学阶段，有个别学生会觉得教导型班主任管束过多，因此产生一定的逆反心理。

在教育艺术层面上，教导型班主任往往表现为个性严肃，做事较为一板一眼，更注重事件本身的条理和环节，也容易把教育教学看成对学生知识的灌输，较少考虑学生身心发展的需要，容易按部就班，上传下达地布置任务，缺少对学生的因材施教、因人施导。虽然有时候这类班主任也表现为以学生为中心，但是在处理问题的过程中，却以解决问题为目标，容易简单粗暴，缺少设身处地地帮助和指导学生的行为。因此，有些个性过于强势的学生易与这类班主任产生对抗，导致教育出现僵局，班主任无法平稳解决班级出现的各种问题。

(二)辅导型班主任的特点

在管理层面上，辅导型班主任的角色定位很明确。在班级管理中，这类班主任往往与学生共同商量班级的管理、发展目标，乐于将学生作为自主发展的主体。同时，在活动过程中，这类班主任往往能深刻体会学生的喜怒哀乐，与学生同甘共苦，鼓励学生，并对集体做出客观公正的评价。尤其在学生的各类发展阶段，辅导型班主任能够站在学生的位置上思考问题，做出有利于学生成长的指导，并能让学生深切感受到班主任的用心和水平。这类班主任管理的学生团队往往凝聚力较强，班级学习氛围浓厚，学生行为习惯养成较好。同时，往往会有一批主动学习且综合素养较高的学生，既有一定的组织纪律意识，能够自觉自主地参与学校各类活动，又能充分地发展自我的个性，具有较强的创造力和领导力。

在教育艺术层面上，辅导型班主任往往具有高度的热情，甚至是激情，情感饱满而投入，语言生动形象，感染力强，具有带动性。在教育中遇到问题时，辅导型班主任不会一刀切，而是能够艺术化、创新化地把握和应用教育教学规律，与学生在思想、情感和心理上能互相沟通，宽严相济，既让学生看到自己的问题，又让学生看到变化发展的希望。在传授知识、解决问题的过程中，这类班主任更多将教育目标的达成放在注重培养学生的思想品质和个性品质上，艺术地将学习目标的落实在自然而然的过程中达成，使学生在艺术的享受中完成受教育的过程，变"要学生学习"为"让学生乐于学习"。

（三）教导型班主任向辅导型班主任转型的方法

第一，做到以学生为中心的班级管理思想。辅导型班主任尊重学生的差异，从内心更注重发展学生的个性，在对学生的教育指导过程中，更相信运用自己的人格魅力教育学生朝着积极阳光的方向发展，而不是通过强迫、压制来达到教育目的。他们往往以促进学生成长的角色出现，而不是以能够控制、指导学生为目的。

第二，善于建立分权、开放的管理系统。辅导型班主任实行"以人为本"的管理理念，在抓住班级常规的基础上，把最大限度地调动学生的积极性、自我管理的主动性作为班级管理的出发点和落脚点，充分发挥学生之间的互相协调、互相帮助的团队功能，留出部分管理的空间去充分发挥学生的创造力和领导力，做好学生自我管理的客观评价者和帮助者。

第三，做好师生之间的积极对话和有效沟通。建立和谐的师生关系是辅导型班主任特别关注的一项工作。辅导型班主任要建立"人人都能当家做主"的班级氛围，让学生愿意为自己的班级荣誉而积极进取，给予学生说话的空间和时间，打破"一言堂"的班主任话语权，在学生遇到困难时及时给予帮助，也愿意抽出时间和学生谈话谈心，听取学生合理的建议和意见，能与学生保持在一个对话的层面，让学生感受到被尊重。

第四，多采用欣赏和激励教育。辅导型班主任能够欣赏每个学生的差异，不以学习成绩论英雄，善于发现每个学生的闪光点，认可学生的个体价值，并及时运用语言、活动等方式来最大限度地激励学生，激发学生自我发展的热情，使他们能够将自己的能力最大限度地发挥出来。辅导型班主任在管理过程中，并不是没有批评与惩罚，而是让学生在接受批评的过程中真正看到自我成长的内心需要，不熄灭发展的希望。

二、心理学理论与方法在班主任工作中的应用 ▼

(一)应对从众效应

从众效应是指人们不自觉地以多数人的意见为准则，做出判断，形成印象的心理变化过程。这是指作为受众群体中的个体在信息接收中采取与大多数人相一致的心理和行为的对策倾向。从众效应作为一个心理学概念，是指个体在真实的或臆想的群体压力下，在认知上或行动上以多数人或权威人物的行为为准则，进而在行为上努力与之趋向一致的现象。从众效应既包括思想上的从众，又包括行为上的从众。从众是一种普遍的社会心理现象，从众效应本身并无好坏之分，其作用取决于在什么问题及场合上产生从众行为。

1. 从众效应举例

案例一：高二某同学在日记中写到，人家在看、在谈，他不看、不谈，显得太老土、太落后；同学都在买、在耍，他不买、不耍，显得太寒酸、太落伍，没有共同的话题；同学们在一起看、一起聊，一起玩同一款游戏，他不关心、不加入、不参与，就跟不上时代，显得很不合群……

案例二：几位女同学相约假日上街买衣服。王同学看见一件漂亮的毛衣，觉得式样和面料都不错，就是平时自己一直想买的，怎么看怎么喜欢。试穿时其他的同学都说不好看，不适合她。在同学们你一言我一语中，王同学犹豫了……

案例三：陈同学周末理了一个新发型，自我感觉良好。没想到到了学校，他受到了同学们的嘲笑。同学们认为他理的头发非常不好看，而且还不止一个同学这么说。回家后他告诉母亲，想再去一次理发店，把头发重新理一下，母亲却对他说，这里面有不少同学只是从众心理，并非是真的有同样的看法。

中学生的生理和心理在迅速地发展，但他们的知识、经验相对不足，自制力较差，从众心理在他们身上表现得尤为明显。特别在班集体中，他们会更注重同学的评价，因此盲目的从众心理在他们身上时有体现。从众具有两重性，盲目的从众会抑制学生个性的发展，束缚思维，扼杀创造力，使人变得缺乏主见，不利于学生的发展；积极的从众有利于学生学习他人先进的经验和方法，帮助学生克服固执己见，修正自己的思维方式。

2. 班主任的应对

从众是在群体压力下，个体在认知、判断、信念与行为等方面自愿与群体中多数人保持一致的现象。作为班主任，要善于发挥从众的积极心理效应，克服从众心理的负效应。从积极效应来说，班主任要运用学生从众的心理，在班级中树立一批榜样，引导学生从众学习，互相进步，形成良好的班风和学风。针对班级中出现的不良现象，如过度消费、追星、攀比、作弊等，班主任也要及时发现，说清利弊，矫正引导，帮助学生克服盲目的从众心理。

(二)运用南风效应

南风效应也称南风法则或温暖法则，源于拉·封丹的一则寓言。南风和北风打赌比谁的威力大，看谁能脱掉行人身上的衣服。北风凛冽刺骨，呼啸而来，对行人一番狂吹，结果行人为了御寒，反而将衣服越裹越紧。南风则徐徐吹动，送来阵阵温馨，使人顿感阵阵暖意，不觉解开纽扣，脱掉了大衣。比赛的结果是南风获得了胜利。

后来南风效应被更多地运用到管理实践中，告诉我们，温暖胜于严寒。南风法则要求管理者尊重和关心员工，时刻以员工为本，多点人情味，多注意解决员工日常生活中的实际困难，使员工真正感受到管理者给予的温暖。这样，员工出于感激就会更加努力地为企业工作，维护企业利益。

案例一：四块方糖。这是陶行知在育才学校当校长时发生的一件事。有一个叫王友的小男孩用泥土砸了另一个同学，陶行知发现后立刻制止了小男孩，让小男孩放学后到校长办公室找他。放学后，王友来到校长办公室，陶行知随后才到。陶行知先拿了一块糖果给他，对他说："这是奖励给你的，因为你按时到了这里，而我却迟到了。"王友疑惑地接过糖果。随后，陶行知又拿出一块糖果，说道："这也是奖励给你的，因为你很尊重我，我不让你砸同学，你立即就住手了。"王友接过糖果，更加惊讶了。接着，陶行知又拿出第三块糖果，说："我调查过了，那位同学欺负了女生。你砸他，说明你很正直，很善良，所以我还要奖励你。"王友感动极了，眼泪流了下来，后悔地说："陶……陶校长，你打我两下吧！我砸的不是坏人，是我自己的同学啊……"陶行知满意地笑了笑，拿出了第四块糖果："你能正确地认识自己的错误，再奖励你一块。"说完，陶行知拍了拍王友的肩膀，送他出了办公室。

陶行知非常明白"感人心者，莫先乎情"，他懂得如何不去触碰学生心中的逆反情绪，让学生心甘情愿地自发改变，教育中的南风效应即是如此。

案例二：点到为止。 一天下午，我来到教务处了解学校期中考试的情况。新任教务处副主任小赵经验丰富，聪明机灵，对期中考试的数据分析得头头是道。他将各年级期中考试的情况运用图表进行对比，使各分数段学生的学习情况一目了然。我心想，真是千军易得，一将难求啊，学校有这样年富力强的中层干部，何愁教学质量得不到提高！正当我暗自高兴，起身准备离开的时候，忽然看到小赵办公桌的脚边有两枚烟蒂。"赵主任，今天来客人了吧？"我看着地上的烟蒂对小赵说。"不好意思，上午来了两位家长，向我询问孩子在学校里的表现，他们抽烟，又难得来，我实在不好意思当面劝阻。"小赵急忙站起来说。"喔，不错，你能加强和学生家长的沟通，这很好。不过，可不能忽略另外的细节呀，这两枚烟蒂……"我点到为止，边说边弯下腰拾起地面上的烟蒂，扔进了垃圾箱。

学校管理的成功是靠一点一滴的行动和积累实现的。办公室的地面上有两枚烟蒂，在日常工作与生活中是小得不能再小的事。利用南风效应进行管理，点到为止，既保留了教师的颜面，又彰显了管理者的宽容。其实，拾烟蒂不是对小错的迁就，而是给教师留下一个自省的余地。

（案例来源于江苏吴江区南麻中学王霆作老师）

（三）应对贝尔纳效应

英国学者贝尔纳是一位著名科学家。贝尔纳的同事和学生们都相信，按创造天赋讲，贝尔纳是可以不止一次获得诺贝尔奖的。然而，他一生中最高的荣誉是获得英国皇家学会勋章和国外院士之职。

贝尔纳为什么没有获得诺贝尔奖？有一种公认的回答是："他总是喜欢提出一个题目，抛出一个思想，首先自己涉足一番，然后就留给他人去创造最后的成果。全世界有许许多多的原始思想应归功于贝尔纳的论文，但都在别人的名下出版问世了……他由于缺乏'面壁十年'的恒心而蒙受了损失。"贝尔纳效应，是指兴趣过于广泛，思维过于发散，反而影响了精细、深入的创造。贝尔纳的失败，根源在于多次浅尝辄止，缺乏持之以恒的努力。后人就将这种现象称为贝尔纳效应。

1. 贝尔纳效应举例

案例一：一个人要挖一口井，但挖了许多天都没有挖出水来，于是他放弃了这个地方，到下一个地方继续挖。这次，他又挖了许多天，还是没挖到水，于是又放弃了。就这样，他挖了许多个深的洞，却始终未能开出一口井。于是，他断言这个地方没有水。不久之后，人们在他挖过的最深的一个洞底层发现了湿土。于是，有人继续他未完成的工程。结果，他之前挖过的地方全都有水。

案例二：某中学生作文大赛在上海落下帷幕。这次竞赛的总决赛与以往不一样的是，学生必须通过听、说、读、写四道关：听一篇文章，读一篇文章，将两篇文章共同的精神内涵写成文章，还要把意思向评委说清楚。结果，不少学生失去了方向，阅读力和理解力上的短处暴露无遗。

"从孩子们写的文章可以看出，如今的学生视野很宽、见识较广，对文史知识也比较感兴趣。"大赛评委会副主任坦言，作文竞赛从一定程度上反映出目前中学语文教学的问题。比如，学生习惯了写命题、半命题作文，对阅读材料后提炼观点和思想的作文形式非常陌生。其实，学生平时在学习课文时就没有揣摩推敲，读出深度，课外阅读量极少。个别教师也依赖教学参考书，照本宣科，不会引导学生产生阅读兴趣。这样学生阅读水平不高，理解能力和概括提炼能力也很欠缺。

（案例来源于新闻：《中国中学生作文大赛落幕 阅读力和理解力的不足让评委颇为担忧》。）

2. 班主任的应对

贝尔纳效应存在于我们生活的各个领域，尤其在学生身上表现较多。不少学生在接受新知识的时候十分迅速，而且还可以提出一些有价值的创意。有些学生兴趣广泛，对很多新鲜知识都有兴趣，接受能力也很强，这是他们的优点。

但是，学生的注意力往往很难集中，他们在学习的时候常常会分散注意力，越是对各种知识感兴趣，越无法专注于对某些知识的深入探究。所以，在教育的过程中，教师或家长一定要注意培养学生的耐心、注意力和持久性，避免学生出现贝尔纳现象。同时班主任在学习上也不能过于功利，牺牲学生的探究能力，这样做的结果只会让学生以碎片化的浅层思维来面对浩瀚的人类文明。

（四）应对马太效应

马太效应源于一则寓言。从前，一个国王要出门远行，临行前，交给三个仆人每人一锭银子，吩咐道："你们去做生意，等我回来时，再来见我。"国王回来时，第一个仆人说："主人，你交给我的一锭银子，我已赚了十锭。"于是，国王奖励他十座城邑。第二个仆人报告："主人，你给我的一锭银子，我已赚了五锭。"于是，国王奖励他五座城邑。第三仆人报告说："主人，你给我的一锭银子，我一直包在手帕里，怕丢失，一直没有拿出来。"于是，国王命令将第三个仆人的一锭银子赏给第一个仆人，说："凡是少的，就连他所有的，也要夺过来。凡是多的，还要给他，叫他多多益善。"这就是马太效应。

1. 马太效应举例

案例：陈某是个非常优秀的学生，人长得漂亮，有一双会说话的大眼睛，能歌善舞，素质发展比较全面，在学校很受欢迎。回到家里，爸爸妈妈也把她视为掌上明珠，宠爱有加。有个这样优秀的学生，班主任当然十分高兴，一直都很重视她。可班主任渐渐地发现她越来越自命不凡，和同学之间的矛盾也越来越大。这学期开学初重新成立班委会，班主任征求她的意见时，她说这个"太笨"，那个"不会说话"，不是摇头就是撇嘴。也许正是她的这种态度，引起了同学们的不满，班干部竞选时，她以11票之差落选了。当时她就急哭了，中午用拒绝吃饭表示对竞选的不满。

2. 班主任的应对

教育者最大的心愿莫过于学生都能健康地成长，但现实总不会那么尽如人意。学生也不会那样整齐划一，有聪明好学的学生，也有反应慢、习惯差的学生。马太效应使班级形成少数与多数的隔阂、分化和对立。这种分化一旦开始，必然导致班集体的分化瓦解，使学生丧失最佳发展环境。所以作为班主任要避免马太效应，做到一视同仁，把每个学生都看成"金矿"。

案例中的陈某目中无人、唯我独尊，以致大家都不愿选她当班干部。面对这类学生，班主任需要引导他们意识到自己的缺点，认知到自己有改正缺点的必要。班主任要促使这类学生反省自己的行为，启发学生明白"寸有所长，尺有所短"的道理。

（五）应对罗森塔尔效应

罗森塔尔效应源自一个美丽的传说。希腊神话中，塞浦路斯的国王皮格马利翁是一位有名的雕塑家。他精心地雕塑了一位美丽可爱的少女。他深深爱上了这位"少女"，并给它取名叫盖拉蒂。他还给盖拉蒂穿上美丽的长袍，拥抱它、亲吻它，真诚地期望自己的爱能被"少女"接受，但它依然是一尊雕像。皮格马利翁感到很绝望，他不愿意再受这种单相思的煎熬，于是，他就带着丰盛的祭品来到阿佛洛狄忒的神殿向她求助，祈求女神能赐给他一位如盖拉蒂一样优雅、美丽的妻子。他的真诚感动了阿佛洛狄忒女神，女神决定帮他。皮格马利翁回到家后，径直走到雕像旁，凝视着它。这时，雕像发生了变化，它的脸颊慢慢地呈现出血色，它的眼睛开始释放光芒，它的嘴唇缓缓张开，露出了甜蜜的微笑。盖拉蒂向皮格马利翁走来，她用充满爱意的眼光看着他，浑身散发出温柔的气息。不久，盖拉蒂开始说话了。皮格马利翁惊呆了，一句话也说不出来，他的雕像成了他的妻子。

罗森塔尔效应给我们的启示。第一，期待是一种力量。赞美、信任和期待具有一种能量，能改变人的行为。当一个人获得另一个人的信任、赞美时，他便感觉获得了社会支持，从而增强了自我价值，变得自信、自尊，获得一种积极向上的动力，并尽力达到对方的期待，从而维持这种社会支持。第二，暗示是一种能量。如果你始终给事物传递一种良性暗示，事物会出现转机，或者变得更加出色，但是，如果你传递一种不良暗示，事情往往会变得很糟糕。因为不良暗示中包含对人的贬低、歧视，会让人消极自卑，乃至一事无成。第三，赏识是一种积极的能量。著名的心理学家杰丝·雷尔评论："称赞对温暖人类的灵魂而言，就像阳光一样，没有它，我们就无法成长开花。但是我们大多数的人，只是敏于躲避别的冷言冷语，而我们自己却吝于把赞许的温暖阳光给予别人。"

1. 罗森塔尔效应举例

案例：评语的故事。教育实习的第一天，我还没同我的学生见面就已经先见到了他们的作业本。每一位学生留给我的第一印象便是他们作业的质量，包括书写的整洁度、表达的规范性、解题的正确率等。而我就是这样记住了小陈，因为她的作业是 45 本作业中规范性最差的一个。

几天下来，小陈的作业情况如出一辙，字迹潦草，表达不完整。我找到了科任老师，询问小陈平时的数学学习情况。原来小陈是一个头脑很不错但是行为规范较差的女孩。我顿时有了主意，决定从她"头脑不错"这点入手。由于她作业的正确率很高，于是我在她每一次作业之后都写上了批语："思路独特，想法不错，但表达不规范，在考试中会吃亏。期待你下一次有改观！"一次，两次，小陈的字写得确实端正了很多，但是数学表达上的规范性还是时好时差。比如，立体几何中要求一个二面角的大小，在计算之前必须说明"×角是×二面角的平面角"。前几次小陈还是一个字也不说明，只管计算，我就每天在她作业本上每一处该说明的地方都醒目地补上规范性的语句。紧接着的一次立体几何测验，她的分数几乎都被扣在"说明"上。也许是她意识到了说明这些语句的重要性和必要性，后来几次作业中终于出现了除了计算以外的内容。我感到非常欣慰，虽然那些弥足珍贵的语句仍然是"缺胳膊少腿"，不怎么规范，但是小陈作业的规范性已经实现了从无到有的质变。我意识到应该抓紧机会彻底地改善她，于是我决定与小陈谈一谈。

我没有特地去教室找她或是叫她来办公室，而是在一节体育课上，我们完成了轻松友好的谈话。那节体育课是排球赛，我作为实习班主任也去为她们加油。看到小陈在啦啦队中，我靠近她笑着说："你叫陈某某吧？"她没有一点拘束："徐老师你怎么知道我的名字？""因为你的作业留给我深刻的印象呀！"她有些不好意思地说："我的作业很乱的。"我却话锋一转："我记住你的名字，是因为你好几次作业中的解题思路很独特，你是一个有见解的女孩。"这下我看到了她的吃惊。我乘胜追击："我刚来的那几天还不了解你们的情况，只能通过批作业来了解你们。说实话，我起先真的以为你是个数学上有一定困难的学生，因为你的字挺乱的。但我发现你的正确率很高，解题很有想法，问了你们数学老师，他说你很聪明，就是规范性有所欠缺。我知道你这次测验没考好，其实问题都出在你的老毛病上。你能很快地解决许多复杂的问题却不愿写上几句不需要动脑筋的文字，不就因小失大了吗？就好比我们写论文，没有了论点别人会看得一头雾水是不是？"我看着她，期待着她给我一个承诺，结果她什么也没说。我在第二天的作业中得到了答复，小陈用实际行动表达了她的决心。

又一次立体几何测验中她得了满分，科任老师感到有些出乎意料，而我却很激动兴奋。我想，小陈这次的无懈可击从一定程度上可以说是她与我共同努力的结果。再后来的作业，我惊喜地发现小陈不但积极地说明关键语句，还在旁边做了"Note"记号提醒自己重视，而且尽可能地一题多解，有时还在作业本边上写下不懂之处请教我。我也没有忘记继续写上批语。其实在作业本上不止小陈一位学生与我交流，我注意到有相当一部分学生喜欢与教师进行这种形式的交流，那是因为教师首先给予了他们一定的关注。

（案例来源于上海市第三女子中学典琳老师）

2. 班主任的应对

案例中小陈虽然是个不善言辞的女孩，但这位教师却能感觉到她内在的好胜心。教师应积极关注学生的学习情况，发现学生的闪光点，激发学生对学习的兴趣和动力，促进学生学习态度的演变。除此之外，教师应尊重学生，容短促长，用学生的优势激发学生内在的学习动力。教师对学生投入的关注与期望，无形中让学生树立了信心，增强了学生的好胜心，让学生能够在教师期待的目光中完善自我，成就最优秀的自己。

第二部分

专业知识

DI'ER BUFEN

ZHUANYE ZHISHI

第五章　青少年发展心理学

青少年期是人生旅程的重要阶段，是从幼稚过渡到成熟的阶段。青少年期的身心发展对今后的人生道路将产生重要的影响。青少年期(12～18 岁)，大约处于初中和高中阶段。初中阶段又称少年期(12～15 岁)。这是从童年期(幼稚期)向青年期(成熟期)发展的一个过渡时期，是一个半幼稚半成熟的时期，是独立性和依赖性，自觉性和幼稚性错综矛盾的时期。高中阶段又称青年初期(15～18 岁)，这一阶段个体身体的各方面基本达到成熟，智力上的发展也已接近成人水平，在个性及其他心理品质上趋于丰满和稳定。

第一节　青少年发展心理学的核心理论

青少年生理成熟水平显著提高，同时心理发展也具有独特的方式。青少年发展主要包括生理、认知和社会性发展。生理发展主要包括身体外形、内脏机能和性成熟这三类变化。青少年的认知发展具有三大特点，即抽象逻辑思维处于优势地位，辩证思维逐渐发展，思维品质的表现隐含着矛盾。青少年社会性发展的实质就是实现社会化，主要包括社会认知、社会交往、性别角色差异、依恋和自我同一性等方面的发展。

一、弗洛伊德的人格发展理论 ▼

弗洛伊德是心理学史上第一个对人格进行全面而深刻研究的心理学家。他的人格结构理论不仅注意到了人格的多层次性，而且深入人的内心世界，率先提出了人格中的欲望、动机等非理性的无意识因素的存在和影响。这比以往心理学对人的内心世界的认识更深刻，且极大地丰富了心理学的研究内容。从此以后，人格心理学便蓬勃开展起来，出现了许多较完整的、影响较大的人格结构理论。

（一）人格结构理论

1. 本我

本我是人格结构中最原始的部分，从出生起就已存在。构成本我的成分是人类的基本需求，如饥、渴、性。本我中需求产生时，个体要求立即满足。从支配人性的原则上看，支配本我的是唯乐原则。例如，婴儿感到饥饿时要求立刻喂奶，决不考虑母亲有无困难。

2. 自我

自我是个体出生后，在现实环境中由本我分化发展而产生的。由本我而来的各种需求，如不能在现实中立即获得满足，就必须迁就现实的限制，并学习如何在现实中获得需求的满足。从支配人性的原则看，支配自我的是现实原则。此外，自我介于本我与超我之间，对本我的冲动与超我的管制具有缓冲与调节的功能。

3. 超我

超我是人格结构中居于管制地位的最高部分，是个体在生活中，接受社会文化道德规范的教养而逐渐形成的。超我有两个重要部分：一为自我理想，是要求自己行为符合自己理想的标准；二为良心，是规定自己行为免于犯错的限制。因此，超我是人格结构中的道德部分，从支配人性的原则看，支配超我的是完美原则。

人格结构中的三个层次相互交织，形成一个有机的整体。它们各行其责，分别代表着人格的某一方面：本我反映人的生物本能，按快乐原则行事，是"原始的人"；自我寻求在环境条件允许的情况下让本能冲动能够得到满足，是人格的执行者，按现实原则行事，是"现实的人"；超我追求完美，代表了人的社会性，是"道德的人"。

在通常情况下，本我、自我和超我是处于协调和平衡状态的，从而保证了人格的正常发展。如果三者的平衡关系失调乃至被破坏，人就会产生心理障碍，危及人格的发展。

(二)性心理发展期

弗洛伊德分期解释人格的发展，被称为性心理发展期。这里的性，不是狭义上的性，而是一种被称为力比多(libido)的驱动力。弗洛伊德把发展分为五个阶段：口唇期、肛门期、生殖器期、潜伏期、生殖期。

1. 口唇期(出生后~1 岁半)

口唇期也称口欲期、口腔期，是原始欲力的满足，主要靠口腔部位的吸吮、咀嚼、吞咽等活动获得满足。婴儿的快乐多来自口腔活动。此时期的口腔活动若受限制，就可能会影响成年后的性格。成人中的口腔性格，可能就是口腔期发展不顺利所致。这种人在行为上表现为贪吃、酗酒、吸烟、咬指甲等，甚至在性格上悲观、依赖。

2. 肛门期(1 岁半~3 岁)

肛门期也称肛欲期，是原始欲力的满足，主要靠大小便排泄时产生的刺激快感获得满足。这个时期卫生习惯的训练，对幼儿而言非常关键。如管制过于严格，儿童会形成过度控制的行为习惯，如洁癖、强迫的人格特征，成年后在行为上表现为冷酷、顽固、吝啬等。如管制过于随便，儿童在成年后容易形成肮脏、浪费、凶暴和不守秩序等人格特征。

3. 生殖器期(3~5 岁)

生殖器期也称性器期、俄狄浦斯期，是原始欲力的需求，主要靠性器官的部位获得满足。此时幼儿喜欢触摸自己的性器官，已能辨识性别，并以父母中的异性者为爱恋的对象。于是出现了男童以父亲为竞争对手而爱母亲的现象，被称为恋母情结；女童以母亲为竞争对手而爱恋父亲的现象，被称为恋父情结。儿童在仇恨同性父母的同时又害怕被报复，最后压抑自己，停止对同性父母的敌视，逐渐接近、接纳、认同同性父母，并逐渐发展为与同性父母相同的态度、价值观和行为模式。

弗洛伊德认为，前三个阶段是人格发展的最重要的阶段，为成年后的人格模式奠定了基础。

4. 潜伏期（5～12 岁）

7 岁以后的儿童，兴趣范围扩大，由关注自己的身体和父母感情，转变为关注周围的事物，故而从原始欲力来看，呈现出潜伏状态。这个时期的儿童，对性缺乏兴趣，在情感上较之前疏远，团体生活中多呈男女分离趋势，性的冲动转向自然、体育、歌舞、艺术等方面。

5. 生殖期（12～20 岁）

生殖期也称两性期。男生约在 13 岁，女生约在 12 岁进入生殖期。这个时期的个体性器官成熟，两性差异开始显著。自此以后，个体性的需求转向相似年龄的异性，开始有了两性生活的理想，有了婚姻家庭的意识，至此，性心理的发展趋于成熟。

二、埃里克森心理社会发展理论 ▼

埃里克森从弗洛伊德的理论中汲取了营养，修正了弗洛伊德的性心理发展理论，认识到人格的发展是内在的成熟和外在的社会要求交互作用的结果。埃里克森认为，人的自我意识发展是一个持续一生的进化过程。这个过程是以个体自我为先导，按生理的成熟顺序与内在成长和社会要求相结合，形成的一个连续而有阶段性的心理社会发展过程。埃里克森认为人的自我同一性在人格的形成过程中起着关键的作用。他把自我意识的形成和发展过程划分为八个阶段。这八个阶段的顺序是由遗传决定的，但是能否顺利度过每一阶段却是由环境决定的，每一个阶段都是不可忽视的。人要经历八个阶段的心理社会演变，这种演变被称为心理社会发展。这些阶段包括四个童年阶段、一个青春期阶段和三个成年阶段。每一个阶段都有需要完成的任务，并且每个阶段都建立在前一阶段的基础之上，这八个阶段紧密相连。

第一阶段：婴儿期（0～1 岁半）。这个时期的核心任务是解决基本信任和不信任的心理冲突。不要认为此时的婴儿是一个不懂事的小动物，只要吃饱不哭就行。当婴儿哭时，父母是否及时出现是建立信任感的重要问题。信任在人格中形成了"希望"这一品质，起着增强自我的力量。具有信任感的儿童敢于希望，富于理想，具有强烈的未来定向。反之，不具有信任感的儿童则不敢希望，时时担忧自己的需要得不到满足。

第二阶段：儿童早期(1 岁半～3 岁)。这个时期的核心任务是解决自主与害羞(或怀疑)的冲突。此时，儿童掌握了大量的技能，如爬、走、说话等，更重要的是他们学会了怎样坚持或放弃，也就是说儿童开始"有意志"地决定做什么或不做什么。这时候父母与子女的冲突很激烈，也就是第一个反抗期的出现。一方面，父母必须承担起控制儿童行为使之符合社会规范的任务，即养成良好的习惯。例如，训练儿童大小便，使他们对随地大小便感到羞耻，训练他们按时吃饭，节约粮食等。另一方面，儿童开始拥有自主感，他们坚持自己的进食、排泄方式，所以形成良好的习惯不是一件容易的事。这时儿童会反复应用"我""我们""不"这些词语来反抗外界控制，而父母绝不能听之任之、放任自流，这将不利于儿童的社会化。反之，若父母过分严厉，又会伤害儿童自主感和自我控制能力。如果父母对儿童的保护或惩罚不当，儿童就会产生怀疑，并感到害羞。因此，把握住"度"的问题，才有利于儿童在人格内部形成"意志"品质。埃里克森把意志定义为不顾不可避免的害羞和怀疑心理，而坚定地自由选择或自我抑制的决心。

第三阶段：学前期(3～6 岁)。这个时期的核心任务是解决主动对内疚的冲突。在这一时期，如果儿童表现出的主动探究行为受到鼓励，儿童就会形成主动性，这为儿童将来成为一个有责任感、有创造力的人奠定了基础。如果成人讥笑儿童的独创行为和想象力，那么儿童就会逐渐失去自信心，这使儿童更倾向于生活在别人为他们安排好的狭窄圈子里，缺乏自己开创幸福生活的主动性。当儿童的主动感超过内疚感时，他们就有了"目的"的品质。埃里克森把目的定义为一种正视和追求有价值目标的勇气，这种勇气不为儿童想象的失利、罪疚感和惩罚的恐惧所限制。

第四阶段：学龄期(6～12 岁)。这个时期的核心任务是解决勤奋对自卑的冲突。这一阶段的儿童都应在学校接受教育。学校是训练儿童适应社会，掌握今后生活必需知识和技能的地方。如果个体能顺利地完成学习课程，他们就会获得勤奋感，这使他们在今后的独立生活和承担工作任务中充满信心。反之，儿童就会产生自卑。另外，如果个体养成了过分看重自己工作的态度，而对其他方面木然处之，是可悲的。埃里克森说："如果他把工作当成唯一的任务，把做什么工作看成唯一的价值标准，那他就可能成为自己工作技能和老板们最驯服和最无思想的奴隶。"当儿童的勤奋感大于自卑感时，他们就会获得"能力"的品质。埃里克森说："能力是不受儿童自卑感削弱的，完成任务所需要的是自由操作的熟练技能和智慧。"

第五阶段：青年期(12～18岁)。这个时期的核心任务是解决自我同一性和角色混乱的冲突。此时青少年本能冲动的高涨会带来问题，更重要的是青少年面临新的社会要求和社会冲突而感到困扰和混乱。所以，青春期的主要任务是建立一个新的同一感或自己在别人眼中的形象，以及他在社会集体中所占的情感位置。这一阶段的危机是角色混乱。埃里克森提道："这种同一性的感觉也是一种不断增强的自信心，一种在过去的经历中形成的内在持续性和同一感(一个人心理上的自我)。如果这种自我感觉与一个人在他人心目中的感觉相称，很明显这将为一个人的生涯增添绚丽的色彩。"

埃里克森把同一性危机理论用于解释青少年对社会不满和犯罪等社会问题。如果一个青少年感到他所处的环境剥夺了他在未来发展中获得自我同一性的种种可能性，他就将以令人吃惊的力量抵抗社会环境。在人类社会的丛林中，没有同一性的感觉，就没有自身的存在，所以，他宁做一个坏人，也不愿做不伦不类的人。他自由地选择这一切，随着自我同一性形成了"忠诚"的品质。埃里克森把忠诚定义为不顾价值系统的必然矛盾，而坚持自己确认的同一性的能力。

第六阶段：成年早期(18～30岁)。这个时期的核心任务是解决亲密对孤独的冲突。只有具有牢固的自我同一性的青年人，才敢于冒与他人建立亲密关系的风险。因为与他人建立爱的关系，就是把自己的同一性与他人的同一性融为一体。亲密关系中有自我牺牲或损失，只有这样，个体才能在恋爱中建立真正亲密无间的关系，从而获得亲密感，否则将产生孤独感。埃里克森把爱定义为压制异性间遗传的对立性而永远相互奉献。

第七阶段：成年中期(30～65岁)。这个时期的核心任务是解决生育对自我专注的冲突。当一个人顺利地度过了自我同一性时期，以后的岁月中将过上幸福充实的生活，他将生儿育女，关心后代的繁殖和养育。埃里克森认为，生育感有生和育两层含义。一个人即使没有生育，只要能关心儿童，教育指导儿童也可以具有生育感。没有生育感的人，其人格贫乏和停滞，是一个自我关注的人，他们只考虑自己的需要和利益，不关心他人(儿童)的需要和利益。在这一时期，个体不仅要生育，同时要承担社会工作，这是个体对下一代的关心和创造力最旺盛的时期，个体将获得"关心"和"创造力"的品质。

第八阶段：成年晚期(65岁以上)。这个时期的核心任务是解决自我调整与绝望期的冲突。由于衰老，个体的体力、心力和健康每况愈下，对此他们必须做出相应的调整和适应。当老人回顾过去时，可能怀着充实的感情与世告别，也可能怀着绝望走向死亡。自我调整是一种接受自我，承认现实的感受，是一种超脱的智慧。如果一个人的自我调整大于绝望，他将获得"智慧"的品质。埃里克森把智慧定义为以超然的态度对待生活和死亡。老年人对死亡的态度直接影响后代儿童时期信任感的形成。因此，第八阶段和第一阶段首尾相连，构成一个循环或生命的周期。

埃里克森认为，在每一个心理社会发展阶段中，个体解决了核心问题之后所产生的人格品质，都包括了积极与消极两方面。如果各个阶段都保持向积极品质发展，个体就完成了各个阶段的任务，逐渐实现了健全的人格，否则就会产生心理社会危机，出现情绪障碍，形成不健全的人格。

三、维果茨基的社会文化发展理论

社会文化理论是由苏联心理学家维果茨基提出来的，强调社会文化因素在人类认知功能的发展中发挥着核心作用。维果茨基提出的理论体系与方法论思想，至今仍然对心理学研究具有重大的借鉴意义。

(一)最近发展区

维果茨基指出，个体发展要经历两个阶段：一是实际发展水平，也就是儿童心理功能的发展水平；二是最近发展区，即"儿童独立解决问题的实际发展水平与在成人指导下或者在与能力更强的同伴合作解决问题的潜在发展水平之间的差"。最近发展区概念指的是对某种潜在心理机能的激发，现有发展水平与潜在发展水平之间的距离。最近发展区预示着个体将来独立做事及执行某些智力功能的能力。维果茨基的最近发展区理论对于当代教育心理学产生了深刻的影响，走进了当代教育心理学的中心话语。最近发展区是动态评估的基础，促进了同伴合作的深化研究，对于成人或有经验的同伴对学习者知识发展的作用提供了新的解释。这一理论还直接影响了当代的教学模式，对于各个年龄段的教学都具有深刻的启发意义。最近发展区理论影响了教育者对于知识获得、教学效力产生机制的认识，在当代西方教育界盛行的许多前沿教学方法都可以从最近发展区的理论中找到影子，如情景教学、支架式教学、合作型教学、学习共同体等。

（二）搭手架

与最近发展区有着密切关系的是搭手架，指成人或指导者帮助儿童或新手解决问题来完成任务的行为，即儿童与新手还不能独立运用某种知识实现目的，但可以通过谈话或借助搭手架的方式实现目的。有研究者提出了六种搭手架类型，即吸引学习者兴趣、简化任务难度、保持学习者完成任务的积极性、强调任务的重要特征、减少儿童的压力和沮丧感、演示完成任务的方案。语言学习者与同伴之间的合作体现了搭手架作用下最近发展区的提升。学习好、能力高的学生与学习能力稍差些的学生间可以搭建支架，通过分享信息、提供帮助，能力强的一方可以为另一方提供学习上的提示和指导，让学习能力差的学生看到自身实际水平和潜在发展水平间的差距，进而激发自身潜能。

（三）中介学说

符号工具在维果茨基心理学理论中占有相当重要的位置，是人的低级心理机能向高级心理机能转化的中介，作用是进行"精神生产"。人类在从事物质生产等社会生活的过程中，因为社会的影响和人际关系的交互，就会产生这种心理工具。对符号工具的理解不可望文生义，符号工具总是代表着某种现实中具体的东西，而非一个空洞的表征。维果茨基又进一步将中介这个概念分为两类，一是元认知中介，二是认知中介。元认知中介指的是一种自我调节的内化符号工具，在心理各项机能中起到举足轻重的作用。元认知中介从人际交往中生成，是儿童通过他人对自身的评价和反应生成一套内化符号工具。认知中介指的是获得知识的工具。维果茨基对教育心理学贡献良多，他强调儿童需在教师的帮助下获得科学概念，因此教师在儿童心理发展中扮演着特别重要的角色。在社会文化理论中，中介是一个核心概念。这一概念认为人类生活在两个世界中，一个是具体的物质世界(由生物因素决定的低级心理机能)，一个是抽象的符号世界(由社会文化因素决定的高级心理机能)。在具体的物质世界中，我们把双手和头脑作为中介转换的工具，进行人类活动；在抽象的符号世界中，我们把语言作为中介转换的心理工具，进行心理活动和心理控制。也就是语言符号对社会文化交流互动起着媒介作用，同时也影响人类思维活动，这种活动具有自发性，使人们做出规划并进行理性的思考。调节是中介的主要形式，人们通过调节我们的物质世界、社会及心理来推动人类的各种活动。在调节阶段，儿童在进行语言学习的过程中，也逐渐进行语言调节活动。这一过程一般分为三个阶段，即物体调节、他人调节和自我调节。物体调节指儿童受到周围环境影响的调节；他人调节指儿童的行为和思维在成人的指导和帮助下的调节；自我调节指儿童处理问题时，依靠自己的语言和行为进行调节。在语言的学习中，他人调节是学生在教师和家长的帮助下进行协作学习，自我调节是指学生可以依靠自己的能力进行自主语言学习。

(四)内化

内化是在思想观点上与他人的思想观点保持一致，将自己认同的新的思想和自己原有的观点、信念结合在一起，构成一个统一的态度体系，是人与人之间及个人与环境间相互碰撞形成的，是改造内部心理机能的过程。也就是人们在生活中得到经验后，受社会环境的影响产生的一些现象，通过人类大脑的思考过程，传输到个体的内心，通过同化和顺应两种机制，形成一个相对稳定的认知结构。人类思维的发展是社会文化碰撞交融的结果，最终形成了人类高级认知功能。维果茨基指出，人类思维发展的第一条客观定律是人们持有的作为中介的心理机能不是从内部自发产生的，而是产生于人们的协同活动。这种由社会、集体合作的活动向个体、独立的活动形式转化的过程就是内化机制。心理间平台与心理内平台之间的相互转化就是内化的过程。

第二节　青少年发展心理学与中小学生常见心理问题

一、中小学生常见的心理问题及心理学解释 ▼

(一)网络成瘾的症状及心理学解释

1. 网络成瘾症状描述

案例一：小C同学，男生，进入高一之后，上课总是无精打采，作业也经常不能按时完成，好像每天都若有所思，考试成绩下滑很快。后来教师了解到他沉迷上网玩游戏，甚至半夜也在玩，谁也拦不住。父母稍微多说几句，他就开始发脾气，直接甩门。其间父母也采取了关闭网络等手段，但他会用自己的零花钱买流量。甚至有时候周末回家，门一关就开始上网玩游戏，没日没夜，吃饭也无所谓，饿了就吃两口。父母很后悔，原因是小C考上了高中，父母很高兴，小C提出想要一个手机，父母满足了他，没想到，他竟然陷进去了，怎么劝说都不肯听。

案例二：2020年居家学习期间，心理热线接到很多家长的来电，说孩子在家很难管，怎么管也不听，询问怎么教育才更好。不少家长反映孩子在家天天抱着手机或者平板电脑玩，作业也懒得做，还很晚睡觉。家长很焦虑，觉得长此以往会影响孩子的学习和身体。家长一气之下没收了手机，亲子关系很紧张。孩子赌气不吃饭，不做作业，不让上网就成天睡觉，也不上网课。家长又气又焦虑，不知道该怎么管教。

像小C同学和心理热线中提到的令家长非常头痛的现象，称为网络成瘾。网瘾为网络成瘾症的简称，是一种行为成瘾，主要是指上网者长时间和习惯性地沉浸在网络中，因此对互联网产生强烈的依赖，以至于达到了痴迷的程度而难以自我解脱的行为状态和心理状态。主要表现包括需要不断增加上网时间来获得满足，离开网络后表现出明显的生理和心理上的不适应，社会功能受损。网瘾的医学定义一直未有公认，大部分学者认为应该把网瘾称为对网络的过度使用，或者对网络的滥用，也有人把它称为对网络的病理性使用或过度的使用。

2. 网络成瘾的心理学解释

网络成瘾并不少见，青少年网络成瘾一般会经历五个阶段：偶尔接触网络阶段—经常接触网络阶段—接触网络的次数、时间迅速增长阶段—痴迷于网络阶段—网络成瘾阶段。造成网络成瘾的原因，一般分为外因和内因。外因即社会环境和家庭教育。社会环境包括网吧的出现、网络游戏的流行等。家庭教育包括家庭环境和教育方式，家长疏于管理等。但是，这些外因只是被动因素，是网瘾的诱因。真正的原因是内因，包括网瘾患者的满足感缺失，独特的生理人格。大部分网瘾患者会出现学业失败，从而内心空虚，缺乏自信，为满足自己的内心，通常会选择逃避，在虚拟的网络世界中找到失去的自我和可以满足的成就感。

(二)厌学的症状及心理学解释

1. 厌学症状描述

案例一：我家孩子今年上八年级，成绩中上。他以前学习还是挺让人放心的，这个学期以来开始不好好学习，回家就抱起手机不离手。据老师反映，这几个月孩子经常不交作业，听不进老师劝。我问孩子原因，他也只是不耐烦地说不想学，我感到忧虑又困扰。

案例二：我儿子本该今年初中毕业，实际上一年前已经休学在家，基本不出门，不喜欢与人沟通，脾气易怒，有暴力倾向。家里所有人轮番想办法劝他上学，包括各年龄段的人劝说，面对面沟通等，能想的方法都用尽了也没有效果。

案例三：某一天，我正巡视教师办公室。五年级(3)班班主任给我反映了一个情况，说她班上有一个同学从今年上学期开始经常逃学，几乎每个星期都要逃学一两天。老师经常教育他，他的奶奶也想了很多办法，但都没有效果。有时候奶奶送他上学时，他在半路上就突然跑了，奶奶年纪大又追不上他。尽管他经常逃学，但成绩在班上还不算太差。老师也是没有办法，非常担心他因为逃学而把行为习惯搞坏了，还怕他因为逃学出现安全事故。

以上列举的现象，被称为学生的厌学心理。发展心理研究表明，学习活动是学龄儿童的主导活动，是儿童社会化发展的必要条件，也是儿童获取知识和智慧的根本手段。

2. 厌学的心理学解释

厌学是学生对学习的负面情绪表现，从心理学角度讲，厌学是指学生消极对待学习活动的行为反应模式，主要表现为学生对学习认识存在偏差，情感上消极地对待学习，行为上主动远离学习。厌学问题已成为阻碍学生身心健康发展的重要问题。厌学情绪和逃学行为是一对孪生兄弟。厌学情绪是逃学行为的主要原因之一，而逃学行为则是厌学情绪的极端表现。人们常把逃学和厌学联系起来。

厌学可表现为多种形式。例如，有的学生不爱上学，不愿见老师，甚至每到上学前，就喊"肚子疼""头痛"等；有的学生不愿做作业，或者做作业很拖拉；有的学生一看书就犯困，一直处于神游状态，即便在看书，也"看不进去"；有的学生即使在没有外界干扰的情况下，注意力也常常不能集中；有的学生不愿大人过问学习上的事情，对父母的询问经常保持沉默，或者表现出烦躁情绪，或者转移话题；有的学生一到上课就打不起精神，一到下课却十分活跃，表现为"玩不够"。而逃学作为厌学的极端行为则主要表现为不去上学。

产生厌学的原因通常表现在以下几个方面。第一，家庭方面。有些家长对孩子期望值过高，忽略孩子的实际情况，导致孩子反感学习，甚至与家长对抗；有的家长缺少对孩子的正常关爱或教育，放任自流，导致孩子学习习惯没有养成，性格孤僻，在学校缺乏积极性和愉悦感；有的家长过于溺爱，对孩子有求必应，缺少对孩子意志品质的锻炼，导致孩子在学校遇到挫折就以逃避的方式解决。第二，学校教育方面。学校教育如果存在教法不灵活，学生课业负担重，考试练习过多的问题，都会引发学生的厌学情绪。第三，学生自身方面。有的学生本身的心理素质不稳定或心理承受能力欠佳，对自身的学习期望过高，心理压力过大；有的学生学习生活欠规律，学习方法不科学，不适应新的环境和老师的教学方式，有畏惧和害怕的情绪，不敢独立面对。第四，社会方面。社会大环境对学生也会产生不同程度的影响，社会价值观念对涉世未深的青少年学生影响是很大的。

（三）考试焦虑的症状及心理学解释

1. 考试焦虑症状描述

案例：小 A 是高二的学生。高二下学期过了差不多一个月，他总觉得自己被笼罩在一种学习紧张、迎接高考的气氛里。于是，他常常想到高考问题。但一想到高考，他的心跳就会剧烈起来，这是以前没有的。他的身体会感觉燥热，思维似乎也不太受控制，注意力难以集中。这种反应常干扰他正常上课，也影响他课余的复习进度，尤其妨碍他考试时的良好发挥。

2. 考试焦虑的心理学解释

案例中小 A 的状态称为考试焦虑。如果对考试的焦虑心理达到比较严重的程度，就可能发展为考试焦虑症。关于考试焦虑症，理论和临床都有相当多的探索和研究。比较综合全面的看法认为考试焦虑症是由以下三种基本成分交织而成的一种复杂的情绪反应。一是以担忧为特征的，由自我评价或他人评价形成的意识体验，这被认为是考试焦虑症的认知成分。二是同自主神经系统活动增强相联系的特定的情绪性反应，如心率加快、呼吸加剧、肠胃不适、尿频多汗、头痛失眠等，这被认为是考试焦虑症的生理成分。三是通过防御或逃避表现出来的一定的行为方式，如在考场上惶恐不安，有多余动作或思维增加，胡乱答完卷子早早离开考场，或干脆坐在位子上脑子一片空白，答不了题，这被认为是考试焦虑症的行为成分。认知、生理和行为这三种成分共同作用也共同体现考试焦虑症的反应倾向。

从图 5-1 中可以清楚地看到，两个恶性循环导致了考试焦虑状态。一个是错误信息的累积和焦虑之间的恶性循环。考试的错误信息的累积，久而久之使人形成习惯性思维，在认识上维持了焦虑状态，从而干扰了个体正常的考试活动。另一个是考试失败和焦虑之间的恶性循环。焦虑状态使考试发挥不佳，而考试的失败又加剧了个体的焦虑状态。由此，在这两个恶性循环作用下，考试只能同错误信息、焦虑状态、逃避反应、失败及其引起的不愉快感受和结果（父母的处罚、老师的批评、同学的眼光等）相伴随，焦虑情绪自然也就产生了。

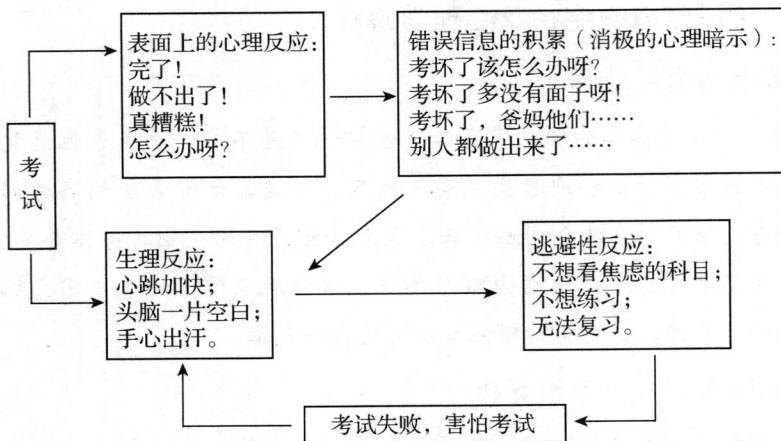

图 5-1　考试焦虑循环

（四）早恋的症状及心理学解释

1. 早恋症状描述

案例：八年级女生小陈最近有点苦恼。马上要中考了，她恨不得每分每秒都用在学习上，可是，她最近的目光会无法控制地投向某个身影。他的品学兼优，他的多才多艺，最近一段时间一直吸引着小陈。有一天，小陈实在克制不了自己内心的冲动，主动给他写了封信……希望能在初中剩下的这一年双方更多地相互学习，相互帮助，共同考上两人都向往的某高中。

男生及时回了信，但在信中他希望彼此不要单独交往，以后的事情以后再说。小陈收到回信，又高兴又失望，高兴的是对方没有拒绝交往的可能，失望的是自己这一年里没有机会再同他单独在一起。但她的烦恼并没有消失，她不能控制地思念他，有时候又感觉很羞耻，有时候更为学习成绩的下降而害怕。如果不能和他考入同一所高中……

2. 早恋的心理学解释

以上案例中的女孩陷入了我们通常说的暗恋的心理状态。如果该男生愿意和女生进行较为频繁的一对一交往，一般而言，我们称之为早恋行为。"早恋"一词一般带有长辈一方的反对性感情色彩，在目前很多学者看来，这个词语不能客观反映中学生的这种情感现象，建议用"青春恋"来取代。

一般来说，早恋主要会出现下列四个特点。第一，朦胧性。青少年对于早恋发展的结局并不明确，他们仅仅是渴望与异性单独接触，而对未来家庭的组建，处理恋爱和学业之间的关系，区别友谊和爱情等问题都缺乏明确的认识。第二，矛盾性。早恋的青少年内心充满了矛盾，既想和喜欢的异性接触，又害怕被父母或老师发现，可以说早恋的过程中愉快和痛苦是并存的。第三，变化性。早恋是充满变化、极不稳定的，因为青少年往往欠缺处理人际关系的技巧及经历。第四，差异性。青少年的早恋行为有明显的差异。在行为方式上，大多早恋青少年较为隐蔽，通过书信、手机或者网络等传递感情，进行秘密的沟通和感情交流，但也有青少年会公开关系，在许多场合出双入对。从程度上说，大多数早恋者主要是交流感情，或者一起玩耍，个别早恋者关系发展得很深。

（五）亲子冲突的症状与心理学解释

1. 亲子冲突症状描述

案例一：中小学生在家开展网课等多种形式的自学模式期间，家庭亲子关系、代际矛盾被放大，以各类媒体统计：多数地区家庭亲子矛盾冲突事件频发。

案例二：某地公安局110报警台共接报相关案件39起，环比增加20起，上升率为105.26%。按报警及出警处理具体实际分析，从冲突矛盾原因看，网络在线学习不认真，不能按要求完成老师布置的教学作业，沉迷网络游戏及无法出门玩耍等是家庭亲子矛盾冲突的主要导火索。其中，因学校推迟开学实行网络授课，网络在线学习引发的家庭矛盾纠纷事件最多，共22起，占56.41%，环比增加18起；因沉迷网络游戏及无法出门玩耍引发的矛盾纠纷均为9起。从群体分布来看，初中生群体发案比例最高，共18起（初中毕业生5起），占46.15%；小学生群体10起（小升初6起），占25.64%；高中生群体6起，占15.38%。从矛盾冲突方式来看，主要有言语冲突、肢体冲突、离家出走等方式。其中肢体冲突最多，共16起，占41.02%；言语冲突及离家出走均为11起。①

---

① 郭学东. 疫情防控期间家庭亲子冲突原因及对策初探[J]. 教育实践与研究（理论版），2020(05).

2. 亲子冲突的心理学解释

亲子冲突属于一种人际冲突。引发人际冲突的诱因是多种多样的，当相互关联的人们在态度、动机、价值观或实际行动等方面存在不一致或不相容时，人际冲突就发生了。可以将亲子冲突理解为在亲子交往中发生的，亲代与子代之间的紧张、不和谐、敌视甚至斗争的关系。

家庭系统理论认为，亲子冲突是一个多人系统的问题，而不是父母或子女单方面的问题。亲子冲突的来源既可能是家庭成员系统功能的缺失，也可能是不恰当的人际关系界限，还可能是家庭成员防御性的沟通风格等。从社会学、心理学角度来说，亲子双方作为不同的两代人，彼此的心智、学识、经历等方面存在着较大的差异，在对事物、问题的理解感受等方面必然存在差异。亲子冲突难以避免，它实际上就是多种亲子互动状态中的一种类型。

（六）适应不良的症状及心理学解释

1. 适应不良症状描述

案例：小李是高一的学生，刚进入一所高中就读，才读了不到2周，就感受到巨大的不适应。他感觉老师的授课有点快，稍微一走神就跟不上老师的节奏了；他觉得知识也很难，上课似乎听懂了，但是一拿到题目就懵了，无从下手；他看到有的同学适应能力很强，能很快融入新的集体，迅速与其他同学交往，而自己下课连讲话的朋友也没有……有段时间，他只能通过手机聊天软件和初中同学聊天，诉说自己的感受。焦虑不安的情绪，影响了他正常的学习和生活。

像小李这样的情况在学校里比较普遍。环境适应是我们许多人一生经常要面对的问题，初中升高中有环境的适应问题，高中升大学同样也有环境适应的问题，以后进入新的单位、新的城市，同样有环境适应的问题。

2. 适应不良的心理学解释

适应不良，亦称"不适应""顺应不良"，属于适应障碍的一种，程度较轻。适应即个体根据环境的要求改变自己和个体作用于环境并改造环境。适应不良主要表现在个体情绪方面，会妨碍个体从事有效的社会活动。适应良好、心理健康的个体在学习和解决问题中充满信心并富有成效，生活目标明确并富有建设性与现实性，在人与人的相互关系中能互敬互爱，并乐于为实现社会目标而献身。

二、中小学生常见心理问题的辅导

(一)学生网络成瘾心理辅导

1. 一般资料

王某，高一学生，身高 1.75 米左右，体态偏胖，无重大躯体疾病史。父母均为企业普通职员，家族无精神病史，家境一般。王某在初中就读公办学校，成绩较好，通过三年努力被保送到高中。暑假期间，父母为了奖励他被保送高中，开放了网络，认为他已经有基本的自控能力。暑假里王某多数时间在学习，剩余时间偶尔上网。进入高中后的几次考试，王某并没有取得理想的成绩，心情很郁闷，同时认为同学关系也没有初中时纯洁，觉得同学们都看不起他。开学两周后，王某发现在网络中自己可以得到更多的安慰和认可，认为只有在网络世界里自己才是胜利者。期中考试后，王某三科功课不及格，老师和家长都很为他担心。在班主任和母亲的规劝下，王某暂时控制了自己的上网次数，但没多久又回到了网络世界。母亲的哀求、班主任的教育对他都完全失去了作用。为了上网，他甚至可以整个周末不出房门。据班主任反映，最近一个月，王某懒散麻木，远离同学，爱戴口罩和帽子，目光迷离。

2. 描述情况

主诉王某称：学习没意思，在游戏里自己很开心；读不好书也不要紧，可以靠打游戏赚钱；也想过明天好好学习，可是再怎么努力，也达不到初中时的状态；觉得同学好假，别人都瞧不起我。

周围人观察：每天独来独往，班级活动不愿意参加，也不愿与人交谈；下课经常一个人发呆，不说一句话；班主任找他，他也没有任何反应；经常不洗脸、不刷牙，看着有点邋遢。

3. 心理测验结果

EPQ 测验结果：P 维度 66 分，E 维度 42 分，N 维度 66 分。

SCL-90 测试结果：躯体化、强迫、抑郁、焦虑、敌对、偏执各项均高于常模。

4．三个方面问题

第一，自控能力弱，不能摆脱对网络的依赖。

第二，人际关系冷漠(师生关系、亲子关系、同学关系)。

第三，学习适应不良。

5．辅导目标的制定

第一，减少王某的上网时间。

第二，改善王某当前的人际关系，尤其是与母亲之间的对立关系。

第三，培养王某对学习的兴趣。

最终目标是完善王某的人格，增强其自信心和自控能力，帮助王某建立良好的人际关系沟通模式，重新开始积极的生活。

6．主要辅导方法分析

王某的心理问题主要表现为网络成瘾和严重自卑。无论是易沉迷网络、人际关系冷漠，还是学习成绩不良导致的自信心不足，并由此产生的王某对班主任和父母教育的抵触情绪，都存在着王某的认知偏差和不合理归因，以及应对问题时行动能力的不足。因此，本次心理辅导更多采用行为治疗和认知领悟疗法。

7．主要辅导过程

第一次：会谈、心理测验。

心理辅导教师询问王某基本情况，建立辅导关系，获得王某的基本信任。

王某做相关心理测试，心理辅导教师与王某的同学交流，了解王某成长过程，尤其是重大事件。

心理辅导教师初步了解王某内心的矛盾及改变意愿的强烈程度，并通过对其上网内容的交流，在建立关系的同时，进一步了解王某的网瘾程度。

心理辅导教师将测验结果反馈给班主任和家长，让家长及时了解王某的基本情绪状态。

第二次：加强辅导关系，寻找深层次原因。

心理辅导教师与王某做以下交流：上网前，我感到……上网时，我感到……下网后，我感到……

心理辅导教师帮助王某寻找内心的渴望，引导他明白自己最想逃避的是什么，最希望得到的是什么。

心理辅导教师使王某能正视自己目前最大的弱点，看到他内心最恐惧的一面。只有正视自己在逃避什么，才能放弃逃避。

心理辅导教师让王某寻找自己的力量。让王某感受哪部分力量是自己最可以使用的，可以帮助自己摆脱目前困境的，哪些力量是他忽略的。让王某思考可以寻找到的力量是什么，需要谁来帮助他。

第三次：行为治疗。

第一，行为契约法。心理辅导教师与王某建立契约，建议由父亲来监督，周末能够做一部分学校的作业。减少作业难度，共同商定作业的选择题全部完成，简答题和填空题的前3题全部完成，王某愿意接受父亲的监督，基本保证周末每天能学习2小时。

第二，自我上网时间的监控。心理辅导教师给王某列一份上网时间预估调查表，估算他在网络上的时间和内容，记录他上网的总时间及在网络游戏、浏览直播、下载软件、社交聊天、阅读微博等部分各用了多少时间，以此使他了解自己在哪些内容停留时间最多，结合其逃避的内容对症下药。

第四次：认知疗法，学会合理归因和评价。

面对自己最想回避的困难，体会成就感。心理辅导教师让王某分析困难的客观和主观原因，一一罗列下来，并谈论哪些是进入高中必然会遇到的，其他同学也遇到了，哪些是由他自身的原因带来的，并让他回忆初中时美好的东西，如成功的喜悦。心理辅导教师引导王某思考：初中的哪些状态可以延续？因为网络成瘾丢失了哪些东西？用两者的对比来启发王某，使他在心灵上产生震撼，意识到网瘾给他带来的一系列问题，使他真正敢于面对自己逃避的内容。

评价契约法的效果。王某坚持了2周，简单的作业基本完成，感觉老师对自己比较和善。有一次他把简答题多做了2道，数学老师和班主任都表扬了他。他感觉自己的自尊心得到了满足。

第五次：替代治疗，转移注意力。

心理辅导教师咨询母亲关于王某的爱好，引导王某重新寻找其他事物的兴趣。从王某的叙述中了解到，他很喜欢看科幻故事，心理辅导教师建议他阅读一些科幻类书籍，并让王某母亲一起陪他观看科幻类电影，增进母子的感情。

心理辅导教师引导王某参加一些体育运动，加强户外亲子互动。由父亲和王某一起商量运动项目。王某希望骑单车，父亲为他买了单车，周末下午一起出去玩。整个过程王某感觉非常开心。王某告诉心理辅导教师，有同学也想和他一起去。

第六次：寻找高中的基本学习策略。

针对前几次的作业进行一次交流，心理辅导教师让王某列表写下自己在做题过程中，哪些有对应的学习策略，哪些沿用初中的学习方法，哪些运用新的学习策略，哪些学习方法在高中是有用的，或者他看到同学的方法有什么，是否可以为自己所用。

心理辅导教师询问王某控制了上网时间以后，自己最大的感受，现在周末的时间分配。王某认为父母的笑容多了起来，家里不再吵吵闹闹，母亲不再唠唠叨叨，也不再对他很严苛。他看科幻电影，母亲看不懂还愿意陪着。他感受到母亲也非常不容易。有一次，母亲也和他一起去骑车，虽然累，但母亲却很高兴，说谢谢他。王某很感动于现在的变化。

第七次：逐渐拉进与同学、老师的距离。

班会课上，班主任请他讲述骑车过程中的感受。通过这次讲述，他感到大家都很羡慕他，课后不少同学问他车的价格，骑车的路线，买了什么装备等，让他感受到莫大的成就感。他认为自己还不是很专业，以后可以学一些这方面的知识来指导同学。这次班会课，他很感谢班主任，觉得班主任还能这么认可骑单车运动，愿意接受他目前的状态。

王某在运动会期间为班级出力。因为骑车速度快，运动会期间，班级中午的午餐和运动员的水，由他和同学一起去附近的超市买了带过来。他也很高兴为同学服务。

8. 辅导效果评估

王某的自我评估：自己已经能够控制上网时间，尤其不再和父母较真，某些学科有一定进步，并开始乐意参加班集体活动，与老师、父母、同学的关系开始恢复正常，希望自己能彻底戒除网瘾。

周围人的评估：王某与老师、父母、同学的关系有较为明显的改善，学习兴趣在逐步增加，基本能集中注意力上课，成绩有一定提升。

总体而言，王某比最初进入学校的状态好了很多，尤其在上网时间的控制上，有了较为明显的改善。更好的现象是他因为骑单车的经历，受到了不少同学的崇拜。这让他感受到了个人的成就感，慢慢不再孤僻，人格有了健全的成长。

在上述个案中，要想引导、帮助求助者摆脱成瘾现象，拥有正常的生活学习状态，心理辅导教师还需要从家长方面来做工作，使家长与心理辅导教师形成合力。

第一，提前预设，制定规则。家长要对网络成瘾有初步的认识，提前对孩子是否会陷入网络有个基本的预判，从而提前说明规则并采取有效措施。家长要和孩子明确使用电子产品的规则，规定上网时间、次数、浏览的内容等。当然这个规则是在与孩子平等协商的基础上制定的。

第二，坚持原则，不随便妥协。家长如果对孩子使用网络刚开始不关注、不在意、不坚持教育原则和约定，在后期很难进行有效管理。家长也不能随便因为孩子取得优秀成绩等来破坏规则，不要将学习跟网络游戏随便挂钩。学习不好不能玩，学习好奖励，这样做的结果只会让孩子觉得学习是为了玩游戏，一旦游戏没有得到，就会以学习做要挟，让家长处于被动位置。

第三，遇到问题，理性对待。孩子处于青春期，对网络是非常容易上瘾的。一旦真的有上瘾的情况，家长想用简单粗暴的方式解决反而会事倍功半，得不偿失。亲子关系的破坏和对立，只会让孩子更沉迷网络。家长不妨反思自己的教育行为，居家生活是否给予孩子充分的陪伴，是否和孩子互动、交流，是否能用其他方式，如一起运动、出去看电影等，转移孩子的注意力，用拉近与孩子心理距离的方式来悄无声息地做思想工作。

（案例来源于杭州第十四中学专职心理教师冯冬怡老师）

（二）雨过天晴——运用绘画技术缓解考前压力的个案辅导

1. 个案背景分析

木可，高二文科班女生，戴着一副框架眼镜，扎着马尾辫，一见面就露出了灿烂的笑容，身材略显肥胖。她家庭氛围幸福温暖，有个上三年级的可爱的弟弟，父母均在事业单位工作，通情达理，沟通和谐，无论在学习上还是交友上都会给她支持、帮助和鼓励。面对高中紧张的学习，父母没有给她压力。一直以来在父母的教育和影响下，她认为学习成绩可以就行，没有很高的目标，所以没有学习的压力，能很稳地轻松学习。她乐于与人交往，人际交往能力很不错，受到同学们喜爱。由于她和班里的同学相处得比较好，又比较有正义感，所以在期中考前一个月的班干部改选中被选为班长。得到大家的认可，她很开心。因为自己初中时也一直担任班长，所以她觉得自己能处理好学习和工作，也希望自己带好班级，以此来证明自己的能力。没想到当班长一个多月，她的期中成绩就下滑了。但她有较好的自我调节能力，认为出现这种情况的主要原因是心思没有放在学习上，班级工作走上正轨后，可以静心学习肯定行，但是最近的考试又让她受挫。马上要学考和期末考了，她依然不能静心学习，效率低，压力大，没有信心，但是没有出现失眠等躯体反应。

2. 问题的界定

高中生特别是面临学考的高二学生，有着学业的压力，这似乎是一个常见的、普遍的学习压力和考试焦虑问题。出现学习效率低，经常走神，想静心学又学不进的种种表现，持续时间短，没有躯体反应，也没有泛化，所以这是一般的心理困扰。但是导致学习困扰的真正原因是什么？特别是对于一个一直以来学业压力较小的女生而言，是什么引起了如此大的波动呢？连续两次的心理辅导后咨询师找到了原因，考试压力背后是对自我的否定和自卑心理。一方面是学习、工作，另一方面是自我形象问题，都没有让她获得自信，除此之外，还有青春期自我意识的困扰。

3. 辅导过程

第一，了解基本情况，认真倾听。

在辅导关系已经确立的基础上，简单地问候后，木可向心理辅导教师倾诉了学习的状况，表示父母没有给她压力，自己也没有给自己压力。因为她一直觉得成绩还可以就行，以前考差了也不会很在意，但是现在却不能做得那么潇洒，对成绩也开始越来越在乎。

第二，运用绘画与焦点技术述说一幅画的故事。

面对不知道什么原因引起的心理困扰，不是父母的压力，不是学习的压力，也不是人际困扰和情感困扰，更没有抑郁焦虑等严重的负性情绪，如何找到问题的根源，从而解决困扰呢？心理辅导教师结合绘画技术，让木可以"雨中人"为主题画一幅画，并开始了与木可的心理探讨。图5-2是木可第一次的画作。

图 5-2　雨中人（一）

其实，这幅画的雨量能表示木可的压力状况。画上没有五官，说明木可自我意识不清晰。线条不够流畅，表达了压力带给她的焦虑情绪。画中人物和本人形成了对比。这幅画虽然是暴雨，但女孩打了伞，而且还可以帮助狗避雨，可见遇到压力的时候她有调节的办法，有很好的支持点，同时女孩不是孤单一人，还有同伴。

了解了基本信息后，心理辅导教师与木可探讨这幅画的故事。

"可以和老师描述一下这幅画吗？"

"这是一个下雨的午后，我撑着一把透明的伞，边上还有一只小狗，雨很大，但是我会撑着伞不让小狗淋湿，因为我平时就是一个特别喜欢帮助人的人。"

"你感觉这个雨是什么样的雨呢？是小雨、中雨、大雨还是暴雨？"

"这是暴雨，而且雨很大，雨滴都是一大颗一大颗的。"

"如果这个雨量表示我们现在的压力，你觉得自己的压力可能是什么？"

"好像突然感觉到有很多，我也觉得自己的压力很大。一方面，之前不困扰的学习现在也困扰自己了，还有班长这个工作；另一方面，平时我一直都是嘻嘻哈哈的，我长得这么胖，大家都觉得我不在乎，其实我很在乎。现在学习、工作、外貌没有一样让我顺心，越想学好工作好，越样样都不好，感觉自己一团乱麻……"

"嗯，一下有很多不如意的事情，你一定感到很难过，很揪心，是吗？我们一起来看看到底是什么让我们压力如此大。"

①学习成绩下降，担心以后会更低。②班长没有初中时当得顺手，也很难做好。③体重越来越重，同时感觉自己能力不行，虽然人际交往不错，可是这样的成绩和工作，同学们会觉得比原来的班长差。④担心学考，越担心越考不好。

"所以听起来你最近担心的事情很多，那你可以给这四点排个序吗？按照压力最小到最大排序。"

她思考了一下，做了排序①—④—②—③。

"①和④其实是学习问题，现在请你给①和④的压力打分。10分制，0分表示没有压力，10分表示压力非常大。"

她打了4分和5分。当引导她说出打分依据时，她说前段时间重心都在班级工作上，没有花时间和心思学习，才会导致这么差的成绩，如果接下来她注意力放在学习上，按照之前的方法努力，其实成绩没有问题。她的脸上也有了自信的微笑。

交流后，心理辅导教师和木可把困惑聚焦在②和③，分析得出木可的压力是担心自己得不到认可，压力分为8分。

心理辅导教师和木可一起寻找支持系统和解压的方式。

"暴雨天，你画了伞有什么感受？"

"虽然雨很大，但是有伞就不会被打湿，而且有狗陪伴着，我也能帮助它，感觉挺好的。"

"那你遇到压力的时候都会做些什么?"

"老师,我还是很会自我调节的,我有压力就会和妈妈聊,我们关系特别好,无话不说的那种,就像朋友一样。工作上我遇到问题就请教班主任,我的班主任也特别好,非常相信我们,放手让我们做。还有,我也会和同学们说。不过最解压的还是周末和弟弟一起和狗玩。我现在发现我的学习压力也没那么大,英语也一直挺好的,这次学考的科目 B 是没有问题的,只要我开始认真复习准备就可以了。语文没什么问题,班主任是数学老师,所以数学学得也挺认真的。"

运用具体化技术,帮助木可厘清思路,聚焦压力,反而很好地缓解了木可的各种担心,使木可的压力在认知上得到了调节。

第三,运用绘画增减技术,缓解压力。

"你刚才说这个撑伞的人是你,是吗?"

"嗯,是我。"

"可以描述一下这个女孩吗?"

她沉默了一会儿,语气有些低沉。"我想把五官画上,但是画不出。其实我很胖。虽然我每天在同学面前都是个开心果,人际关系很好,同学们也没有因为我胖而取笑我或者不理我,相反他们都很乐意与我交往,还选我当班长,但我很想减肥,却一直减不下去。我也很希望自己的身材能像其他女生一样。"

"嗯,所以很模糊,画不出她的五官。"

"这幅画哪里让你感觉不太舒服?你可以增加或者减少来加以修改。"

利用增减技术,木可在右上角画了太阳,并清晰地画上了五官(见图 5-3)。

"这是夏天,暴雨过后就会有太阳,很快就会雨过天晴。"

"感受一下,现在这幅画给你的感觉如何?"

"感到舒服多了,嗯,我对自己有信心。"

"打算做些什么呢?"

"静下心来学习,其实以前说的我对学习没有要求,并不是这样。其实我对胖也没有那么在乎,画上了五官,我发现自己对身材原来没有想得那么讨厌,

图 5-3　雨中人(二)

而且要减肥，其实还是很容易的。所以我要静下心来学习，成绩上去了就不会那么焦虑了。"

最后，木可给这幅画取名为：雨过天晴。

第四，重塑画：缓解压力。

画中木可和弟弟带着狗轻松愉快地玩耍，心情也很放松(见图 5-4)。

图 5-4　重塑画

木可愉快地离开了辅导室。

4. 辅导反思

了解高中生的心理特点是力量支架。个案辅导过程中，需要了解高中生自我意识的特点，学生的困扰往往和自我意识有关。第一，高中生的自我意识不断发展和成熟。自我意识包括认识自己的生理状况(身高、体重、形态等)，心理特征(兴趣爱好、能力、性格、气质等)，以及自己与他人的关系(自己与周围人相处的关系、自己在集体中的位置与作用等)。自我意识表现为自我概念、自我评价和自我理想的辩证统一。第二，自我意识中独立意向的发展。高中生已能完全意识到自己是一个独立个体，因此要求独立的愿望日趋强烈。第三，自我意识成分的分化。高中生在心理上把自我分成了"理想自我"和"现实自我"两部分。正是由于这种分化，才形成他们思维或行为上的主体性，使他们产生了按照自己的想法去判断和控制自己言行的要求和体验，同时也出现了自我矛盾。第四，强烈地关心自己的个性成长。高中生十分关心自己个性特点方面的优缺点，在对人对己的评价时，也将个性是否完善放在首要位置。第五，自我评价成熟。高中生能够独立评价自己的内心品质、行为动机及效果的一致性情况等，自我评价在一定程度上达到了主客观的辩证统一。第六，有较强的自尊心。高中生在言行受到肯定和赞赏时，会产生强烈的满足感，反之，易产生强烈的挫折感。

这个案例中，看似表面的考前心理压力问题其实和自我意识分不开。自我意识混乱的人的心理体验常伴随着较多的自卑感、盲目性、自信心丧失和情绪消沉等，主要原因还是不恰当的自我评价容易与现实产生碰撞。

个案概念化过程很重要。这位求助者来做心理辅导的时候，对自己的困惑很模糊。心理辅导教师不要着急下定义，多花时间采集信息用来聚焦，可以提高辅导的效果。

辅导中运用了多种辅导技术。这是一个运用了焦点、绘画等技术的个案辅导。面对多重压力夹杂在一起，求助者自我混乱时，帮助求助者厘清思路，找到压力源是关键。自我认识的调整，可以帮助求助者缓解压力。同时绘画本身就可以转移注意力并缓解压力。

心理课是学生心理辅导的源泉，信任是有效辅导的关键点之一。如果心理

课的主题符合学生的心理需求，当他们遇到类似的困扰时就会主动求助。当学生情绪还处于萌发阶段时，个案辅导能有效地帮助学生避免情绪压力变得越来越严重。

相信学生的自我力量和个辅的作用。对于存在一般心理问题的学生，教师要相信他们有能力进行自我认知和调节。心理辅导教师积极的鼓励和肯定，可以给学生以信心和能量。

（案例来源于浙江省临安中学专职心理教师刘杏丽老师）

（三）学生自我认知偏差心理辅导

1. 一般资料

张某，高二女生，体态偏胖，蓬头垢面，不修边幅，无重大躯体疾病史。张某是独生女，父母初中文化，自述爸爸有点狂躁，妈妈有点抑郁，外公可能有精神问题，与爷爷奶奶基本不联系。家人身体健康，经济能力尚可，现在父母关系还算和谐（对她的关爱态度一致）。张某性格比较内向沉默，九年级时因人际关系心情低落，多次情绪爆发，高二时因处理不好人际关系休学，重返学校后读高二。班主任反映张某刚来学校时情绪低落，时常哭泣，总想早点回家，不在学校参加晚自习。张某主动找心理辅导教师约谈（有较强烈的求助愿望），第一次咨询后，保持每周一次的咨询频率。

2. 描述情况

教师对张某的第一印象：情绪低落，蓬头垢面，不修边幅，说话极端（绝对化倾向），谈话时紧张，把纸巾揉得粉碎。

案例主述：在学校感觉紧张，害怕被同学嘲笑，总是哭泣。在学校人际交往上有很大的矛盾感，并伴有强烈的不适感。一方面觉得和人交往有点紧张，怕自己做不好；另一方面又用非常积极的态度去面对同学，以避免自己重新面对校园冷暴力。如果给自己在班里的人际状况打分的话，自我评分是3分（10分制）。平时不想在学校，非常害怕男生，没有固定的饭友，害怕一个人去食堂吃饭，想约同学一起去食堂，但又担心她们已经有圈子，自己会被拒绝，所以干脆不去食堂吃饭。开学的几天，中午饭不吃，晚饭回家吃。

3. 个人成长史

张某 5 岁时，爸爸妈妈去杭州打工。张某由外公外婆带，基本属于留守儿童，缺少父母关爱。妈妈不注意教养方式，负性言语特别多。小学五年级时，张某受到同学欺凌(校园冷暴力)，所有同学都不理她，那时候感觉自己很不好，自认没社交能力。张某上高中后妈妈回家，现在和妈妈住，爸爸还在杭州，妈妈刚回来后不知道怎么和张某相处。现在妈妈辞职在家照顾她，张某感觉到家里有温暖感。

4. 心理测验结果

STAI 测试结果：S-AI 总分 59 分，T-AI 总分 59 分。

MHT 测试结果：孤僻，敏感，躯体化，恐怖和冲动因子异常。

5. 三个方面问题

第一，自我概念弱，缺少自体感。

第二，不信任他人，曾被校园冷暴力。

第三，极度不自信，存在自我认知偏差。

6. 辅导目标和方法

抑郁情绪控制：建立关系，稳定情绪，能正常在校学习。

自我认知调整：合理情绪疗法解决负面认知(自动思维记录表)；焦点解决提高正面自我评价；精神分析和早期创伤处理(OH 卡牌探索)。

学习及家庭调整：学习焦虑调整；学习状态调整；家庭关注，家长会谈。

最终目标是完善张某的人格，帮助张某增强自信心和自控能力，建立良好的人际关系沟通模式，重新开始积极的生活。

7. 主要辅导过程

第一次：建立关系，进行心理测验。

本次辅导主要倾听，了解基本情况，稳定张某情绪，与她建立初步关系，进行初步的咨询约定。在第一次的摄入性谈话中，因为缺乏信任，张某没有完全放开自己，她强调了自己对是否存在心理问题的担忧，也明晰了自己咨询想达到的目标。这次辅导除了谈到一些基本原则和一起商量辅导方案外，心理辅导教师和张某还谈了家庭、学校学习、与同学相处的话题，以便收集张某社会生活环境相关资料。做完心理量表后，心理辅导教师给她布置了一个作业：调查同学眼中的自己是怎么样的人。具体分为一般朋友和亲密朋友两方面的评价。以这种方式促进张某更好地了解自我，并为分析张某的问题来源提供参考。

第二次：加强关系，寻找原因。

随着辅导过程的深入，张某逐步地敞开心扉。心理辅导教师从第二次谈话中了解到张某对自我要求很高。人际交往中，张某从不发脾气，不希望得罪别人，不敢和别人起冲突，不表现真实自我。例如，别人要求张某帮忙，明明自己不愿意也不会拒绝，习惯逆来顺受，自己的烦心事从不与别人说。做事追求"一定要"：一定要做到，一定要做好。心理压力大，无法宣泄。从上次作业来看，在一般同学眼中张某成熟理性，亲密朋友认为她很敏感。

本次辅导后，心理辅导教师提醒张某班主任加强对张某的关注，同时，联系张某家长注意关注张某。

布置思维作业：自动思维记录表。思维作业可以帮助心理辅导教师了解张某的负面情绪事件和可能存在的不合理认知。

第三次：作业探讨，确立目标。

张某积极主动地参加本次辅导，兴致比较高，情绪良好。心理辅导教师分析自动思维记录表(精神分析和认知调整)，得出张某最近一段时间总体的情绪状态：焦虑(人际焦虑)到恐惧到出现躯体反应(想吐的感觉)，用身体对抗焦虑。

分析自动思维记录表的6件事，利用焦点解决、寻找例外的方式尝试慢慢调整(能被说服，但未必心里认同，因此需要多次咨询调整认知，主要需要找到问题症结，确立咨询目标和方向)。

自动思维记录表中显示张某的主要认知误区有以下两点。

第一，男生都是应该被讨厌的。张某认为男生粗鲁、狂躁，起码有30％的男生不正常，特别是冷漠、安静的男生很可怕，很有心机。张某和男生接触时感觉很恶心，怕被男生讨论，也怕被女生讨论，特别怕被带有性别角色的话刺激，希望自己透明，不被人厌恶。

第二，同学对自己有恶意。张某不想在运动会报名，同桌帮她报了，张某想反对，又怕被老师点名，同学起哄，张某认为同桌是出于恶意。

根据前两次辅导的情况，以及对自动思维记录表的分析，心理辅导教师确立以调整人际关系，调整学习状态，建立稳定在校学习生活方式为主要辅导目标。

第四次：认知疗法，合理评价。

张某按时来参加辅导，状态良好，谈话过程中能说会笑。张某现在自己也能去食堂吃饭了(由适应、人际困扰慢慢转移到关注学习状态调整上)。近一周自动思维记录表上事件只有一件：同班男同学路上的回避反应。她认为男生在议论她，对自己有恶意，记录的情绪为：难过。张某觉得自己不应该在被别人议论时沉默，应该反击(心理能量增加)，因此找班长和副班长向男生理论……

张某存在的不合理认知：男生的回避肯定是在议论她，包括运动会训练时轮到她投篮，男生就走开。判断依据是靠自己的想象而不是现实中听到(自动负性思维)。辅导过程中，心理辅导教师把张某说的话逐一记录，想象当自动负性思维产生时，可能出现的意外情况。比如，男生可能真的是有事离开？心理辅导教师与张某一起讨论了自信在人际交往中的作用，调整人际交往中的自我认知偏差。

第五次：多途径治疗。

张某反复就同桌关系和学习状态调整问题前来寻求帮助。心理辅导教师对张某做了"现在的自我世界"OH 卡牌探索，沙盘游戏，沟通技巧谈话，家庭会谈等。辅导的焦点还是克服自我负性认知，调整人际关系中的状态。

8. 辅导效果评估

2 个月后，张某基本适应，不像刚来学校时那样整天惶恐不安，基本达到正常的学习状态，可以做到每天不迟到，晚自习结束后回家(妈妈来接)。张某在学习上有动力，有目标，也能积极和男生沟通，只是对同桌和班主任有意见。上学期单独坐教室后面，本学期换班主任，现在她感觉不错。

9. 个案概念化

精神分析理论认为分裂样人格障碍患者，在气质上容易反应过度活跃，对刺激过度警觉，很难体验到内部的自我冲突，而更多地觉得外部世界充满险恶和毁灭，当不堪重负时就隐藏自己——有时离群索居，有时象征性地退缩到幻想之中。这类人过多运用投射、内摄、理想化和贬低等防御机制，自体最为突出的是对社会期望的漠视。

　　张某在成长过程中最大的问题是人际关系，这与她早期不安全依恋有关系。幼年时期父母缺位，成长过程中有人际伤害，这些导致张某人际不信任，自我无价值感，难以拥有良好的自体感，缺乏稳定内在核心部分，没办法给自己人格力量以支持。因此在青春期建立自我同一性时，张某不可避免地出现了认知偏差，从而情绪失调。关于对男生的不合理认知，与小学遭受校园欺凌有关，同时可能与青春期性心理有关(对异性认可的渴望，希望被强烈关注)，还与爸爸长期缺位有关。处理这两个问题可能需要回顾早期创伤，单纯合理认知疗法、焦点疗法虽然可以控制相应的情绪行为，但很难从根源上帮助张某，还需要加入相应的疗法，从家庭出发，重塑家庭关系。

　　(案例来源于浙江省桐庐中学专职心理教师宋良炯老师)

(四)学生人际关系心理辅导

1. 一般资料

　　包某，女，17周岁，某高中二年级学生，敏感多疑，消极自卑。父亲在她6岁时去世，她已经记不起父亲，母亲改嫁好几次。包某跟母亲很少讲话，在一起的时间几乎没有。包某现在住大姐家，但是很讨厌大姐。在班级里，她跟同学的交往很少，跟同寝室的同学也很少交流，经常独来独往。包某害怕与别人对视，尤其是成绩比自己好，形象比较好的女生。她感觉与别人合不来，有一种孤独感。无缘无故害怕某些地方，如寝室、教室、家里；认为别人很坏，故意跟自己作对；跟男孩子不太敢讲话，认为自己分不清友情和爱情的界限。上初中时，在一个男老师课上，包某看着男老师，脸就不由自主地红了，认为这个老师对自己很好。问老师题时，老师如果没听清，她也会脸红。现在上一个男老师的课时，也会脸红，认为他对自己太好了。

2. 描述情况

　　包某主诉：我很害怕和别人目光对视，看到别人的目光，我就会不由自地低下头去，尤其不敢和男孩子讲话，讲话的时候声音很小，总觉得别人不怀好意。比如，当自己走过的时候，一群男生突然起哄，虽然有时明知道不是针对自己的，还是感觉不舒服。

班主任反馈：包某敏感多疑，经常无中生有，浮想联翩，善于不切实际的幻想；时常觉着男同学对她有意思，其实根本没有那回事；孤独沉默，经常独来独往，跟同学几乎没有交流，行为怪异，举止诡秘；情绪不稳定，经常莫名其妙地哭泣，问她原因，她也不回答。

3. 心理测验结果

SCL-90 测试结果：躯体化、强迫、人际关系敏感、抑郁、焦虑、敌对、偏执项均高于常模。

4. 三个方面问题

第一，人际关系冷漠(师生关系、亲子关系、同学关系)。

第二，敏感多疑，总觉得别人在针对自己。

第三，情绪不稳定，经常无缘无故地哭泣。

5. 辅导目标的制定

第一，宣泄情绪，调整情绪状态。

第二，改善当前人际关系状况，消除恐惧心理。

第三，掌握一定的人际交往技巧，能够融入班集体。

最终目标是帮助包某完善人格，增强自信心和情绪自控能力，建立良好的人际关系沟通模式，重新开始积极的生活。

6. 主要辅导方法分析

由于父爱母爱的缺失，包某从小敏感多疑，很难和他人建立比较稳固的关系。针对这种情况，心理辅导教师利用合理情绪疗法，改善包某的不良认知；利用系统脱敏疗法，消除包某的人际交往恐惧心理；利用森田疗法，帮助包某重新适应环境。

7. 主要辅导过程

第一次：建立关系，宣泄情绪。

心理辅导教师利用尊重、温暖、共情和接纳等技术，和包某建立初步的辅导关系。进行心理测验，了解包某的问题所在。

包某在讲述经历的过程中，情绪变得比较激动。这个时候引导她宣泄情绪就变得尤其重要。因此，心理辅导教师一步一步地引导她，让她讲出对母亲、姐姐、同学的情感困惑，心理辅导教师不做任何评价。她在讲述的过程中，一边讲一边哭，有时还出现短暂的停顿。在心理辅导教师的引导下，她讲出了许多成长过程中的困惑，讲到最后几乎泣不成声。

第二次：分析原因，改变认知。

心理辅导教师让包某回忆上次辅导中提到的种种困惑，并帮助她剖析困惑产生的原因。她讲到见到中年男教师脸就会发红时，心理辅导教师分析如下。首先，这是一种正常现象。青春初期，情窦初开，再加上教师在学生心目中有着崇高的形象，学生很容易暗恋教师。其次，从她个体发展角度来看，父亲过早去世，使她的恋父情结没有很好地得到解决；家中无男性，使她觉得男性很神秘。

根据艾利斯的合理情绪疗法，产生不良情绪的主要原因是不合理的信念而并非事情本身。心理辅导教师先给包某讲述合理情绪疗法的基本原理，在她听懂以后，再教她与不合理信念辩论的方法，并给她布置认知作业。

第三次至第七次：应用系统脱敏法，改变不良行为。

首先，心理辅导教师向包某介绍系统脱敏法，使她了解治疗的意义、主要过程和方法，消除她的顾虑和反感，并鼓励她尽量忍耐治疗中产生的恐怖情绪体验，与心理辅导教师密切配合。其次，心理辅导教师教给包某有效的放松方法，然后协助包某发现引起焦虑和恐怖的情境，并帮助她确定引起焦虑的事件等级。包某在心理辅导教师的帮助下确定了引起焦虑的事件等级：在乡间的丛林中—和从小的好朋友一起来到校门口—来到寝室里—来到教室里—和同学一起谈论—谈话的时候看着别人的眼睛—上课时，男教师让自己回答问题。最后，心理辅导教师帮助包某循序渐进地练习各个情境。

第八次：制订社交计划，将练习的效果迁移到现实环境中。

心理辅导教师告诉包某，制订的计划一定要切实可行，不要定得太高，否则几次实现不了，便失去了信心。计划制订以后，一定要严格执行，不得找借口推托。心理辅导教师建议包某每天晚上睡觉之前，都要做日记，分析今天的任务有没有完成。

第九次：应用森田疗法，减轻关注程度，巩固治疗效果。

两周过后，包某又来到咨询室，脸上带着笑容，语言声调都带着喜悦，自述现在好多了，敢主动与同学交往，还交了几个朋友，现在才发现原来活着是这么有意思。但是，一个人的时候，总有一些奇怪的念头涌上来。

可见，包某已经恢复了一定的社交能力，但是她对自身的问题太关注，从而偶尔会产生疑虑或困惑。因此，有必要应用森田疗法，减轻她关注自身的程度，巩固治疗效果。

心理辅导教师向包某介绍了森田疗法的治疗原则、方法及意义。分析了她的人格特点，讲明应用森田疗法的必要性。建议她将全部的精力用在学习上，制订一个学习计划，多参加班级和学校的活动，将关注自身过渡到关注外界。

第十次：改变环境，创设和谐融洽的气氛。

由于包某的个性原因，同学对她可能也比较冷淡，甚至有些同学有可能对她持歧视的态度。在包某努力改善同学关系时，有可能碰到不愉快的场面。因此，心理辅导教师向包某的班主任说明了她的情况，希望班主任能够协助，并且调动同班同学对包某加以帮助和关怀。班主任给予包某特殊的照顾，并且时常嘘寒问暖，使她感到温暖；同学在包某过生日的时候用班费给她买了一个生日蛋糕，并且和她一起过生日，包某当场流下了感动的泪水。

8. 辅导效果评估

包某的自我评估：自己改变了许多，再也不像以前那样独来独往，现在不但能和同学在一起交流，而且还交了几个比较要好的朋友；见到男同学也不再那么拘谨，男老师上课时自己也不会再脸红；感觉天空跟以前不一样，那么蓝那么美，树木跟以前也不一样，那么绿那么鲜；感觉到活着很有意义。

她给我的一封信最能体现她的改变："当我想起点点滴滴，我的心里就有一股暖暖的感动。我不知道有多少熟悉或陌生的人帮助过我。我看到了自己，也看到了过去的自己。那一幕幕，就如同一面面镜子，照着我的过去与未来。我不知道你们为我耗费了多少精力与心思，是你们给了我第二次生命。学校就是我的家，你们都是我最亲的亲人。我为自己能接受这样的帮助而自豪，我从来都没有像现在这样感到温馨、温暖。我就像一株刚刚度过冬天的小草，在明媚的春光里破土而出，一切都是那么新鲜、那么美好。空气中好像散发着泥土的清香，沁人心脾；阳光就像母亲温柔的双手，抚摸着我的脸庞；小鸟就像久未谋面的好朋友，叽叽喳喳地向我打着招呼。一切都是欣欣然的，到处都是那么生机盎然。是这里，让我有了理想，有了目标。"

周围人的评估：现任班主任反映包某现在情绪稳定，能够和同学融洽相处，见了老师会主动打招呼，比以前开朗多了。

学生的心理问题不是一朝一夕形成的，因此，心理问题的解决也需要一个长期的过程。在这个过程中，班主任的作用也是非常重要的。班主任是除了同学以外，和包某接触最多的人，对包某的影响也是非常大的。

班主任需要营造一个包容的环境。一个班级中有很多学生，每个学生都带着自己的气质和性格，甚至带着原生家庭中的一些心理问题。如果班主任营造的班集体气氛是宽容和接纳的，其他同学会同情或者理解有心理问题的同学，甚至想办法帮助这个同学。如果一个班集体的气氛是互相排斥的，有心理问题的学生在班级便没有生存之地，问题可能会更严重。

班主任需要主动接近有心理问题的学生。班主任在学生心目中的地位是比较高的，如果班主任能够主动接近有心理问题的学生，创造机会和他们聊聊天，表达关心，这些学生一定能够感受到班主任的温情，从而心态上发生转变，能够更好地融入班级。

班主任可以通过仪式化的活动让学生感受到集体的温暖。比如，班主任可以通过"父母写给子女的一封信""集体过生日"等仪式化的活动，让学生感受到集体的温暖，从而提高班级凝聚力，有助于有心理问题的学生更好地融入班级。

（案例来源于浙江省温州中学专职心理教师刘鹏志老师）

(五)学生新环境适应的心理辅导

1．一般资料

小 A，女，15 岁，高一新生，家里有爸爸、妈妈、妹妹，身形体态正常，皮肤偏白，说话声音很小，无重大躯体疾病史，家族无精神病史。

小 A 入校后有点不适应，学习跟不上，成绩较差，与新同学交往一般，唯一的好朋友转学后，她的状态发生明显变化，适应新环境的压力很大，身边也没有可以聊天的朋友，整体情绪比较消极，平时喜欢打扮自己。

2．描述情况

小 A 主诉：进入高中后，学习强度加大，跟初中完全不一样，感觉学习根本没方向、没动力，集中不了注意力；跟新班级的同学好像也相处得不好，他们每天都很开心，各方面都很优秀，而我好像什么都不如别人，这里好像不太适合我；我成绩比别人差，没有特长，长得也不好看；我觉得自己很糟糕；新同学肯定不会喜欢我这样的人；感觉高考压力好大，不想面对。

周围人观察：班主任反馈小 A 上课经常打瞌睡，注意力不集中，学习跟不上，与同学几乎不交流，班级活动也不愿意参加，整体情绪比较低落；同学反映该生平时比较爱打扮，较少主动与同学说话，开学没多久好朋友转学后，该生基本上是一个人吃饭，独来独往。

3．心理测验结果

MHT 总分 68 分，问卷显示心理健康状况不佳，其中学习、社交、自责、过敏等因子异常。

PHQ-9 总分 15 分，问卷显示可能存在中度抑郁情绪。

4．评估与诊断

根据正常与异常的三原则，判断小 A 的知、情、意等心理过程是协调统一的，且小 A 的自知力完整，有主动求助的行为，无逻辑思维的混乱，辅导过程中未观察到幻觉、妄想等精神病性症状，未出现感知觉等异常，未观察到自杀或自伤的念头及行为，可排除精神疾病。

根据会谈资料的收集与分析，小 A 的心理问题主要表现在以下三个方面：高中的学习难度增大，学习没动力；融入不进新班级，不敢与新同学交往；自我评价偏低，情绪消极。

5. 辅导目标的制定

根据以上的分析与评估，与小 A 协商，初步确定辅导目标：培养学习的兴趣，找到学习的方法，增加学习的动力；掌握人际交往的技巧，学会如何与新同学交往；发掘自身优势，提高自信心，改善消极情绪。

最终目标是完善小 A 的人格，使小 A 可以客观全面地看待自己，增强自信心，建立良好的人际关系沟通模式，找到学习的目标和动力，适应并融入新环境，重新开始积极的生活。

6. 主要辅导方法分析

小 A 的心理问题主要表现在进入新环境后，在学习、交友等方面的不适应。高中阶段的学习与初中完全不一样，难度、强度加大，使小 A 失去信心、失去方向。新班级的同学来自各个初中，个性特点、生活习惯等均不相同，小 A 不知如何与他们交往。好朋友转学后，小 A 变得更加不知所措，加之小 A 总认为自己什么都比不上别人，缺乏自信，对自己存在许多不合理的认知，在遇到困难时缺乏解决问题的能力。因此，辅导主要采用认知行为疗法，以及一些调整情绪的小技巧。

心理辅导教师与小 A 协商两周一次辅导，每次辅导 50～60 分钟。

7. 主要辅导过程

第一次：收集资料，分析评估。

心理辅导教师询问小 A 基本情况，建立辅导关系，获得小 A 的基本信任；与小 A 交流，了解其成长过程，尤其是重大事件；初步了解小 A 的心理困扰及改变意愿的强烈程度，通过与她交流"进入高中后我的变化"进一步了解小 A 在学习、交友等方面的适应困难程度。将会谈结果反馈给班主任和家长，让班主任和家长及时了解小 A 的基本情况。

第二次：制订详细学习计划。

心理辅导教师向小 A 澄清高中学习与初中学习的差异，帮她看到目前在高中学习上存在的不足，并学会承认和接纳这一点，让她明白这也是很多刚进入高中的同学都会面临的困扰。尽管小 A 认为"自己什么都很差"，但对于高中生来说，最能体现自我价值的其实是学习，这也是融入新环境比较关键的一步。引导小 A 直接改变行为：从自身的优势出发，找到感兴趣的专业或职业方向，成为学习的目标和动力；根据专业方向，初步确定选考科目；向任课教师请教，科学制订每门课的学习计划，并且这些方法是适合自己的，保证每天的学习任务是具体的、可实现的，每完成一项任务就给自己一个奖励，增强自信心。

心理辅导教师将情况反馈给班主任和家长，请相关教师协助该生进行学习计划的制订和执行，及时给予鼓励和肯定，请家长积极配合，耐心陪伴和支持。

布置作业：主动联系任课教师，共同进行学习计划的制订和实施。

第三次：学习人际技巧，积极与新同学交往。

心理辅导教师根据小 A 的需求，与她探讨人际交往的原则和方法，提供一些人际交往的小技巧。建议小 A 主动参与班级的集体活动，在集体交往中尝试与新同学相处，以便更快地融入新班级；寻找有相同兴趣爱好的团队，如社团、选修课等，跟他们可能有更多的共同话题，增强人际交往的信心；知己难求，若有，好好珍惜，如无，也请耐心等待(像转学的那位朋友，也许在未来的某一天还会再遇到)。还可以与周围同学或同寝室同学形成学习互助小组，既可以互相帮助提高成绩，又可以在这个团队中进行人际交往的练习。

心理辅导教师请班主任和班级同学主动与小 A 交往，积极看到并指出小 A 的优点，同时也可以真诚地鼓励小 A 进行一些改变，使她感受到老师和同学对自己的关注，积极投入新班级中，获得积极的生活状态。

布置作业：主动参与班会课活动，选择自己喜欢的社团并加入，及时记录自己的收获和感受。

第四次：寻找自身优势，改变不合理认知。

心理辅导教师向小 A 澄清为什么会觉得"什么都比不上别人"：一般在与他

人比较时，往往会用自己的缺点与周围所有人"集合"的优点进行比较，这样一来当然觉得自己不如别人。引导小 A 客观看待周围的同学，其实每个人都有自己的优点和缺点，小 A 也一样。特别是刚进入一个新集体，可能大家都只展现了部分特点，要学会科学合理地进行比较。请小 A 抛开与他人的对比，寻找自己的优点，并将这些优点罗列在纸上，认真思考，哪些是暂时无法改变的，哪些是可以在这个新环境中继续努力变得更好的，以提高自信心。

布置作业：请小 A 每天记录自己身上发生的积极事件，不管事件大小，有意识地养成积极看待生活的习惯，以及增强自信心。

第五次：掌握自我调整小技巧，改善消极情绪。

心理辅导教师请小 A 分享自己感兴趣的事，在做这些事时能让自己感受到开心和愉悦。小 A 表示比较喜欢看一些综艺节目，喜欢研究一些化妆品(把爱打扮转移到喜欢研究方向)。心理辅导教师建议小 A 在周末的时候可以进行这些活动，储备积极情绪，作为学习和其他任务的精神动力。心理辅导教师建议小 A 进行一些体育运动，加强户外活动，如果可以，主动约上身边的同学(室友是一个很不错的选择)同行：一方面体育运动能缓解压力，改善情绪；另一方面，集体活动能增加人与人之间的互动，促进更好的人际交往。咨询师帮助小 A 进行一些正念冥想练习，当在学习和生活中感到紧张、焦虑时，可以找一处安全的环境，进行放松训练，缓解消极情绪。

心理辅导教师将此次辅导的情况反馈给班主任和家长，请他们积极关注小 A 的状态，并支持和配合上述方法的实施，特别在刚开始的改变阶段，容易遇到很多困难，及时的引导和鼓励非常重要。

布置作业：积极事件的记录；调整情绪小技巧的练习和坚持。

8. 辅导效果评估

小 A 的自我评估：能在教师的指导下，开始有计划地学习，其中理科学习主攻基础知识；愿意主动与老师和同学交流，尽管话题暂时主要集中在学习方面，但已经是一个很大的突破；能坚持记录每天的积极事件，觉得自己并没有那么"糟糕"；看到自身的一些优点，如细腻，且在与咨询师聊天的过程中，逐渐对心理学产生兴趣；在班主任的鼓励下，担任了班级的一个职务。

周围人评估：班主任与任课教师反映小 A 上课的状态有明显改善，基本不再打瞌睡，作业尽量完成，虽然理科作业的正确率不是特别高，但进步较明显；在班级中有几个可以与小 A 一起聊天的同学(主要是室友)，课间能看到小 A 浅浅的笑容。

总体而言，小 A 比刚来辅导时的状态好了很多，进入新环境的不知所措有了一定的改善，愿意与他人进行交流，学习也正在努力提升，不再把"自己很差、很糟糕"放在嘴边，尤其是积极事件的记录使她看到了自身的优点，情绪有了明显的改善，这些都给小 A 很大的信心，相信会是一个不错的开始。

上述个案中，如何帮助小 A 顺利度过新环境的适应阶段，调整学习状态，学会与他人交往，拥有积极的生活学习状态，需要班主任做更多的工作，为此，提出以下几个建议。

第一，开设班会课，引导学生尽早适应新班级。新班级成立后，班主任应积极举办与学生息息相关的集体活动(最有效的是班会课)，特别注意在设计班会课时，应尽可能地让每位学生参与，如每位学生承担一些任务且这个任务是需要与其他同学合作完成的，帮助学生走出与新同学交流的第一步，这也是融入新集体的重要环节。同时，班主任可向学生澄清初高中在学业压力、人际交往，甚至是学校环境、教学特点等方面的差异，引导学生科学客观地看待自己面临的困难，找到解决问题的方法，并尽早适应新环境。

第二，关注后进生，提供"后门式"心理帮助。一般来说，大部分学生能在一个月左右的时间重新调整好状态，较好地适应新环境，但每个人的适应能力存在差异，每个班都可能会出现适应后进生，在学习、交友、住宿等方面存在一定的困难，且自己无法有效地应对。这个时候需要班主任或任课老师能够敏锐捕捉到，并及时为他们提供专业的帮助。比如，在学习上为他们制订专门的学习方法和计划，在交友方面给他们传授人际交往的小技巧，甚至可安排热心的同学主动与他们交往等。通过这样"后门式"的指导，班主任可帮助每位学生顺利地度过新环境的适应期。

第三，加强家校沟通，双管齐下促进学生的发展。当班主任发现班级中出现较明显的有适应问题的学生时，应及时联系家长，将学生在校的特殊情况反馈给家长，同时了解该生以前的表现及在家的状态，初步分析和评估该生的问题。如果只是单纯的适应困难，可给该生提供一些相关的指导和帮助，如果是明显的性格缺陷或严重的心理问题，应及时请求专业的帮助，如请学校心理辅导教师进行访谈、评估，做出更进一步的指导建议。在这个过程中，班主任要做好家长和学生的沟通桥梁，引导家长不要着急，更不能指责学生，要耐心做好陪伴者和支持者，与学生共同面对困难，一起走过适应阶段，更好地促进学生的发展。

（案例来源于杭州市高级中学专职心理教师张凯丽老师）

第六章　人际关系心理学

▼
▼

第一节　人际关系心理学的基本理论

一、人际关系心理学概述 ▼

人具有社会属性。处于社会当中，每个人必然会与其他人产生联系，建立各种各样的关系，如亲人关系、朋友关系、师生关系等。在交往过程中，人们通过思想、情感及行为进行互动和交流。因环境影响、性格差异、心理因素及交往对象等原因，这些关系的发生、发展方向也会有所差异。良好的人际关系往往可以给人带来愉悦的情感体验，促进个体的社会化。而处于不良人际关系中的当事人，如果没有足够的能力与智慧去化解各种人际问题，就会长期陷于矛盾与痛苦当中，这样容易引发心理障碍，降低生活的幸福指数。

人际交往与心理健康之间有着重要的联系，也是一个人心理状态的重要体现。良好的人际关系来源于健康的心理状态，自信、乐观、友爱、谦虚、宽容等心理品质对人际关系有很好的促进作用，正常、良好的人际关系也可以舒缓人的压力，平复人的情绪，对我们的日常生活、工作和学习都起到积极的作用。不良的人际关系则会让人更多地出现自负、自卑、敏感、多疑、嫉妒等消极心理，甚至是人际交往的心理障碍，从而导致人际交往的进一步恶化。拥有良好的人际关系不仅是健康成长的基本条件，也是解决心理问题的重要资源。因此，研究人际关系的心理学也越来越重要。

人际关系心理学，是指在人际关系的客观事实和规范的基础上，运用现代心理学的研究方法和知识探讨人际关系发生、发展和变化规律的心理学分支学科。人际关系心理学的研究内容主要是运用现有的各种心理学理论和研究方法，探讨人际关系心理发展的规律，明确人际关系中的种种心理和行为发生的条件和情境，并使有关方面的知识系统化和理论化，使不完全详尽的社会常识性知识得到升华。人际关系心理学研究的实践任务有：正确地处理人际关系，有效地调整人际关系，不断地改善人际关系，发展新型人际关系，纠正畸形的人际关系。

人际关系心理学主要从两个方面进行探讨。一方面是探讨客观事实。人际交往中，既有成功的事实也有失败的事实。我们要建立一个良好的人际关系，就要对以往的人际关系事实进行分析，既包括为什么成功，也包括为什么失败。另一方面是了解社会规范。人际交往中有很多的规范、礼仪，充分了解这些社会规范，可以帮助我们学习如何把握人际关系。

二、人际关系心理学的相关理论 ▼

（一）人际需要三维理论

1. 人际需要三维理论的基本内容

社会心理学家舒茨提出人际需要三维理论，他认为个体在人际互动过程中都有与别人建立人际关系的愿望和需要。

人际需要就是个体要求自己与他人之间建立一种满意的关系。人际需要包括三种：包容需要、控制需要、情感需要。这三种人际需要都可以转化为动机，产生一定的行为倾向，建立一定的人际关系。个体在童年期的人际需要是否得到满足，以及形成的行为适应方式影响并决定着个体成年期对待他人的方式，具有一定的连续性与继承性。比如，有时用当年对待自己父母的态度对待他人，有时用父母早期对待自己的方式对待他人。三种需要早期不同的满足程度与后来的行为方式存在关系。

包容需要指个体想要与人接触、交往，隶属于某个群体，与他人建立并维持满意的相互关系的需要。在个体的成长过程中，若是社会交往的经历过少，儿童时期的包容需要没有得到满足，如父母对孩子忽视及缺乏与同龄伙伴适量的交往，会使个体与他人形成否定的相互关系，个体倾向于形成低社会行为。例如，个体在行为表现上倾向于内部言语，倾向于摆脱相互作用而与人保持距离，倾向于通过各种方式拒绝参加群体活动。如果个体在早期的成长经历中社会交往过多，包容需要得到过分的满足，他们又会形成超社会行为。例如，个体在人际交往中会过分地寻求与人接触，寻求他人的注意，过分热衷于参加群体活动。如果个体在早期能够与父母或他人进行有效、适宜的沟通与交往，将有助于个体形成理想的社会行为，不会因为交往问题产生焦虑。形成理想社会行为的个体无论独处或群居都感到幸福，不把自己看作需要注意的个体，能依据具体的情境来决定自己的行为，决定自己是否应该参与群体活动。

控制需要指个体控制别人或被别人控制的需要，是个体在权力关系上与他人建立或维持满意人际关系的需要。在个体早期生活经历中，如果父母对孩子采取既有要求又允许有自主决定权和一定的自由度的民主方式，个体就会形成既乐于顺从又敢于掌权，可以放弃也可以执行支配权的民主型行为倾向，能够顺利解决人际关系中与控制有关的问题，能够根据实际情况适当地确定自己的地位和权力范围。而如果个体在早期生活中，父母过分地控制或控制不充分，则容易引起个体的过度焦虑和防御性行为，使个体倾向于形成专制型的或是服从型的行为方式。专制型行为方式的个体倾向于控制别人，反对别人控制自己，喜欢拥有最高统治地位，独断独行，违反规范，不尊重他人权力。服从型行为方式的个体表现为过分顺从、依赖别人，拒绝支配他人或做出重要决定，不愿意负责任，与人交往时甘愿当配角。

情感需要指个体爱别人或被别人爱的需要，是个体在人际交往中建立并维持与他人亲密的情感联系的需要。如果个体在早期经验中没有获得爱的满足，经常面对冷淡与排斥，长大后就会倾向于形成低个人行为。例如，个体表面上对人友好，但在个人的情感世界深处，却与他人保持情绪距离，生怕不受人欢迎或不被真正喜爱，因而避免建立亲密关系。如果个体生活在溺爱的关系中，长大后会表现出超个人行为。例如，强烈地寻求爱，总是希望或试图与人建立情感联系，过分希望自己与别人有亲密的关系。而如果在早期生活中，个体获得的关心和爱护都是适当的，则能形成理想的个人行为。这类人能恰当地对待自己和他人，能适当地表达自己的情感和接受别人的情感。与人交往时既不会受宠若惊，也不会有爱的缺失感。他们有自信，能够依据具体情况与别人保持一定的距离，也可以与他人建立亲密关系。

2. 人际需要三维理论的人际取向

三种需要决定了个体的人际取向，每一种需要都有两个方面：表达需要的渴望和接受他人需要的渴望。舒茨将行为反应分成两种：主动型和被动型。依据三种需要的相对强度和表达的主动表现或被动期待，基本人际关系取向可以分为六种类型，见表 6-1。

表 6-1　基本人际关系取向类型

	包容需要	控制需要	情感需要
主动型	主动包容型：主动与他人来往，积极参与社会活动的外向者	主动支配型：主动去支配他人，能运用权威、权力，喜欢控制别人者	主动感情型：对他人处处表示喜爱、友善、热心、同情、亲密者
被动型	被动包容型：期待别人接纳自己，孤独、退缩，易疏离他人者	被动支配型：期待别人来引导自己，乐于追随他人，受人支配，表现出顺从、无争等特征者	被动感情型：期待他人对自己表示亲密，而本人往往显示出对人冷淡、厌恶等态度者

个体在群体中能协调工作或生活，就是"相容"。相容在人际关系中占有重要的位置。舒茨认为存在三种人际相容：互换的相容，发动的相容，交互的相容。

互换的相容指两个个体在三种需要上表达和希望的行为总和相等，便产生最大限度的相容。尽管双方在某一需要范围内可能有不相容处，但总和上相等或相近，因而还是相容的。不相容的程度取决于总和上的差别度，总和差别大，具体不相容也就越严重。

发动的相容指个体常有意使自己的表现和另一个人发生互补。例如，某人见到对方希望拥有领导地位，就表现出顺从或愿受控制的行为。

交互的相容指双方在某种需要上表现得与对方一致。例如，一方需要沟通，另一方也表现出渴望沟通；一方不想交谈，另一方也正合对方的意而终止谈话。总之，双方的需要与愿望表现出最大限度的相符。舒茨认为，一个人如果同对方在相容性上有差异，就会去同更相容的另一个人接近，从而彼此感到满意或喜欢。

相同人际关系取向类型者在一起，大部分可以相容。相同需要的主动表现者与被动期待者在一起也常起到弥补作用，相得益彰。两个个体在三种方式上也可能是人际不相容的，如两个主动支配者在一起就不易相容。不相容主要表现为以下三种。

第一种是交互不相容。交互指一个人表达的行为与另一个人需要的行为之间的匹配。例如，一个人有主动控制的需要，但另一个人并不想被控制。这就是一种交互的不相容，有产生人际冲突的潜在性。

第二种是起源不相容。起源指两个个体的表达之间的匹配。起源不相容在两个人都想加入一个领域或当两个人都不想加入时出现，表现为高竞争性起源不相容或高冷漠性起源不相容。例如，两个人都想控制，或两个人都有被控制的高需要。

第三种是互换不相容。互换指两个个体强调相同或不同的人际需要的程度。例如，一个人高度强调控制需要而另一个人高度强调情感的需要，就存在互换不相容。当出现人际问题时，一个人可能定义这个问题为控制、指导或影响中的一种，而另一个人则可能定义问题为亲密、情感的一种，两个人很难把情境看成同样的问题。

不相容的个体关系中有人际困难的高可能性，朋友往往是在那些具有相容性的人中产生。有强而有力的证据证明，由相容个体组成的团队比由不相容个体组成的团队更令成员满意，并且更有效率。

舒茨的三维理论在解释群体形成与群体分解时提出群体整合原则。群体的形成、发展要经历沟通、控制与爱三个阶段：通过沟通，每一个个体都要抉择是否留在该群体；而后过渡到责任与权力的分配，确定谁当领导者；最后会出现情绪整合或情感加深等现象。在群体瓦解时，这三个阶段则会向相反方向变化，先是情绪依恋性被破坏，随后支配关系松弛或瘫痪，最后是众人纷纷脱离群体，这种循环不断发生。与不相容的群体相比，相容群体有更大的凝聚力，能更有效地达到目标。所以，无论是交友、择偶、组织活动、人事安排等，了解人们的人际关系取向类型颇有助益。

(二)PAC理论

PAC理论又称相互作用分析理论、人格结构分析理论、人际关系心理分析，由加拿大心理学家艾瑞克·伯恩于1964年在《人们玩的游戏》(*Game People Play*)一书中提出。这个著名的理论是一种针对个人成长和改变的系统的心理治疗方法。伯恩将传统的理论加以提升，创立了整套的PAC人格结构理论。

1.PAC理论的基本内容

PAC理论认为，个体的个性由父母(parent)、成人(adult)、儿童(child)这三种比重不同的心理状态构成。三者构成人类多重天性。三种状态在每个人身上都交互存在，而每一种人格状态都有其特点。

父母状态以权威和优越感为标志，通常表现为统治、训斥、责骂等家长制作风。当一个人的人格结构中P成分占优势时，这种人的行为表现为凭主观印象办事，独断独行，滥用权威，这种人讲起话来总是"你应该……""你不能……""你必须……"

成人状态表现为注重事实根据和善于进行客观理智的分析。这种人能从过去存储的经验中估计各种可能性，然后做出决策。当一个人的人格结构中A成分占优势时，这种人的行为表现为待人接物冷静，慎思明断，尊重别人。这种人讲起话来总是"我个人的想法是……"

儿童状态像婴幼儿的冲动，表现为服从和任人摆布，一会儿逗人可爱，一会儿乱发脾气。当一个人的人格结构中C成分占优势时，其行为表现为遇事畏缩，感情用事，喜怒无常，不加考虑。这种人讲起话来总是"我猜想……""我不知道……"

2.PAC理论的运作机制

根据PAC分析，人与人相互作用时的心理状态有时是平行的，如父母—父母、成人—成人、儿童—儿童。有时也会出现相互交叉作用，出现父母—成人、父母—儿童、成人—儿童状态。以下十种类型人际交往比较常见。

(1)PP 对 PP 型

在这种类型中，甲乙双方都表现出一种颐指气使的武断。例如，甲方说："你把这任务完成一下。"乙方却说："你没见我正忙着吗？找别人去吧！"

(2)AA 对 AA 型

在这种类型中，双方都能以理智的态度对待对方。例如，甲问："你能把这项任务完成吗?"乙说："如果没有什么干扰，我想是可以的。"

(3)CC 对 CC 型

在这种类型中，甲乙双方都易于感情用事。比如，甲说："如果待不下去就走。"乙答："走就走，谁离不开谁呢！"

(4)PC 对 CP 型

在这种类型中，甲乙双方表现出权威和服从的行为，即甲方以长者自居对待乙方，乙方亦能服服帖帖不以为然。例如，甲作为上级对乙说："这件事完不成要受批评。"乙作为下级回答："真完不成，我甘愿接受批评。"

(5)CA 对 AC 型

在这种类型中，一方表现为小孩子脾气，而另一方则表现为有理智，这在平辈之间比较常见。

(6)PA 对 AP 型

在这种类型中，甲方表现为有理智，但又担心自己控制不住自己。为此，甲方经常要求乙方担任 P 的角色，起到对甲方的监督和防范作用。这在上下级、平辈之间经常会发生。

(7)PC 对 AA 型

在这种类型中，甲方要求乙方以理智对待他，但乙方则以高压方式对待甲方，这在上下级、平辈之间经常发生。

(8)CP 对 AA 型

在这种类型中，甲方讲理智，而乙方却易感情用事，这种现象也经常发生在不同人之间的交流中。

(9)PC 对 PC 型

在这种类型中，一方采取命令式而另一方不服，也采取同样方式"回敬"。

这种交流方式必然会引起矛盾冲突。这经常表现在上下级、家长和子女之间。

(10)CP 对 CP 型

在这种类型中，甲乙双方都把对方作为权威看待而表现出一种服从的意向，这在同事和朋友之间经常发生。

3.PAC 理论的人际运用

PAC 理论在教育与心理咨询中用途很大，能够帮助我们找到与他人沟通的正确方式。根据 PAC 人际交往类型分析，最理想的相互作用就是我们在交往中有意识地觉察自己和对方的心理状态，做出互补性或平行性反应，使信息畅通。当刺激和反应线不平行时，非互补式的交互作用或者交叉式的交互作用就会出现。当出现交叉式交互作用时，沟通往往被阻碍，不会得到令人满意的结果，冲突经常是紧跟其后。

一般来说，最有效的交互作用是成人对成人的交互作用。这种交互作用促使问题得到解决，交互双方视他人同自己一样有理性，降低了感情冲突的可能性。另外，互补式的交互也能发挥令人满意的作用，如 PC 对 CP 型，表现为权威与服从，虽然同样不易发生冲突，但服从方不能得到有效成长，因此从结果及成长角度来看，仍然是成人对成人的交互作用为最优选择。

第二节 人际关系心理学与师生交往技巧

在教育过程中最重要的人际关系是师生关系。新西兰教育学者约翰·哈蒂实证研究归纳出 138 个影响学业成就的因素，并把它们分到六个范畴：家庭、学生、学校、教师、教学、课程，结论是"教师及反馈的力量"是影响教育最重要的因素。我们熟谙并坚信的教育原则"亲其师，信其道"也说明师生关系的重要性。师生关系是教师和学生在教育教学过程中结成的相互关系，包括两个方面的内涵：一是教师与学生在教育过程中所处的地位与作用，二是教师与学生在教育活动中相互交往的态度。师生关系是一种特殊的社会关系和人际关系，是教师和学生为实现教育目标，以各自独特的身份和地位通过教与学的直接交流活动而形成的多性质、多层次的关系体系。良好的师生关系不仅是顺利完成教学任务的必要手段，而且是师生在教育教学活动中的价值、生命意义的具体体现。

一、中小学师生交往的常见困境

（一）交往观念存在现代与传统的冲突

教育作为一种特殊的社会活动，折射着社会的一般伦理规范，同时又反映着教育活动独特的伦理矛盾，因此，师生关系也表现为一种鲜明的伦理关系。师生之间的伦理关系是指在教育教学活动中，教师与学生构成一个特殊的道德共同体，各自承担一定的伦理责任，履行一定的伦理义务。这种关系位于师生关系体系中的最高层次，对其他关系形式具有约束和规范作用。

1. 师生伦理关系的发展历史

在注重人伦的中国传统社会里，师生伦理关系备受重视，体现着中国传统社会的人伦精神。师尊生卑是中国古代社会师生伦理关系的特点，即"天地君亲师"，学生就只能恭敬从命，不能反问质疑。师，能与天地君亲并称，表明尊师重道在中国古代社会是一种普遍的社会观念。历代儒学家更不断深化这个观念，从理论和实践层面提升师生伦理，遂使尊师重道的师生伦理作为中华传统社会生活中的典范而成为中华文化传统的主要精神。中国有重视培养和建立良好师生关系的传统。春秋时期，孔丘同他的弟子的关系，是师生关系的楷模。他热爱学生，循循善诱，诲人不倦；学生对他尊重景仰，亲近信赖。战国时期，荀况用"青，取之于蓝，而青于蓝；冰，水为之，而寒于水"比喻学生可以后来居上，超过老师。唐代韩愈说："师者，所以传道授业解惑也。"又说："无贵无贱，无长无少，道之所存，师之所存也。""弟子不必不如师，师不必贤于弟子。"上述传统反映了中国古代社会教育家的教育思想与实践的一个方面。

18 世纪法国的卢梭极力强调儿童的自然发展，主张改变教师的地位和作用。19 世纪末，美国实用主义教育家杜威认为，要从儿童自发的兴趣和需要出发，建立以儿童为中心的师生关系。他说："这是和哥白尼把天文学的中心从地球转到太阳一样的那种革命。这里，儿童变成了太阳，而教育的措施则围绕着他转动，儿童是中心，教育的措施便围绕他而组织起来。"

2. 师生伦理关系的冲突表现

关于教师和学生在教育过程中的地位关系，"教师中心"论和"学生中心"论一直是争论的焦点。教师中心论主张把教师放在绝对主体的地位，片面强调了教师在教育教学活动中的作用，忽视了学生作为主体的地位，压制了学生在教育教学活动中的积极性和自主性。而学生中心论认为学生的发展是一种自然的过程，教师的作用只在于引导学生的兴趣，满足学生的需要。学生中心论极为重视学生的需要、态度、情感等动机系统，认为主要是这些内部因素的变化才引起学习行为的变化。学生中心论把学生放在绝对主体的地位，片面强调教育活动要以学生为中心，而忽略了教师在教育过程中的作用。

人的全面发展是现代社会的基本价值追求，民主平等的师生关系才是真正意义上的现代师生伦理关系。在现代社会，新型师生关系应该是教师和学生在人格上是平等的，在交互活动中是民主的，在相处的氛围上是和谐的。作为现代教育伦理本性的具体化和集中表现，现代师生伦理关系反对教师中心论和学生中心论。师生互相尊重、人格平等，师生关系应具有促进学生全面发展，体现教育崇善的基本特性，这也是师生伦理关系改革的方向所在。

（二）交往情感存在理想与现实的差异

师生之间不仅有正式的教育关系，还有因情感的交往和交流而形成的心理关系。心理关系是师生为完成共同的教学任务而产生的心理交往和情感交流，这种关系把师生双方联结在一定的情感氛围和体验中，实现情感信息的传递和交流。师生心理关系是伴随着教学活动的开展而自然形成的，是教学活动中一种客观而基本的师生关系，受到教学过程和结果的直接影响。由于教育教学活动是师生之间的互动过程，所以师生之间的心理关系在教育教学活动中也起着举足轻重的作用，并贯穿于师生关系的全过程。

许多教师因为个体经验或意识的原因经常会出现以下几种沟通问题。

第一，命令、控制和指挥。例如，"你上课时为什么大声讲话？给我闭嘴！""不许你再谈恋爱了，去把学习抓好！"这种信息会让学生感到自己的感受、需求或问题并不重要，必须要服从老师的感受和需要。

第二，警告、威胁。"如果你再这样下去，我就要对你采取一系列措施了！""如果你再不改，我就打电话给你爸爸，叫你爸爸来见我！"这类信息往往会得到不服从的回应。

第三，训诫、说教。"你将会……""你应该……""如果你听从我的劝告，你就会……""你必须……"这类信息预先设立了立场，在向学生表达教师的不信任，使学生感受到与教师之间地位的不平等，容易使学生产生防卫、抗拒心理。

第四，过度忠告或建议。这类信息在向学生表明教师不相信他们自身具有解决问题的能力，使学生对教师产生依赖，每当紧要关头便向外界权威求助。

第五，中伤、归类、揶揄。这种沟通使学生感到自尊心受到伤害，随之出现反攻击心态。例如，"你以为你很聪明吗？不要自以为是了！""你怎么这么贪玩，一点儿也不像快要考大学的人！""我就知道你不行！"这类表达方式。

第六，给予泛泛之词。例如，"你是一个好孩子""你需要改正缺点""你真是让我失望""不要难过""不要着急，太阳每天都会是新的"这些词往往是隔靴搔痒，对于沟通没有什么好处。

第七，不愿积极聆听。这种沟通方式忽略了学生内心的真实感受。教师在与学生的对话中，把注意力放在说服学生，只是单向输送信息给学生，而不重视学生的表达。

第八，强加于人。这是一种更隐蔽的下命令，往往是以貌似很有礼貌的、富有逻辑的陈述，来表明一种心态：我要你接受我的观点。这种沟通方式表现为不给对方发表意见的机会，谈话非常简洁和迅速。例如，"你昨晚有没有按照我说的话去做功课？你知道怎么来安排时间吗？让我来告诉你……"

第九，随意指责与批评。这种沟通方式往往更容易使学生感到自卑、不安，从而进一步掩饰和封闭内心世界，最终导致师生沟通的中断。在学校中，最得不到学生尊重的教师往往是那些经常对学生施以否定性评价的教师。

第十，你向信息。这种沟通方式往往基于个人的主观意识，忽略别人的感受，不留余地地说出对别人的评价，结果造成对方的不悦。这种表达方式容易变成责备、命令的口吻。比如，沟通的本意是"提醒"，你向信息的表达口吻却是"批评"："你怎么这么懒？还不快去做作业?"沟通的本意是"指导"，你向信息的表达口吻却是"命令"："你放学后到我办公室来做功课!"你向信息是对有问题的人表达的一种"必须""应该"改变的信息。这样的语言很容易变成命令或威胁。这种语言对改善与促进双方人际关系没有任何帮助，容易让学生产生抗拒、逆反心理。

师生心理关系对教学活动具有重要影响，是教学活动得以开展的心理背景，并影响着教学的最终结果。同时，良好的教学过程和教学结果，会促进师生情感关系。所以，加强师生之间的相互理解和沟通，直接关系到学生的学和教师的教，甚至会对学生世界观、价值观的形成产生很大的影响。优化师生心理关系是师生关系改善的现实要求。

案例一：陈某是一名挺有个性的高中生，虽然学习成绩一般，但学习态度很好。因为文科成绩相对比理科成绩好一些，所以选择了学习文科。但在选科不久后，因为一次作业情况不理想，地理老师狠狠地批评了陈某，使得他对地理老师和地理学科产生了极大的抵触情绪，并由此固执地认为自己学不好地理，一直执着于更换选考科目。

案例二：在一次考试前，几个同学在私下商量这次数学考试都考差一点，让某老师受惩罚，让学校给他们换老师。他们针对的这位数学老师平时工作非常认真负责，专业水平也比较高，但因为他平时教育教学方式简单粗暴，与学生的关系比较紧张，导致很多学生都不喜欢他。

二、人际关系心理学对师生交往的建议 ▾

人际关系是建立在个人情感基础上，在社会活动过程中形成的相互联系。作为教育活动主体的教师和学生则是以科学文化知识、精神情感世界为中介，以语言为主要手段，以对话为主要方式展开交往的。良好的师生交往能使师生实现合作和共赢。教师为学生创造和睦、宽松的教育环境，学生才会信任教师，才会向教师敞开心扉，才会把教师当作朋友。教育是一门艺术，教师应该采取积极的态度，正确理解"民主""平等"的内涵，对教育过程发生的问题在思想上要有明确的认识，处理要适度妥当，既不小题大做，过分渲染夸大，也不简单粗暴，草草了事。

（一）尊重信任，助推民主伦理关系

民主平等的师生关系的核心是师生心理相容，形成真挚的师生情感关系，宗旨是本着学生自主性精神，使他们的人格得到充分发展。

1. 尊重学生

师生在人格上和在真理面前是平等的，建立民主平等关系的核心就是尊重，即尊重学生的自尊心。一位教育家在论述教育方法时说："教育成功的秘密在于尊重学生。"教师不尊重、不爱护学生，便得不到学生的尊重。众多师生关系的调查显示，学生喜欢和佩服尊重学生的教师。但尊重学生不是一件容易的事情。受旧观念影响，有许多教师往往唯我独尊，遇事不去设身处地为学生着想，不注意体会学生的思想感情，凭主观印象办事，独断专行，滥用职权，结果造成学生心里极为不满，出现抵触行为。面对这种情况时，教师又抱怨学生品质坏，戴上有色眼镜看学生，师生关系恶性循环，致使教师不能顺利开展教学工作，学生也不能很好地学习，双方的利益都受到严重的影响。因此，作为一名教师，要心胸宽广，注意从生活中的点滴小事做起，善于用尊重他人的行为影响学生。

2. 理解学生

由于教师和学生客观存在的年龄与生活阅历上的差距，在认识问题与处理问题时会有比较大的差异。社会默认教师在师生关系中处于优势一方，教师的态度与处理方式会决定师生关系的最终走向。师生关系的一些裂痕，往往是由于彼此之间缺乏理解。例如，学生因为不成熟，看待问题思想有一些偏激，会把教师的批评看成找碴儿，把教师的严厉当作不尊重他们、不民主等。教师有责任给学生讲清道理，告诉他们什么是民主平等的师生关系。对学生错误的思想行为给予适当的批评是教师的责任，教师要帮助学生区分善意的批评和恶意的指责。教师提出批评，学生能正确对待，虚心接受，是民主平等的表现；学生提出意见，教师能够耐心听取，给予积极响应，也是民主平等的表现。教师有错误，及时承认，及时改正，就能获得学生的谅解，实现心与心的沟通、情与情的交融。

3. 信任学生

一个人在缺少信任的环境中长大，走上社会后自然也会用不信任的眼光对人、对事，这就形成了恶性循环，导致对整个社会缺乏信任。学校和教师在管理过程中要给予学生充分的信任。人本主义认为每个人都有成长的需要，都可产生成长性动机，这是人类特有的，是一种超越了生存满足之后，发自内心地渴求发展和实现自身潜能的需要。满足了这种需要，个体才能进入心理的自由状态，体现人的本质和价值，产生深刻的幸福感。因此，教师要相信每个学生都有积极向上的需要与能力，并给予学生充分的信任。教师要认识到，学生是人，不能要求千人一面，学生时代是塑造一个人性格的重要时期，整齐划一是一种美，万紫千红何尝不是美呢？同时赏识教育是现代教育大力倡导的教育形式，也是教师无意中经常遗忘的教育。赏识不仅是一种教育手段，更是一种心态。每一个学生都有自己的长处和短处，但并不是每一个学生都有能力把短处变为长处。作为教师要有一颗宽容的心，保护好学生的个性，学生才更有信心发展自己的长处。

(二)提高素养，平衡新型教育关系

"学高为师，身正为范"是陶行知先生的一句名言，意为身正才能师为人范。陶行知指出："教师的道德品质，不仅是规范自己行为的需要，更重要的是用于教育学生的需要，教师职业的特殊在于育人，不仅用自己的学识育人，更重要的是以自己的德育人，不仅通过自己的语言去传授知识，而且要用自己的灵魂去塑造学生的灵魂。"师德兴则教育兴，教育兴则民族兴。所谓师德，是指教师和一切教育工作者在从事教育活动中必须遵守的道德规范和行为准则。师德是教师队伍建设的根本，教师整体素质的核心，也是良好师生关系建立的助推器。学生的道德观念有很大部分是从教师那里直接获得的，教师会潜移默化地对学生施以道德方面的影响。教师不仅要有广博的知识，还应该有高尚的人格和正确的道德思想，而这也是建立良好师生关系的关键。

1. 增强育人先育己的意识

孔子说："其身正，不令而行；其身不正，虽令不从。"教师是管人的人，但管人要先学会做人，做好人，然后才有资格去教育管理人。首先，教师岗位本身意味着奉献，如果从事教育行业，就要有爱岗敬业，立志终生植根于教育行业的思想意识，这是干好教育事业的思想基础。其次，树立牢固的法治观念，学法讲法，依法执教，依法履行自身的职责和义务。最后，把"教书育人"与"教书育己"统一起来，从细小事情抓起，形成习惯，以身立教，为人师表，以自己高尚的人格形象给学生以感染和启迪。学高为师，德高为范，桃李不言，下自成蹊。

2. 关注教师自身心理健康

教师的职业特征要求教师必须具备更好的心理素质。教师的心理状态会极大程度影响师生关系的发展。心理健康有问题的教师，很难营造出轻松、愉快的课堂环境。教师的冲动、烦躁、易怒情绪，会使学生处于焦虑、害怕的状态，学习效果当然不会理想。反之，事业心强、心理健康、积极向上的教师会不断地学习、改进教学的方法。教师积极的情感、健康的心理会诱发学生的积极情感，促进学生健康心理的形成，对建立良好的师生关系，营造轻松、愉快的课堂气氛，以及学生接受与理解知识均有直接影响。

教师的心理健康直接影响学生个性的发展。在学生的成长过程中，由于认知水平有限，学生辨别是非的能力还不够，还没有形成独立的自我，很容易模仿别人，尤其是教师和家长。教师情绪好不好，喜不喜欢工作，都会影响学生。教师一句随意的否定都有可能会给学生的心灵留下很大伤害。教师若惩罚、报复学生，学生会形成敌视和对抗的习惯，形成心理障碍。教师处事不公、乱用权力，会影响学生对整个社会的看法。

教师的心理健康水平高，就意味着其在智力、情感意志和个性等方面都得到了正常的发展，形成了健全的人格，并能自如地运用自己的智慧去应对客观环境。这样便于教师个体的学习和工作，使个体行为与环境变化相协调，以正确的态度和方法来对待矛盾和处理问题，并尽快化解矛盾，及时有效地处理好各种问题，大大提高工作效率。在师生的共同交往相处中，心理健康的教师往往能尊重、理解学生，平等地对待学生，建立民主、平等的师生关系和开放、创新的学习气氛。教师保持健康的心态，才能更好地关注和善待每一个学生，建立和谐的师生关系。

(三)丰富对话，凸显生动心理关系

教师想要做好教育教学工作，有必要学习心理学、教育学等专业知识，加强自身的修养，陶冶自己的情操。影响师生关系的因素很多，其中一个很重要的因素就是教师和学生之间的沟通质量。教师需要懂得如何与学生沟通，懂得如何满足学生的需要，并引导学生懂得如何满足教师的需要，促使师生之间建立相互信任、尊重，彼此接纳、理解的关系。教师要尽力改善不良的、有碍于学生发展的沟通方式，在思想上和行动上亲近学生，热爱学生，尊重学生，才能真正建立起和谐健康的师生关系。

1. 学会倾听

倾听是一个容易被教师忽视的方式。尽管倾听的技巧并不难学，可是用起来并不容易，许多教师都没有真正学会倾听。教师学习倾听的技巧并将其应用于与学生的交流中，将会改善师生关系，帮助学生解决问题，并且能够培养学生的自尊心。

学会倾听最重要的是专心倾听。专心倾听的基础就是教师必须有倾听的意愿，要有强烈倾听的渴望。在交流中教师不能烦躁不安，不要背对学生，或是一边忙工作一边听。要让学生知道教师对他们的话感兴趣，教师应利用面部表情、眼神、身体姿势及声调与学生进行适当的感情和意义的交流。专心听的目的是表达教师愿意倾听及接纳对方，促使对方与自己建立信任感。专注技巧包括语言和非语言技巧：维持良好的视线接触，但不宜瞪眼直视，令对方感到敌意或受到惊吓；轻松自然的身体姿势，表示愿意倾听并鼓励对方谈话；双方保持适当的距离；上身稍微前倾，以表示对对方的专注和有兴趣继续倾听；用非语言信息传递接纳的态度，如微笑、友善而放松的面部表情；用适当而简短的语言表达尊重、了解的态度。

倾听的时候不要轻易打断学生的谈话。在沟通时教师应为学生提供充分表达自己的机会和空间，鼓励学生大胆发表自己的意见。强烈的表达欲不仅可以刺激学生为了更好地表现自己而努力学习，还可以消除因精神压力而造成的紧张。不管学生的思想在教师看来是多么幼稚可笑，不管学生的话语在教师看来

是如何不合逻辑，都应该让他们将自己的"幼稚"和"错误"表达出来。只有这样教师才能对学生有更多、更深的了解，才能有针对性地进行更有效的教育。同时在听的过程中，教师应注意观察，注意学生说话时的体态、动作、语速及声调的变化、面部表情、谈话中的停顿和其他一切能传递重要信息的细节。有时候学生的一系列表情动作反应完全不同于他的语言所表述的意义。

2. 学会表达

语言是人类交往、沟通的工具。师生沟通的艺术实际上也就是师生间的语言交流的艺术。

语意就是语言的意义，是语言形式表达的内容。为了适应师生沟通中的不同情境和学生的各种差异，教师要重视语言的表达内容。表达内容包括两个方面：一是理性意义，即对客观事实描述；二是非理性意义，如说话人的主观情感、态度及语体风格等方面的内容。非理性意义一般总是附着在特定的理性意义之上。对于学生，教师要重视表达语言的技巧，以增加彼此的亲切感与信任度。

幽默是人际关系中不可缺的"润滑剂"，教学幽默是教师教学艺术才能的重要组成部分。可以从以下几个方面来提高教学幽默。其一，努力培养乐观、开朗的性格。乐观开朗的性格是创造教学幽默的基础。其二，多看、多听幽默语言，多搜集富有幽默感的格言、妙语、小故事、笑话等。这些常常是可供教学幽默运用的材料。其三，教师要注意运用一些修辞手法。能够表现出幽默内涵的修辞方法有借喻、影射、讽刺、双关等。教师可以根据具体情况，利用幽默的语言，在轻松愉快的状态中达到沟通目的。

在师生的沟通中，有时教师的话虽然完全正确，但学生却碍于情面而感到难以接受，这时直言不讳的效果一般就不好了。教师如果把话语磨去一些"棱角"，使对方在听话时仍能感到自己是被尊重的，也许就能让学生既从理智上，又在情感上接受教师的意见了。例如，一位教师在全班同学面前介绍一位因犯错误逃学刚来报到的学生时说："由于大家都知道的原因，某同学终于在今天回到了自己班级……"这种说法既不伤学生的面子也没有被全班学生误解为包庇。此外，教师还可以采用"反语""模糊""沉默"等说话艺术。

科学研究发现，人们接收到的外界信息，70％～80％是视觉信息。我们每个人每天都在无意识地做着体态语的沟通，而平时教师与学生交往接触瞬间，他们的体态语也是无意识的。因此，从某种意义上来说，师生沟通中的非语言交流有时比语言交流更重要。教师可积极使用体态语言，并且不断有意识地学习和训练自己。此外，还要善于观察学生的体态语言，读懂学生的体态语言，在与学生的沟通中知己知彼，方能百战百胜。

案例：后进班的逆袭

高三返下来，我接手了高一(3)班，按照多数人的理解，这是一个后进班。

班级纪律差，自习课凑一起说话，传纸条，看课外书，甚至打闹，这些都不是什么新鲜事。上课睡觉，走神，认真听课的没有几个。教师讲多了不会，讲少了也不会；学生认真上课不会，不认真上课也是不会。

作为班主任，开始的时候，我也采取过极端措施，对违纪学生进行镇压，结果不仅没有好转，反而难以收拾。经过一个月的尝试，最初的策略失败，我决定寻求新的道路。

家长会：让学生用承诺找回进步的信心

班级召开家长会，学生需要到学校大门口将自己的家长接到教室，站在家长的身边。我在家长会设置了一个特殊环节，学生握住家长的手，对家长郑重承诺自己的学习目标是什么。当学生在公众场合对家长做出了承诺，也就唤醒了自己内心进步的欲望和力量。下一次家长会，学生将再一次握住家长的手，告诉家长自己做得如何，自己的下一个目标是什么。此外，我还设计了学生给家长的一封信，家长给学生一封信的形式，让学生始终牢记自己的承诺，时刻提醒自己的奋斗目标。

经过两次家长会后，学生整体面貌有了很大改观，学习积极性提高了，玩耍打闹减少了。以亲情为媒，以承诺为引，让学生激情澎湃。

每周两节班会：让学生看见未来，思考未来

学校每周安排一节班会，我自己拿出一节课，每周坚持开两节班会。每次班会我都认真准备，搜寻关于社会发展的材料，汇总成关于未来的教育专题。

班会课上，或看视频，或解读时政热点，或讨论交流，目的是引发学生对未来的思考。人只要能够看得远，就会知道如何把握现在。未来是什么样子？我在未来的位置是什么？我应该如何迎接未来的挑战？等我踏上社会我能干什么？这些问题都是我和学生经常讨论和交流的问题。

连续剧：让学生充满正义力量

我每周拿出两个晚自习让学生观看连续剧，从《亮剑》到《长征》，从《长沙保卫战》到《中国远征军》，爱国主义教育电视剧激活学生团结、正义、爱国、拼搏的情感，极大地消除了学生心中的负面情绪。

"死缠烂打"：抓住教师补弱科

后进班最大的问题是普遍存在薄弱学科，无论个体还是整体。对于个体薄弱学科，提前做好学生工作，每天必须问任课教师一个问题，必须坚持一年以上。对于整体薄弱学科，我采取邀请任课教师给学生开班会、做讲座的方式，增进师生之间的感情和相互了解。利用自习课，我"死缠烂打"地让任课教师去多上几节，多讲几道题。弱科问题明显得到改善，学生成绩有了很大提高。

经过一年多的努力，当初的后进班面貌一新，学生的眼睛明亮了，声音变得浑厚了，腰杆直了。学生体味到了学习的乐趣，品尝到了成功的喜悦。虽然我没改变所有的学生，但是我改变了一个班级。我知道这个班级离成功还有一段距离，但是我相信他们会成功的。

（案例来源于百家号"安子侃教育"发布的《接手差班一年，我是如何做到逆袭的》）

第七章　管理心理学

第一节　管理心理学的基本理论

一、管理心理学概述

　　管理心理学是心理学新兴领域重要的应用型分支。20世纪初，泰勒倡导的科学管理运动和闵斯特伯格开创的工业心理学是管理心理学形成的先驱。梅奥领导的"霍桑实验"直接推动了管理心理学产生。20世纪50年代，美国斯坦福大学教授、著名心理学家莱维特首次以"管理心理学"为名出版专著，标志着管理心理学成为一门独立的学科分支并开始被人们广泛应用。

　　管理心理学是一门专门研究工作环境中个体、团体、组织等层面人的行为及规律的学科，强调人的因素在管理环境中的作用。管理心理学把心理学的理论、原则和方法运用于组织管理中，通过研究组织中人的心理和行为规律，从而进行控制和预测，以调动人的积极性，发挥人的潜能，提高生产和工作效率，改善人际关系及增强组织功能。

　　具体说来，管理心理学的研究内容包括以下几个部分。

　　第一，个体心理与行为。个体心理与行为主要研究作为个体的人所具有的需要、动机、态度及智力等，并探讨如何根据个体的需要等因素对他们进行引导。研究个体心理的主要目的有两个：一是根据个体的心理差异进行合理的人事配置，做到人尽其才，适才适位；二是根据个体的需要、动机、兴趣和态度对他们进行激励，调动工作积极性。

　　第二，群体心理与行为。"整体大于部分之和"，群体虽然是由个体组成的，但群体的人具有个体的人不具备的一些心理特点。群体对个体的心理和行为有着一定的影响和引导作用。因此，研究群体心理可以对群体进行有效的协调和控制，整合群体的力量，提高管理工作的效率。这一部分主要研究群体对个体心理与行为的影响，群体凝聚力及人际关系，人际沟通等。

第三，组织心理。组织心理主要探讨组织设计、组织变革、组织发展及组织文化的建立。回答"什么样的组织才能够适应外界环境的变化又符合群体成员的心理需求""什么样的组织设计才合理"等问题。

第四，领导心理。领导心理主要包括领导个体和领导群体的心理。领导对组织目标的达成有着重要的作用。领导者的素质、影响力及领导方式的合理性都会影响组织的绩效。一个领导者应该具备什么样的素质？如何提高领导的影响力？什么样的领导方式比较合理？组织的领导班子是否和谐？这些都是领导心理要研究的内容。领导心理研究的目的，是提高领导者的领导艺术，增强领导行为的有效性。

二、管理心理学的相关理论

（一）人性假设理论

1. 人性假设理论的内涵

人性假设是指管理者对人性的基本看法，实际上主要涉及的是被管理者的需要和动机判断的问题。从主流归纳来看，大概是以下四类："经济人"假设，"社会人"假设，"自我实现人"假设，"复杂人"假设。

"经济人"假设认为人天生是懒惰的，是不喜欢并且逃避工作的，大多数人是需要加以强迫、控制、指挥，才会进入一种为实现组织目标的工作状态。能刺激到他们的只有金钱与其他的物质利益。在这种人性假设下，管理者应采用严明的奖惩机制进行管理，对于表现优异的个体给予丰厚的物质奖励，对于表现怠慢的个体给予严厉的惩罚。

"社会人"假设认为人因为必然生存于社会之中，人的社会性于人而言才是最重要的。人际关系的好坏决定人们是否能积极投身于工作。驱使人们积极努力工作的不再是金钱物质方面的利益，更多的是一种良好的人际关系。在这种人性假设下，管理应由"以人适应物"转向"以人为中心"，重视满足个体的社会性需要，注重个体参与决策的积极性。

"自我实现人"假设。这里的自我实现是指人们只有发挥自己的才能才干，才可以得到满足。人的需要是有层次性的，而自我实现就是在这个金字塔的顶端。工作方面的追求可以使人越来越成熟，人也可以自己进行自我激励、自我控制。在这种人性假设下，管理者要为个体提供一种富有挑战性并且有利于实现员工自我价值的环境。

"复杂人"假设认为人的需要和潜在的愿望是多种多样的，而且这些需要的模式随着年龄、在社会中扮演的角色、所处的境遇和人际关系的变化而不断发生变化。在这种人性假设下，管理没有固定的模式可循，只能采取灵活、多元的管理方式，根据具体人的不同情况，采取不同的管理措施。

2. 人性假设理论的价值

因为人在教育管理过程中的重要地位是靠人的活动来实现的，所以在教育管理研究中，也就无法避免对人的行为的研究。人的行为并不是无章可循，而是在特定的需要及观念的驱动下具有目的的活动。所以，要研究教育管理中人的行为就应当先对这些特定的需要及观念展开研究。人性假设正好就是这样一种关于被管理者需要的观念，是管理者行为的重要依据。教育管理中人性假设的讨论，是研究人的行为的前提。如果想要建立一个合理且完整的教育管理理论体系，就必须把人性假设作为人性论前提来看待，从理论层次上深入地探讨这一问题。

(二)需要理论

1. 马斯洛需要层次理论

需要层次理论是由美国心理学家马斯洛提出的。这一理论的基本内容是：人有多种需要，共分为五个层次。

第一层次：生理需要。生理需要是指人类维持生命和繁衍后代所必需的各种物质需要，包括饥饿、干渴、栖身、性和其他身体需要。在这个需要层次上的人是不可能"胡思乱想"的，因为一个人如果食不果腹、衣不蔽体，当然不会考虑是否会被别人抢劫，更别说考虑去听一场高雅的音乐会了。

第二层次：安全需要。安全需要是指一个人基本的生理需要得到满足后，保护自己免受生理和心理伤害，免除各种威胁和危险的需要，包括工作稳定、财产安全、生命安全、心理安全等方面的需要。

第三层次：社会需要。社会需要亦称爱的需要，是指给予别人并从别人那里得到友爱和帮助的需要，主要包括与周围朋友、同事、家庭等能够达到情感层次的沟通并保持良好的关系需要，同时包括参加社会交往，作为某个组织或集体一员得到认可的需要，即爱、归属、接纳和友谊等的需要。与前两个层次的需要相比，这一层次的需要是一种飞跃，突破了人基本依靠物质生存层次的需要。

第四层次：尊重需要。尊重需要是指满足自己的自尊心、自信心的需要，为了满足这种需要，就要有一定的能力和知识，追求成就、名誉和地位，从而赢得别人的认同与尊重。赢得尊重的因素可分为内部因素和外部因素两个方面。内部尊重因素为自尊、自主和成就，外部尊重因素为地位、认可和关注。现实社会中，人的尊重需要的满足会使人有自信，觉得在这个世界上有价值、有实力、有能力、有用处。一旦尊重需要受到挫折，个体就会产生自卑感、软弱感、无能感，最后失去基本的信心，甚至产生严重的心理障碍。

第五层次：自我实现需要。自我实现需要主要是指一个人发挥自己最大潜能的需要，在工作和社会中充分表达自己的思想和有所创造的需要，一种得到社会承认，在奋斗中实现自己人生价值的需要。简言之，这是一种追求个人能力极限的内驱力，包括成长、发挥自己的潜能等需要。马斯洛认为，自我实现需要就是指促使人的潜在能力得以实现的趋势。这种趋势就是希望越来越成为自己期望的人，完成与自己能力相称的一切事情。为此，音乐家必须演奏音乐，画家必须绘画，诗人必须写诗，这样才会使他们感到最大的快乐，是什么样的角色就该干什么样的事情。从这个意义上说，自我实现就是使人的潜能现实化，也就是说要使这个人成为有完美人性的人，成为这个人能够成为的一切。

上述五种需要是由低级的需要开始逐渐发展到高级的需要，可以用金字塔模型来描述五种需要的发展过程，如图 7-1 所示。当低层次的需要获得满足后，较高层次的需要就占据了主导地位，成为驱动人行为的主要力量。但是，任何一种需要都并不因为下一个高层次需要的发展而消失，各层次的需要相互依赖与重叠，高层次的需要发展后，低层次的需要仍然存在，只是对行为影响的程度减轻而已。如果要激励某个人，就要知道他现在处于需要层次的哪个水平。

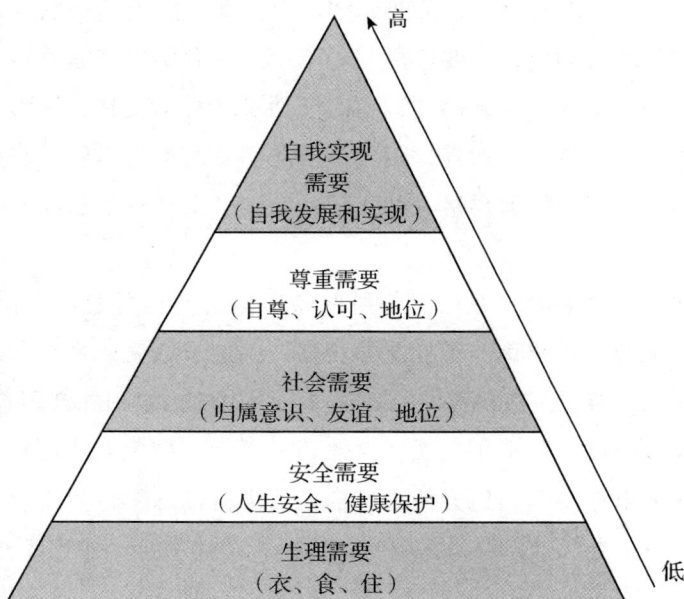

图 7-1　马斯洛需要层次模型

个体行为的产生是要满足未满足的需要。当一个人无所求时，也就没有什么动力和活力，若人有需要，就存在着激励因素。从激励的观点看，那些获得基本满足的需要不再具有激励作用，未满足的需要才是影响人的行为的主要因素。

一般来说，层次越低的需要越容易得到满足，层次越高的需要满足率越低。不难想象，有的人可能一生都在为了生理需要的满足而挣扎，如生活在原始社会的人，绝大多数人根本就没有机会达成自我实现需要。现代人应该不断地希望、向往和有所追求，努力使自己成为一个比较完美的自我实现的人。

行为科学之所以要研究人的需要，主要是基于这样一个逻辑：需要产生动机，动机决定行动，行动指向目标。因此，管理就是一个不断通过满足人的需要，激发人的动机，引导人的行为，达到管理目标的循环过程。其实，我国古代就有关于需要层次理论的思想萌芽。例如，春秋时期管仲所言："仓廪实而知礼节，衣食足而知荣辱。"可以说是对人类需要层次理论的初步阐发，只不过将人的需要层次划分得较为简单。

管理者可以根据个体的不同需要采取不同的激励手段。对于生理需要还未得到满足的人，管理者可以用增加物质奖励，改善劳动条件，给予更好的福利待遇、更长的休息时间等来激励个体。对于有安全需要的人，管理者应强调规章制度、职业保障、福利待遇及没有危险。如果个体有强烈的安全需要，管理者在处理问题时就不应标新立异，必须避免或不鼓励冒险，让他们按规章制度办事。管理者如果觉察到个体在努力追求社会需要的满足，应采取赞许、接纳的态度，开展各种社团、体育比赛等活动。不过，这些有可能会导致工作绩效的下降，因为注意力会从学习、工作转移到社会关系上。有尊重需要的个体，往往强调进行公开的奖励和表扬。管理者在与个体接触时，要特别强调工作的艰巨性及取得成功所需的能力。颁发奖状，登报宣传等都是满足尊重需要的手段。当尊重需要转化为内部动机时，管理者应给其相应的独立从事工作的机会，这会更大地提高被管理者的满足感和工作效率。重视自我实现的管理者会强调创造性，在筹划工作设计时，会考虑吸收更多的人来参加，会让有特长的人施展特长，在设计工作程序和制订执行计划时，会为团体留有可以发挥的余地。

2. ERG 理论

奥尔德弗是一位著名的管理学家、心理学家，是美国耶鲁大学行为学教授，也是 ERG 理论的创始人。ERG 理论是奥尔德弗在马斯洛需要层次理论的基础上进行了更接近实际经验的研究后的成果，是一种新的人本主义需要理论。奥尔德弗认为，人们共存在三种核心的需要，即生存(existence)需要、相互关系(relatedness)需要和成长发展(growth)需要。

生存需要与人们基本的物质生存需要有关，即生理和安全需要(如衣、食、性等)，关系到人的生存，这实际上相当于马斯洛需要层次理论中的前两个层次。

相互关系需要即人们对于保持重要的人际关系的需要。这种关于社会和地位需要的满足是在与其他需要相互作用中达成的，与马斯洛需要层次理论中的社会需要及尊重需要中的外在部分是相对应的。

成长发展需要表示个人谋求发展的内在愿望，包括马斯洛尊重需要中的内在部分和自我实现需要中包含的特征，即个人自我发展和自我完善的需要。这种需要通过创造性地发展个人的潜力和才能，完成挑战性的工作得到满足。

ERG 理论提出三个基本假设。

假设一：需要并存。ERG 理论并不强调需要层次的顺序。三种需要之间没有明显的界限，它们是一个连续体而不是层次等级关系。奥尔德弗经过大量调查研究证明，在同一时期内，人可以有一种或多种需要，各种需要可以同时具有激励作用。当个体的某种需要在一定时间内对行为起作用，并得到满足后，个体可能去追求更高层次的需要，也可能没有这种上升趋势。

假设二：需要降级。ERG 理论认为当较高层次需要不能得到满足时，会导致满足较低层次需要的欲望增加，从而出现"受挫—回归"现象。例如，如果一个人社会交往需要得不到满足，可能会增强他对物质条件的需要。

假设三：需要增强。某种需要在得到基本满足后，其强烈程度不仅不会减弱，还可能会增强，这时个体的需要会停留在原有的层次。而如果低层次需要得到充分满足，高层次的需要就会更强烈，个体的需要将会指向更高层次。

ERG 理论是对马斯洛需要层次理论的极大完善，在对个体激励方面比马斯洛需要层次理论更符合实际，更为完整和严密，在提高激励方法效用上更为适用。在现实生活中，ERG 理论作为重要的激励理论得到了广泛的使用，涉及管理、教育、心理学等各个方面。掌握充满活力的需要理论，能够使我们在生活工作中根据需要制定相应的管理策略，进行激励，达到最佳效果。

3. 成就需要理论

美国哈佛大学心理学家麦克莱兰提出成就需要理论。在大量调查研究的基础上，他认为在基本生存需要满足的前提下，个体的行为取决于三种需要是否满足。一是成就需要，即追求卓越，实现目标，争取成功的内驱力。二是权力需要，指影响和控制他人的欲望。三是友谊需要，也称社交需要、归属需要或合群需要，是建立友好和亲密的人际关系的需要。

麦克莱兰认为，不同的人对成就、权力和友谊的需要程度不同，层次排列不同。个体行为主要取决于那些被环境激活起来的需要，经过大量广泛的研究，他得出如表 7-1 所示的上述三种需要的特点。

表 7-1　成就需要理论中三种需要及其特点

需要	特点
成就需要	喜欢设立具有适度挑战性的目标
	在选择目标时会回避过分的难度
	喜欢多少能立即获得反馈的任务
权力需要	喜欢争辩，健谈，直率和头脑冷静
	善于提出问题和要求
	喜欢教训别人并乐于演讲
友谊需要	喜欢合作而不是竞争的工作环境
	希望彼此之间沟通与理解

具有高成就需要的人更喜欢具有个人责任，能够获得工作反馈和适度冒险性的环境。当具备了这些特征，高成就需要者的工作积极性会很高。例如，不少证据表明，高成就需要者在创新性活动中更容易获得成功。高成就需要者不一定就是优秀的管理者。尤其是在一个大组织中，高成就需要者感兴趣的是他个人如何做好，而不是如何影响其他人做好。

权力和友谊需要与管理者的成功有密切关系。高权力需要可能是管理有效性的必要条件，一个人在组织中的地位越高，权力动机就越强。因此，有权和较高的职位是高权力需要者的激励因素。

(三)动机理论

1. 成就动机理论

(1)麦克莱兰的成就动机理论

麦克莱兰认为成就动机是个体对自己认为有价值的工作所欲达到的理想地步的一种内推力，是后天习得的一种社会动机，对行为起着重要的影响作用，能够引发个体的快感，强化个体的奋斗精神。成就动机由三个基本要素构成：一是期望，对特定结果的期待；二是诱因，产生某种结果的可能性；三是需要，一种要达到目标获得满足的倾向。当个体认为成功大于失败时，就构成了推动个体行为的成就动机。

人有两种不同的成就动机，一种是希望成功，另一种是害怕失败。这两种成就动机的作用不同。那些希望成功的人，喜欢具有一定难度和一定风险的工作，能够从克服困难和战胜风险中获得满足感，把个人成就看得比金钱更重要。而那些害怕失败的人则不敢冒风险，他们或是选择最简单、最容易成功的工作，或是选择最困难、最不易成功的工作，成就动机对害怕失败的人不起积极作用。

成败各半的任务最能激起个体的成就动机。动机的强弱决定于个体对工作情境的认知，个体估计成功的概率太低或太高都不会激励起个体的成就动机。

具有高度成就动机的个体有三个共同的特征：敢于承担工作，尽量依靠个人的努力把工作做到尽善尽美；敢于适度的冒险，善于在工作中调整取得成就的目标，能在切实可行的目标中，获得成就需要的满足；及时了解自己工作的情况和上级的评价，总结经验以利再干。

在工作中，管理者要善于发现具有较高成就动机的个体，并将其安排在具有一定难度和风险、富有挑战性的岗位上，这样他们的成就动机就能被激发，他们的聪明才智就会得到充分的发挥。

(2)阿特金森的成就动机理论

阿特金森的成就动机理论被认为是一种期望价值理论，因为这一理论认为动机水平依赖于一个人对目的的评价及对达到目的可能性的评估。阿特金森重视冲突的作用，尤其重视成就动机与害怕失败之间的冲突。在他的理论体系中，个体追求成功的倾向是一个多重变量的函数，可以用下面的公式表示：

$$Ts = Ms \cdot Ps \cdot Is$$

Ms 代表追求成功的动机，Ps 代表成功的可能性，Is 代表成功的激励值。Ps 取值为 $0 \sim 1$：$Ps = 1$，表示确信会取得成功；$Ps = 0.5$，表示估计成功的可能性是 50%；$Ps = 0$，表示确信必然失败。

阿特金森认为，个体在竞争时会产生两种心理倾向：追求成就的动机和回避失败的动机。人的这两种心理倾向的相对强度是不同的，一种使人追求成功，另一种使人力求避免失败。追求成就动机比回避失败动机强的人倾向于选择做中等难度的工作，因为中等难度的工作，既存在着成功的可能性，也存在着足够的挑战性，能够满足个体的成就动机。回避失败动机强的人则倾向于避免做中等难度的工作，他们倾向于挑选成功可能性极小的困难任务，因为不能完成任务也并非真正失败。他们也可能挑选容易的任务，因为这些任务成功的可能性很高，可以减少个体失败的恐惧心理。

许多学者拓展了阿特金森的成就动机理论。雷陆认为，阿特金森的成就动机理论强调当前的目标，其实长远的目标对现在的行为也有很大的影响，应该把即时的目标和长远的目标结合起来，真正的成就动机是由两者结合而产生的。

2. 社会学习理论

社会学习理论是由美国心理学家班杜拉提出的，着眼于观察学习和自我调节在引发人的行为中的作用，重视人的行为和环境的相互作用。

社会学习理论强调观察学习在人的行为获得中的作用。认为人的多数行为是通过观察别人的行为和行为的结果而获得的。依靠观察学习可以迅速掌握大量的行为模式。

社会学习理论强调自我调节的作用。人的行为不仅受外界行为结果的影响，而且受自我引发的行为结果的影响，即自我调节的影响。自我调节主要是通过设立目标、自我评价引发动机功能来调节行为。个体对自己的能力有较高的预期，在面临困难时往往会勇往直前，愿意付出较大的努力，坚持较久的时间；个体对自己的能力缺乏信心，往往会产生焦虑、不安和逃避行为。

3. 挫折理论

挫折是指个体从事有目的的活动时遇到障碍或干扰，致使个体的需要和动机不能被满足，因而产生焦虑和紧张不安的情绪状态。用通俗的话说，挫折就是碰钉子。挫折通常有两方面作用。从积极的方面看，挫折可以帮助个体总结经验教训，促使个体提高解决问题的能力，引导个体以更好的办法满足需要，即"吃一堑，长一智"。从消极的方面来看，如果个体心理准备不足，挫折可能使人痛苦沮丧、情绪紊乱、行为失措，甚至会引发种种疾病，这无疑将大大挫伤个体的积极性，影响工作效率。

挫折是人的一种主观心理感受，一个人是否体验到挫折与他自己的抱负水平密切相关。抱负水平是指一个人规定的有关目标的标准。规定的标准越高，抱负水平越高；规定的标准越低，抱负水平也越低。相同的情境，由于心理状态、需要动机及思想认识不同，人们在遇到挫折时的表现也会大不一样。产生挫折的原因是多种多样的，从总体上可划分为外在因素和内在因素。

此外，动机的矛盾和斗争状态，也是引起挫折的主要心理因素。例如，满足欲望与抑制欲望的斗争，个人利益与集体利益的斗争等。这些斗争如果处理不当，常常会引发个人的心理挫折。

心理挫折，通常包括想象中的挫折和事实上的挫折。想象中的挫折尽管还没有构成事实，但也能影响人的行为。例如，某人参加考试，还没有报名就想到自己的课业压力重，学习吃力，将来十有八九通不过，于是在头脑里产生了想象中的挫折。

(四)激励理论

1. 学习理论

"刺激—反应"理论又称联结理论或学习理论。该理论认为，学习是刺激与反应之间的联结。代表人物有桑代克和斯金纳。

桑代克是美国著名的心理学家，提出了学习是刺激与反应之间的联结。由于这个联结过程要经过多次的尝试与错误才能成功，所以联结说又称尝试错误说。斯金纳根据桑代克的学习理论，通过进行操作性条件反射实验研究认为：学习过程就是外界环境的刺激与有机体的反应之间建立联结的过程，这个联结(学习)的形成与巩固，是不断强化(如奖、惩)的结果。

学习理论强调放权，多给个体主动实践、敢于实践的机会，"从做中学"，在试误学习中积累直接经验。个体在实践中获得的点滴成功经验本身就是一种奖赏，将激励其未来的实践行为，调动其积极性与创造性。当然，挫折也可能削弱个体的实践激情。学习理论忽视了学习者内部心理结构的变化。

2. 强化理论

强化理论是由美国心理学家斯金纳首先提出的。该理论认为个体的行为是外界刺激的函数。如果刺激对个体有利，这种行为就会重复出现；若刺激对个体不利，这种行为就会减弱直至消失。因此，管理者要采取各种强化方式，使被管理者的行为符合组织的目标。根据强化的性质和目的，强化可以分为正强化和负强化两大类。

(1)正强化

正强化就是奖励那些符合组织目标的行为，以使这些行为得到进一步加强，从而有利于组织目标的实现。正强化的刺激物不仅包含奖金等物质奖励，还包含表扬、提升等精神奖励。为了使正强化达到预期的效果，还必须注意实施不同的强化方式。第一种方式是连续的、固定的正强化。实施者对每一次符合组织目标的行为都给予强化，或每隔一个固定的时间给予一定数量的强化。尽管这种强化有及时刺激、立竿见影的效果，但久而久之，人们就会对这种正强化有越来越高的期望，或者认为这种正强化是理所应当的。实施者需要不断加强这种正强化，否则其作用会减弱甚至消失。另一种方式是间断的、时间和数量都不固定的正强化。实施者根据组织的需要和个人行为在工作中的表现，不定期、不定量实施强化，确保每次强化都能起到较大的效果。实践证明，后一种正强化更有利于组织目标的实现。

(2)负强化

负强化属于强化的一种，它强调通过消除厌恶刺激，来提高行为频率。负强化的功能也是增加行为出现的次数，消除不良行为，鼓励有利行为。负强化和惩罚是有区别的。惩罚是给予厌恶刺激或消除愉快刺激，来降低行为频率。两者在表述上是相反的过程，所以在本质上是不同的。例如，小明把作业做完就不用洗碗了，如果洗碗对于小明来说是一个厌恶刺激，那不用洗碗就是负强化。

3. 双因素理论

美国心理学家弗雷德里克·赫兹伯格于 1959 年提出了双因素理论，也就是

"激励—保健因素理论"。赫兹伯格对美国11个工商业机构的200多名工程师和会计师做了一次大规模的调查与访谈。赫兹伯格从调查中发现，造成员工不满意的因素往往是从外界的工作环境中产生的，主要是公司政策、行政管理、工资报酬、工作条件、上下级的关系、地位、安全等方面的因素。这些因素即使改善了，也不会使员工变得非常满意，不能充分激发员工积极性，只能消除员工的不满。赫兹伯格将这类因素称为保健因素。赫兹伯格在调查中又发现，使员工感到非常满意的因素主要是工作富有成就感，工作成绩能得到社会认可，工作本身具有挑战性，能发挥自己的聪明才智，工作赋予的发展机会和责任等。这类因素的改善，或者说这类需要的满足，往往能激发员工的责任感、荣誉感和自信心，增加员工的满意感，有助于充分、有效、持久地使员工努力工作、积极向上。赫兹伯格将这类因素称为激励因素。两类因素的具体内容见表 7-2。

表 7-2　双因素理论的内容

保健因素（外部因素）	激励因素（内部因素）
政策与行政管理	工作上的成就感
技术监督系统	工作中得到认可和赞赏 工作本身的挑战性和兴趣
与上级之间的人际关系 与同级之间的人际关系 与下级之间的人际关系 工作环境或工作条件 个人生活	工作职务上的责任感 工作的发展前途 个人成长、晋升机会

赫兹伯格认为传统的"满意—不满意"的观念是不确切的，认为"满意"的对立面应该是"没有满意"而不是"不满意"，"不满意"的对立面应该是"没有不满意"而不是"满意"。他认为，只有在那些被称为"激励因素"的需要得到满足时，积极性才能得到极大的调动。缺乏保健因素将引起员工很大的不满，但具备保健因素并不必然激发员工的积极性。具有了激励因素，就会产生满意；没有激励因素，则没有满意，也没有不满意。具有了保健因素，不会产生不满意，但没有满意；没有保健因素，则会产生不满意。激励因素是以工作为核心的，也就

是说，激励因素是在工作进行时发生的，由于工作本身就是有报酬的，因此在进行工作时也就有可能调动员工内在的积极因素。这一发现不仅使管理者致力于工作内容的研究，进行工作再设计，更重要的是，它启发人们认识从员工心理上培养产生激励的意义，从而使管理工作发生很大的变化。

激励理论对教育管理的指导主要有以下几个方面。第一，根据马斯洛需要层次理论，激励的选择措施要因成员的具体需要而定，即对个体进行激励之前要把握好一个重要前提，就是弄清个体的需要处在哪个层次，个体具体的需要到底是什么。第二，在激励方法的选择上要处理好保健因素和激励因素的关系，在运用保健因素保证个体态度不减的前提下，灵活运用激励因素，进而在保证激励效果的同时减少成本支出。第三，激励制度的建设，要考虑公平性原则，以防组织成员的积极性受到打击。具体指导路径参见图 7-2。

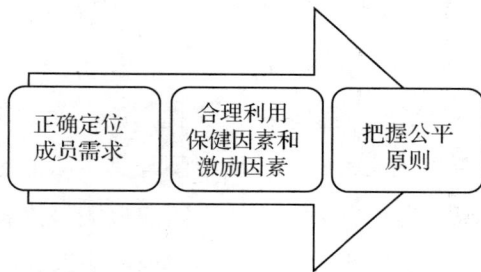

图 7-2 激励理论指导路径

4. 期望理论

期望理论又称"效价—手段—期望理论"，是管理心理学与行为科学的一种理论，是由北美著名心理学家和行为科学家弗鲁姆于 1964 年在《工作与激励》中提出来的。

期望理论可以用公式表达为：激励力＝期望值×效价。在这个公式中激励力指调动个体积极性，激发个体内部潜力的强度；期望值是根据个体的经验判断达到目标的把握程度；效价则是所能达到的目标对满足个体需要的价值。这个理论说明，人的积极性被调动的大小取决于期望值与效价的乘积。也就是说，一个人对目标的把握越大，估计得到的回报越大，激发起的动力越强烈，积极性也就越大。在领导与管理工作中，运用期望理论对调动员工的积极性是有一定意义的。

期望理论是以三个因素反映需要与目标之间关系的，要激励个体，就必须让个体明确：工作能提供给他们真正需要的东西；他们需要的东西是和绩效联系在一起的；只要努力工作就能提高绩效。

为了使激励力达到最佳值，弗鲁姆提出了期望模式，即通过一定的努力，个体可以达到两种水平的输出：第一种水平的输出是为了达到组织的目标，第二种水平的输出是为了达到个体的目标。两种水平的输出之间是有一定联系的。第一种水平输出的目标是工具性的，是达到目的的手段；第二种水平输出的目标才是个体真正要达到的目的。在实际工作中，如果个体的工作结果低于规定的指标，就意味着他没有完成第一种水平输出的目标，即企业的工作要求。因而，他也不能达到第二种水平输出的目标，即个人的应得收入。

5. 公平理论

公平理论是美国心理学家亚当斯 1965 年提出的。他对奖酬与满足感之间是否存在公正性的问题进行了深入研究，从报酬与其贡献的比例关系出发，提出了公平理论。这一理论认为，一个人对他所得的报酬是否满意不能只看其绝对值，而要进行社会比较或历史比较，看其相对值。所以，公平理论也叫社会比较理论。公平理论主张每个人不仅关心由于自己的工作而得到的绝对报酬，还关心自己的报酬与他人报酬之间的关系。个体会对自己和他人付出与所得之间的关系做出判断。比较的结果如果是均衡的，个体就会产生公平感，有助于维持或进一步激发其工作热情；结果如果是不均衡的，个体则会出现不公平感，从而影响其绩效的稳定或提高。公平理论为我们认识个体的激励问题又提供了一个新的思路，在测缺勤和流动行为时最有效。但是，在大多数环境中人们更能容忍甚至喜欢报酬过高带来的不公平。此外，并不是所有人都对公平敏感。

第二节　管理心理学与中小学生心理冲突及压力

一、小学生常见心理冲突和应对方法 ▼

心理冲突是相反的或相互排斥的冲动、欲望或趋向同时出现时产生的一种矛盾心理状态，是造成挫折和心理应激的一个重要原因。当一个人面对两个相互排斥的外界目标时，就会产生两种对立的动机，满足其中一个目标就会导致另一个目标受挫。或者只有一种目标和动机，但是达到此目标的方法或途径有多种，也可引起心理冲突。因为在这种情况下，虽然最终可以达到目标，但逼近目标的进程会受到方法选择过程的干扰。此外，冲突也可发生于个体的动机同内心标准不一致的情况。例如，在长途跋涉后仅剩下少量饮水时，沙漠考察队员的饮水欲望可能同他们可接受的社会行为标准相冲突。与由于两个外界目标引起的心理冲突比较，动机同内心标准间的冲突常常更难以解决，从而可对人的心理健康产生更大的影响。调查发现，大多数冲突发生于只有一个目标的情况。当一个人面对一个既向往又不向往的目标时，他对此目标就出现了矛盾的态度。例如，孩子对"依赖父母"这一目标便可能持矛盾的态度，一方面希望摆脱父母，另一方面又希望父母帮助他们解决困难。自弗洛伊德开始，心理动力学家一直认为，未解决的心理冲突是造成人类疾病的一个重要原因。米勒将心理冲突分成三大基本类型：双趋冲突、双避冲突和趋避冲突。

（一）入学适应问题

1. 入学适应问题的表现

入学适应问题主要表现在以下三个方面：学业方面的成就能否达到适合自己能力的水准；行为是否既能实现主动自由探索又遵守学校既定的规范；社会关系与人格方面是否可以克服自卑和社交紧张，是否可以与同学、老师友好相处。

案例：小荣，7岁，小学一年级新生，家庭和睦，在幼儿园期间表现良好，深受老师和小朋友喜欢。但是，小荣步入小学的第一天，回家后就情绪不佳，精神萎靡。第二天早晨他起床一直拖延，表示不愿上学。问其原因，小荣说在学校找不到洗手间导致尿裤子并且上课迟到，被老师批评，被同学嘲笑。在父母的极力劝说和开导下，小荣边哭边来到学校。在当天数学课上，他主动回答问题，但又因答错被同学嘲笑，哭着跑出教室。回到家后，小荣打碎家中的玩具，表示绝不上学，与父母陷入僵持。

2. 入学适应问题的心理学解释

小荣自幼生活在顺境中，没有或很少有"挫折"的体验与感受。入小学之后，连续两天发生的事情导致小荣自尊心和自信心受挫，于是小荣采取退缩与攻击行为来对抗挫折，发泄负性情绪。

本案例重点在于帮助小荣适应新环境并积极面对与承受挫折。

3. 入学适应问题的应对方法

第一，漠视策略。每个人做出行为都希望得到别人的回应、认可、关注和赞许。这样的行为，如果得不到积极的强化，可能会逐渐消退。

第二，回忆策略。引导学生回忆成功的体验，建立自信心。教师或家长可与学生进行一次平等的交谈，引导学生回忆、体验在幼儿园时期取得的成功(逐一详细记录下来)，与学生一起分析现在遇到的问题，以及过去成功的经历中有哪些经验可以借用到现在的困境中。

第三，轰炸非理性想法。许多适应不良问题与学生头脑中的非理性想法有关，进而导致恶性循环。教师可引导学生改变认知。谁都有可能犯错误，但教师和同学不会因其犯错误而不欢迎他。

(二)学习心理问题

1. 学习心理问题的表现

学习心理问题主要表现为学习动力不足、学习习惯不良、学习困难、学习疲劳、考试焦虑五个方面。其中，学习动力不足是普遍存在的现象，主要原因可能是家庭、班级、同伴的舆论导向与学习氛围不良，也有可能是学生在学习中很难体验到成就感和幸福感。例如，课业负担过重，教师教学方法不当，教师对落后学生缺乏爱心和耐心。学生自身的因素也可引发学习动力不足，如智力、兴趣、气质、性格特点、意志力等。

案例：小怀，独生女，12 岁，六年级学生，父母初中文化，家庭经济状况良好。小怀从小被寄养在奶奶家，父母无暇照顾她，偶尔管教也非打即骂。小怀学习方面基础知识差，一至四年级主科考试均不及格。小怀对人冷漠，缺乏学习兴趣，上课注意力不集中，对教师提问常常没有回应。小怀喜欢看电视、打游戏，经常不交作业，性格较内向。小怀在家里脾气暴躁，有时顶撞父母，发起脾气来还会离家出走。

2. 学习心理问题的心理学解释

学习动力是推动学习不断前进，激励学习行为持久并达到预定目标的学习作用力。学习动力又分为内部动力、外部动力和综合动力。内部动力是指产生于学习者内部需要而推动学习的一种力量，包括需求、目标意识、兴趣、动机、情感、意志等，其特点是深刻、持久，属自发或自觉的。外部动力是指由客观目标或要求等诱发的一种学习力量，包括社会舆论与激励、学校的奖惩、家庭的鞭策与督促，其特点是引诱、监督、激励，属外诱或外压性的。综合动力是指学习者为实现基本目标，如课程考核、过级、顺利毕业等，在必须完成的学习任务的要求下，通过内部动力的有效推动而进行学习的一种力量，其特点是协调、整合，属必需的，没有选择的。

要提升学生的学习动力，教师需要做到以下几点：全面关心学生，密切师生关系；让学生感受到同学的尊重和爱护；让课堂学习富于趣味性、活动性、快乐性；增加学生学习的成功体验；引导学生学会积极归因；通过其他活动的学习兴趣来促进兴趣迁移；针对性地个别学习辅导；给予必要的角色分工，培养学生自信心。

本案例重点在于激发小怀的学习动力，使小怀明确学习目标，帮助小怀塑造良好的学习习惯。

3. 学习心理问题的应对方法

应对第一阶段：对小怀进行学习适应性测试，了解其心理状况，与家长沟通探讨问题并制定努力目标。正确引导小怀把握看电视、打游戏的时间，多方面共同监督小怀完成家庭作业，多表扬，少责备，言传身教，为小怀创造良好的家庭学习氛围。

应对第二阶段：帮助小怀克服不做作业的习惯，布置适合小怀的作业，辅以正强化；帮助小怀养成按时完成作业的好习惯（我对自己负责）；作业内容多样化，其他自由选择；加强对小怀作业的辅导，及时表扬或矫正；帮助小怀改善班级人际关系，选小怀当班干部，培养其班级归属感。

应对第三阶段：注意观察小怀表现的反复性，经常与家长保持联系，引导小怀发展兴趣爱好。

（三）情绪问题

1. 情绪问题的表现

小学生心理的内部稳定性较差，产生的情绪问题也多种多样，其中最常见的有两种：冲动和胆怯。

冲动是一种因微小精神刺激而突然爆发非常强烈的不能接受的情绪，经常伴有冲动性的行为。小学生的情绪不稳定，自控能力较差，易激惹，易与他人发生冲突，经常因点滴小事爆发强烈的愤怒情绪和攻击行为，难以自控，事前不顾后果，发作后对自己的行为虽懊悔，但不能防止再发。强烈的冲动情绪会给小学生带来意想不到的麻烦，如同学关系疏远、师生关系紧张等，过度的冲动甚至还会使人丧失理智，引发犯罪、自残等严重后果。

胆怯是一种轻视自己，对自己缺乏信心的消极情绪。拥有这种情绪的人往往十分敏感，自尊心极强，却又胆小怕事，一不小心就会受到伤害。小学生胆怯主要有两种表现方式：一是自卑，自卑的学生总是喜欢拿自己的短处和别人的长处做比较，觉得处处不如人，上课不敢举手发言，不敢参加集体活动，甚至不敢跟老师说话；二是冷漠，因为胆怯而心生戒备，从而对生活丧失了热情和兴趣，对学习漠然处之，对同学冷漠无情。胆怯的学生一般不太合群，精神萎靡。

案例：小宇，10岁，独生子，和父母生活。因为小时候得过一场重病，经医生全力抢救才保住了性命，所以家人对他百依百顺。小宇一旦要求不能得到满足就哭，就发脾气。比如，上课迟到受批评，回家后拿妈妈出气，怪妈妈没有早一点儿叫他起床；在学校值日时打扫卫生，地扫得不干净怪扫帚破了不好扫，因此拿扫帚出气；考试成绩不理想，怪老师出题太怪、太难、太偏……小宇发脾气有个特点，那就是怪别人不好，怪东西不中用，因而总要骂人、摔东西。小宇经常把试卷撕得粉碎，摔碗，摔杯子，甚至字写不好也要摔铅笔，扔本子，只要不如意就经常和同学发生肢体冲突。

2. 情绪问题的心理学解释

愤怒是个体的欲求和意图遭到妨碍时产生的一种消极情绪体验。许多小学生，由于情绪的自我调控能力较差，冲动性较为明显，因此常常在不该发脾气的时候发脾气，因为一点儿小事就会打起来，因为父母的某些做法不够合理而冲他们大喊大叫……但小学生的愤怒来得急，去得也快。比如，两个小学生今天因为一些矛盾而吵架，明天两个人就可能一块儿做游戏。这一点在小学低年级表现得尤其明显。在日常生活中，引起愤怒的原因很多，每个人都不可避免地会产生愤怒的情绪体验。愤怒是一种有害的情绪状态，常常会给人带来意想不到的麻烦，如同学关系疏远、师生关系紧张，而且长期、持续的愤怒对个体的健康损害也是极大的。当人愤怒时，交感神经兴奋增强，从而使心率加快，血压升高。所以，经常发怒的人，容易患高血压、冠心病，而且会使病情加重，甚至危及生命。愤怒会使食欲降低，消化系统功能紊乱。愤怒还会影响腺体的分泌功能。过度的愤怒甚至还会使人丧失理智，引发犯罪或其他后果，因此控制愤怒的情绪十分重要。

本案例的重点工作是教会小宇控制愤怒情绪。由于愤怒常常是突发性的情绪反应，在所有的情绪控制中，愤怒的控制是最难做到的，但是，愤怒和其他情绪反应一样也是可以控制的。

3. 情绪问题的应对方法

第一，共情策略，尝试了解学生的感受。通常只要让对方知道有人了解他的感受，就会让他平静下来。了解学生愤怒的原因，并给予支持和理解。引导学生做正面思考："你觉得自己应该这样做吗?"如果他还是很生气，再次提醒他："这件事情已经发生了，你这样发脾气能解决问题吗?"就这样一直陪在学生的身边并且引导他找出解决问题的方法。

第二，评价推迟，也就是我们常说的冷处理。如果学生的情绪已经失控，应该先想办法让他冷静下来，并把他送到办公室与其他同学隔离起来，避免其他同学围观，使他更加情绪化。不要在学生情绪反应最激动时处理问题，等他平静下来，再花时间让他了解：他做了什么不该做的事情，会造成什么样的后果。通过沟通与学生约定，如果以后遇到这样的情况该如何避免这样的行为。

第三，认知教育。很多人害怕失败，不愿意承认自己有错，在遇到问题的时候就采用迁怒他人或事物的方法，来逃避面对自己的失败。教师可以向学生坦言自己的过失时，把自己小时候的失意经历讲给学生听，并告诉学生应该从中学到什么，这种方法往往对小学生很有帮助。另外，恰如其分地看待挫折，不能把困难等同于失败，要提醒学生，任何人做事，一开始都会有困难。教师可以激励学生坚持到底，当学生勇于坦言自己的过失时，教师要积极赞许学生，鼓励学生的行为。在家庭教育中，家长可以交给孩子与其年龄相符的任务，如饭前摆放碗筷，选购家具等，一方面可以锻炼孩子处理问题的能力，另一方面能够让孩子在潜移默化中产生责任感。

第四，教授控制和宣泄情绪的方法。用一些简单的游戏帮助学生认识自己的情绪，告诉学生什么是愤怒，愤怒又有什么危害。

在学生发脾气的时候，教师也可以采用转移注意力的方法将学生注意力转向别的内容，避免刺激，待情绪稳定后再加以教育。对于小学中高年级的学生教师可以告诉他们，如果遇到一些让自己愤怒的情境，要尽量躲一躲，避免愤怒升级导致攻击性行为，可以出去走一走，听听音乐，和谈得来的朋友在一起聊聊天，干点儿自己喜欢的事。

在有充足的理由发怒的情况下，教师可以鼓励学生坦率地把心中的不满讲出来，或者转移目标发泄出来(这就需要为学生制作一个即便对其大喊大叫也不会反抗的"消气箱子"，如可以随意踢打的布娃娃、沙袋或者是靠垫)，也可以鼓励学生去运动。这些都能够帮助学生以健康的方式消除心中的怒气，都能减少愤怒对身体的伤害。要注意情感的宣泄要以不损害他人的利益为前提，不可做出过激的行为。

理智战胜情绪，这个方法适合小学高年级。在即将动怒时对自己下命令：坚持一分钟不生气！然后试一试能聚精会神的动作，如眼睛沿顺时针方向转动10圈，闭上眼睛从1数到10，再做3个深呼吸。然后，再来想想刚才让自己愤怒的事情，问以下问题中的任何一个："我为什么生气？""这事或这人值不值得我生气？""生气能解决问题吗？""生气对我有什么好处？"

(四)小学生心理冲突的教育对策

1. 引导小学生适应小学生活，勤奋学习

教师应该帮助小学生适应学校生活，做好入学前的生理、心理准备。教师要采取积极的、正面的引导教育措施，如通过主题班会、讲故事、参观等各种形式的集体活动，让学生明确学校、教师对学生的要求，明确小学集体生活与幼儿园的不同，使他们逐步适应小学生活。

在教学活动中，教师应帮助小学生解决学习生活中的各种心理问题，帮助小学生克服自卑，变危机为转机。学生由于先天遗传素质的差别和后天生活环境的不同，出现心理冲突的状况和程度是不同的。教师应当根据学生的情况有针对性地采取教育措施，对他们进行科学的疏导，帮助他们化解心理冲突，更好地适应学习生活。

对于学生在学习方面的落后和不足，教师不能一味地批评，而要多给予鼓励。对于那些在学习上有一定困难的学生，教师要特别注意培养其自信心，引导他们使用正确的学习方法。这些学生获得了一定的进步后，教师一定要及时表扬、鼓励，使他们充分体验此时内心获得的快乐。激发小学生的学习兴趣，培养小学生求知欲，促进小学生思维记忆等因素发展。在小学教育中，教师要重视培养学生勤奋刻苦的学习态度，引导他们体验通过艰辛努力而获得好成绩的成就感和幸福感。

2. 帮助小学生树立初步的人生观、价值观和良好的品德行为规范

教师要特别注意自己的一言一行，言传身教，平等而公正地对待学生，不

要让任何一个学生因为老师对待自己的态度而感到自卑。

3. 加强学校与家庭的联系，重视发挥家庭的教育作用

教师应及时做好家校沟通，形成教育合力。教师应充分向家长讲明学校教育的要求，小学集体生活与学生学前生活的不同，学生现阶段的心理发展特点。此外，教师还应指导家长正确认识学生可能出现的一些心理异常现象，加强家校联系，及时采取科学的引导方法。

二、中学生常见心理冲突和应对方法

（一）亲子冲突

1. 亲子冲突的表现

亲子冲突是指父母和孩子之间由于某些原因导致的观点和行为的分歧或对立。这种对立可以表现在情绪、言语、行为等各个方面。青春期是人生中最关键、最有特色的时期，也是个体由不成熟走向成熟的过渡时期，具有不稳定的特点。因此，这一时期的亲子冲突较其他人生阶段都更为频繁和明显，亲子关系犹如钟摆，在"狂风暴雨"和"亲密无间"两个极端之间来回摆动。

案例：小超，17岁，成绩优异。高三上学期小超想要自学，提出过在家自学的想法，但被父母阻止，于是提出在班级自学，不听老师讲课。小超父亲文化程度比较低，出身农村，交流沟通方面比较直接、暴躁，常常与小超发生争吵。父亲对小超的学习成绩要求很高，认为自己没读过什么书，但孩子成绩一定要好，如果有下滑一定是因为努力程度还不够。

2. 亲子冲突的心理学解释

家庭系统理论认为模式包括如何管理成员的行为，以及允许成员考虑彼此的行为，直接影响家庭中的成员关系。模式的内容包括规则、角色和沟通类型。小超的父亲虽然文化程度不高，但在家中常常扮演自上而下的专权角色。在这类的家庭结构中，有效的沟通难以形成，家庭的沟通只能以命令的形式自上而下传达，处于下层的子女很难表达自己的想法，从而造成父母与子女之间的隔阂。小超父亲在亲子关系模式中，属于典型的严厉粗暴型父母，过分重视自己

的威严，滥用家长的权威。严厉粗暴型家庭培养出来的孩子内心缺乏安全感，人格容易有缺陷，在人际关系方面存在困难，自卑心理严重，不能善待自己和他人，遇到挫败时很容易做出偏激的行为和反应。父亲严厉粗暴，男孩子如果模仿父亲的暴力，就会变得攻击性强，崇尚暴力，无事生非。另外，这样的男孩子对任何权威性的成人都充满愤怒甚至仇恨，容易把对父亲的怨恨转移到老师身上。

3. 亲子冲突的应对方法

第一，指导家长转变观念，尊重孩子的人格。青少年正处于生长发育期，有强烈的自尊心和荣誉感，需要成人的关心、关爱和保护，因此，家长要转变传统的家长制作风与陈旧的教育观念，尊重孩子的人格尊严。家长应正视冲突，允许合理亲子冲突的存在；家长如果有错，要勇于放下长辈的架子和权威，承认自己的错误；家长要在尊重的基础上，对孩子提出发展的要求。随着年龄的增长，自我意识和独立性的增强，一些青少年出现闭锁心理的情况，希望得到家长的理解与尊重，不希望家长过多干涉他们的自由。这就要求家长在与孩子相处时多运用商量的口吻，采取肯定、赞扬、鼓励的方法，多关注、关心他们的内心体验和感受，多理解，少指责。

第二，指导家长与孩子沟通。家长与孩子沟通的方式多种多样，想要做到亲子之间的有效沟通，家长可以尝试以下几种。一是耐心倾听。家长要多倾听少说话，在倾听时多关注孩子的感受而不是行为，并做到先对孩子的感受表示认同。二是换位思考。家长要多想一想自己像孩子这么大时是怎么度过的，很多事情也就理解了。三是拥抱。心理学家研究表明，拥抱的需要是个人安全需要的一种最基本的形式。人在与温暖松软的物体接触时最容易感到愉快。每个人都有这样的体会，当我们的皮肤在受到触摸时对情感的体会最为深刻。身体的触摸是表达某种强烈情感的最佳方式。中国家长有时比较注重物质分享与给予，忽视精神情感交流，而亲子冲突常常是由精神情感交流的缺失导致的。四是沉默。美国教育家塞勒·塞维诺曾经说过："每个人在犯错之后，都或多或少有沮丧和后悔的心理。而对于那些性格好强的孩子来说，与其喋喋不休地唠叨其错误，倒不如保持沉默，给他们认识错误的空间。"因此，家长在处理亲子冲突时，如果一时找不到更合适的办法，不妨保持沉默。五是写信。这是一种十分重要的沟通方式。当遇到事情需要家长指点迷津但家长又不在身边时，运用这种沟通方式效果比较好。

(二)师生冲突

1. 师生冲突的表现

师生关系是学校教育中最基本、最重要的人际关系，师生关系的好坏直接影响着教育教学的成败，影响着学校功能是否能够实现。师生关系是社会关系之一，有关系就会有冲突。

案例：高三某次考试第一天的晚自习，教师强调："天气虽然有点热，但今天才考了一天，大家要静下心来，准备明天的考试，不要用手中扇子扇风等，免得教室里动静太大，整个教室气氛躁动不安。请同学们克服一下。"这时学生 T 非常不满，在下面嘀咕："为什么不能扇？这么热！"说着自顾自拿着扇子扇了起来。教师随后将该生的扇子拿走，学生 T 对教师出言不逊："你有毛病啊！"学生 T 对教师的管理大为不满，且言语挑衅，和教师发生强烈肢体冲突。

2. 师生冲突的心理学解释

学生具有成人感，要求得到与成人相应的社会地位，渴望社会、学校和家长给予他们成人般的信任与尊重。学生 T 认为自己已成年，把自己放在和教师相同的高度上。他认为自己享有成人的权利，所以扇扇子是他的权利，而他的权利受到了侵犯。现在的学生信息渠道畅通，视野较宽，思维活跃，学生自主意识、民主意识不断增强。目前已经有不少学生非常熟练地通过网络平台对学校的发展提出各种各样的意见。学生的认知能力、思维方式、社会经验都处于半成熟阶段，所以学生的思维方式是狭隘的，反应是过激的。学生 T 认为教师的要求过分无理，自己的权益受到侵犯，所以，他敢大声抗议。这里出现的问题就在于学生认为自己是大人了，但教师和父母认为学生还是孩子。

3. 师生冲突的应对方法

第一，转变权威观念，构建民主、平等、和谐的新型师生关系。传统社会等级森严，师生关系是建立在等级制度基础之上的。教师对学生进行教育和管理，学生必须绝对服从，这种观念在现代社会明显是过时的。教师必须与时俱进，转变权威观念，把自身放在与学生平等的地位上，采用民主型的教学管理方式，给予学生更多参与班级管理和建设的自主权，使紧张的师生关系得到释放，从而构建和谐的师生关系。

第二，加强职业道德建设，提高教师道德修养。

首先，教师应该热爱学生。高尔基说："谁爱孩子，孩子就爱谁。只有爱孩子的人，他才可以教育孩子。"爱是教育的灵魂，热爱学生是师生关系的感情基础。教师只有热爱学生，才能尊重学生的人格，正确对待学生。每个学生都渴望得到教师的爱，这体现了马斯洛需要层次理论中的社会需要。当学生真切地感受到教师的爱时，会产生对学习的兴趣和积极性，以及对教师的尊重和爱戴。爱的力量是巨大的，爱的力量可以使教师的教育作用得以真正发挥。

其次，教师应该尊重学生。尊重学生就是要尊重学生的人格。学生有独立的人格，师生之间在人格上是平等的。因此，教师要把学生当作一个独立的、完整的、正在发展中的"人"来看待，在师生交往的过程中给学生以尊重，让学生感受到尊重价值的实现。教师只有尊重学生的人格，才能教会学生尊重别人并赢得学生对自己的尊重。在教育教学过程中，教师要给予学生充分自由地表达个人见解的权利，尤其是表达不同意见的权利，帮助学生树立自尊心和自信心，鼓励学生积极地参与教学活动。

最后，教师要公平对待学生。"世上没有完全相同的两片树叶"，人更是如此，每个学生都有独特性。因此，教师要承认学生的个体差异，对学生一视同仁，努力做到不偏不倚。有的学生乖巧听话，有的学生调皮捣蛋，这体现了教育对象的差异性，不能对那些"不听话"的学生讽刺、挖苦，伤害学生自尊心。一方面，教师要充分了解学生、理解学生，引导和帮助每一个学生成长成才，尤其要关注学生的身心发展，要善于发现并由衷地赞美学生的长处、成绩，帮助学生充分发挥自身的潜能；另一方面，当学生出现问题时，教师要给予善意的批评。当学生感受到教师的欣赏和肯定时，就会更亲近教师；当学生体会到教师的善意时，就会更加尊敬教师，师生关系就能得到良性发展。[①]

(三)朋辈关系冲突

1. 朋辈关系冲突的表现

中学阶段的学生希望得到同伴的理解和支持，希望得到同龄人的认可。另外，处于自我意识形成发展时期的青少年较为敏感，对别人的评价过于在乎。有些中学生为了使自己免受伤害，不愿对别人敞开心扉，将自己的想法深深埋在心中，就会与身边的人产生距离感。

案例：小实，男，16岁，高一学生，独生子，家境一般。父亲常年在外工作，母亲操持家务。小实学习成绩优秀，记忆力较强但不善于表达，小学时担任过班委，但因能力问题在四年级时被替换，初中时成绩稳定，中考顺利考入省级示范高中，开始离家住校的生活。小实因为和初中同班某女生报同一所高中而关系密切，对其心生好感。进入高中后，学校不允许携带手机，小实和原来的朋友联系越来越少，新同学彼此不熟悉，没有什么共同话题。宿舍的同学喜欢相约打篮球，但这恰恰是小实不擅长的，因此，他难以融入集体生活。小实学习成绩明显下降，对音乐、舞蹈、体育等文体课没什么兴趣，不愿意和同学说话，想安静，有时会懊恼为什么要离开家来到这个陌生的地方，想大声喊叫。

2. 朋辈关系冲突的心理学解释

小实处于青春期，对人际关系、情感问题比较敏感，存在认知偏差、敏感多疑、焦虑情绪。小实内心冲突产生的主要社会原因有环境的转变、初生的情愫及同学间的不愉快。

近期目标：调整认知方式，转变观念，逐步缓解小实的焦虑情绪，帮助小实认识到自己存在不合理信念，学会用理性的观念代替非理性观念，从而消除非理性的情绪反应。

长期目标：完善小实的个性，帮助他建立健全人格，重新认识自我，树立学习信心。

---

① 李慧慧. 当前中小学师生冲突问题及对策研究[D]. 曲阜：曲阜师范大学，2019.

3. 朋辈关系冲突的应对方法

应对第一阶段：辅导关系建立及问题诊断。心理辅导教师采用摄入性会谈收集小实的有关资料，了解小实的基本情况、精神状态、行为特点及求助动机，通过共情、理解、关注等技术与小实初步建立良好的辅导关系，使其感到被尊重、被接纳。同时，心理辅导教师指导小实做相关的心理测验 SCL-90 和 EPQ，做出评估和诊断，介绍心理辅导的性质和限制及辅导过程中有关注意事项与规则。与小实共同确定辅导目标，制定实施方案，签订书面协议。

应对第二阶段：实施心理帮助。心理辅导教师举例说明情绪 ABC 理论，让小实认识到 A、B、C 三者之间的关系，并结合自己的情绪和行为问题去思考自身存在的不合理信念和错误认知模式。与小实一起探讨问题产生的原因，让他认识到自己处理人际关系时存在的不合理的思维方式。

应对第三阶段：巩固与结束。心理辅导教师回顾总结，巩固辅导成果，提高小实的心理健康水平。

(四)中学生心理冲突的教育对策

1. 课程设置

在课程设置上，学校应根据学生年龄特征增设生涯规划课程；在学科选择上，学校应模拟多次选择，给学生提供更多机会；在社会实践上，学校可以实行课内学习与实践学习相结合的方式，以巩固所学知识，使学生感受到知识的价值。

2. 班级管理

教师特别是班主任要特别注重在和谐的教育环境下，发现学生的优势，达到培养学生自信心的目的，这也是培养学生自我认同感的过程。教师带领学生进行体验式活动和社会实践，将课本所学知识学以致用，以此实现中学生的社会认同感。在实践活动的同时，扩大学生与外界的交往范围，在交往中学会信任和尊重，获得友谊与自信。

在教育过程中，教师必须通过各种磨炼学生意志的途径，提高学生情绪的调适能力及心理承受能力。教师在学生的成长过程中还要学会倾听学生内心的感受，发现学生的个体优势。

　　一个班级就是一个大的集体，班风班貌反映班级的凝聚力。集体成员间的相互帮助与协作过程，可以使学生懂得集体力量的重要性，让他们懂得不论在学习活动中，还是在以后的工作中，集体意识都是非常重要的。在班级组建初期，师生共同制定目标，产生共同的动力。教师组织帮助小组，使优秀生与后进生在帮助与被帮助的过程中共同进步。集体活动中，师生应该共同努力，使班级在各项活动中有所成就，这样会使全班同学的集体荣誉感大大提高，使班级凝聚力增强。

　　学校应以学生发展为中心开展各种心理辅导工作。开展心理健康课程、专题心理讲座、心理咨询、职业生涯规划都有利于帮助中学生了解自我，促进中学生更好地成长。

三、小学生常见压力和心理辅导 ▼

(一)小学生压力的影响因素

1. 年级对小学生压力的影响

　　不同年级的小学生学习压力有非常显著的差异，低、中、高年级的小学生学习压力总体呈上升的趋势。一年级的小学生大多数感觉没有压力，对作业、考试的感觉也普遍是不多、不难；二年级的学生有一半感觉没有压力，但有一半学生觉得有压力，甚至有学生感觉到压力比较大，觉得作业比较难，考试不会做；三、四年级的小学生压力比低年级大，仅有20%左右的学生感觉没有压力，大部分学生感觉有压力；到了五、六年级，大多数学生感觉作业和考试都比较难、比较多，考试之前也会紧张。①

2. 父母文化程度对小学生压力的影响

　　调查结果显示，父母的文化程度与小学生学习压力之间存在非常显著的相关。父母是否接受过高等教育会影响学生的学习压力水平。文化程度较高的父

―――――――――――――

　　① 吴明洁. 城市小学生学习压力状况及影响因素的调查[J]. 教育观察，2019，18(29).

母对孩子的期望值往往也比较高，学生感受到的压力也会比较大。

3.成绩对小学生压力的影响

不同成绩的学生感受到的压力存在显著差异。首先，成绩比较差的学生感受到的压力是最大的，这可能与他们缺乏良好的学习习惯，缺乏信心有关。其次，感到压力比较大的是成绩比较好的学生。这些学生通常对自己要求很高，担心考试失利会影响自己在老师和其他同学心目中的形象。

4.参加特长班对小学生压力的影响

小学生是否参加特长班与学习压力之间存在显著相关。参加课外特长班的学生普遍感觉存在学习压力，仅有18％的参加特长班的学生感觉到没有压力。而且，参加的特长班越多，学生感受到的学习压力越大。参加三个以上特长班的学生感觉压力较大，并且他们中大部分对于参加特长班的态度是不喜欢，表示特长班是父母为他们选择的。[①]

(二)小学生常见压力

1.小学生常见压力表现

小学生的总体压力水平(相关研究显示小学生压力平均分为 2.14 分)处于轻度和中度之间，更靠近轻度。根据压力水平分值大小排序为：父母压力、价值尊重压力、人际压力、学习压力、教师压力、环境压力和意外事件压力。[②]

案例：娇娇，小学六年级学生，独生女，性格内向腼腆，上课从不主动举手发言。娇娇面对激烈的升学竞争总觉得自卑，学习成绩中等偏下，一提到考试就没精神，遇到大考晚上就睡不着，头痛，还伴有发烧症状。

2.小学生常见压力的心理学解释

考试焦虑是指因考试压力过大而引发的一系列异常生理心理现象，包括考前焦虑、临场焦虑(晕考)及考后焦虑紧张。本案例是典型的考前焦虑。在考试之前，当考生意识到考试对自己具有某种潜在威胁时，就会产生焦虑的心理体

---

① 吴明洁．城市小学生学习压力状况及影响因素的调查[J]．教育观察，2019，18(29)．

② 吴明洁．城市小学生学习压力状况及影响因素的调查[J]．教育观察，2019，18(29)．

验，这是在面临考试的学生中出现的普遍而突出的现象。他们怀疑自己的能力，忧虑、紧张、不安、失望、行动刻板、记忆受阻、思维呆滞，并伴随一系列的生理变化，如血压升高、心率加快、面色变白、皮肤冒汗、呼吸加深加快、大小便次数增加。这种心理状态持续时间过长会出现坐立不安、食欲不振、睡眠失常，影响身心健康。根据"耶克斯—多德森定律"，娇娇渴望获得好分数导致动机过高，引发考前焦虑，并波及身心健康。

3. 小学生常见压力的心理辅导

第一阶段：评估与诊断。

心理辅导教师综合分析获得的临床资料，确定娇娇智力水平正常，个性偏内向，敏感，不愿与人沟通，较难适应外部环境，很在意考试成绩，对考试有紧张焦虑的情绪体验。心理辅导教师对娇娇的问题持续时间、强度和典型心理与行为异常表现的性质和严重程度进行了分析判断，根据 SAS 心理测验结果和躯体疾病历史、精神病家庭史排除了精神障碍、品行障碍，诊断为一般心理问题。问题主要表现在以下两个方面：考试焦虑和完美主义倾向。

第二阶段：制定辅导目标。

具体目标和近期目标为消除娇娇考试时过度焦虑的状态，帮助娇娇学会在日常生活中适当运用放松技术，以降低焦虑水平，改变完美主义的认知模式。

最终目标和长期目标为完善娇娇的个性，增强她的考试信心，提高娇娇的心理健康水平。

第三阶段：矫正辅导。

娇娇的心理问题主要表现为不成熟的考试认知。家长和老师对娇娇要求过严，期待水平过高，加重了她考试紧张焦虑的情绪。娇娇把考试与自己的前途联系在一起，这种不良认知模式，是在她成长经历和个性特点的基础上，不断习得和形成的。考试焦虑的不断重复和强化，反过来又会加剧认知和个性的偏离，再加上教养方式和学校教育环境等不利因素的加重和强化，如果不及时采用可操作性、目标性、时效性强的认知行为疗法加以矫正，娇娇的身心健康将会继续受损，陷入恶性循环。

第四阶段：辅导效果评估。

娇娇评价：通过辅导，考试前不再那么紧张，考试时基本能正常答题，认识到以前的一些错误想法的影响，现在感觉不错。

家长：孩子现在心情好多了，考试成绩上来了，回家后话也多了起来。

老师的评价：娇娇同学现在考试不再像以前那么紧张了，考试时能正常发挥。

心理辅导教师的评估：通过回访与跟踪，发现辅导已基本达到预期目标。娇娇改善了不良认知，提高了考试适应水平。

(三)小学生压力缓解的教育对策

1. 推动家庭教育观念转变

家长要加强学习，转变教育观念，掌握科学有效的教育方式，与学校教育形成合力。首先，学校应该组织家长参加有关学生教育问题的辅导课，帮助家长树立正确的教育观，鼓励家长阅读有关教育学、心理学方面的书籍，以此提高家长的自身修养，改善家庭的教育环境。其次，学校应对学生的人生规划进行引导，通过舆论宣传改变家长的传统观念。学习成绩不理想的学生在选择符合自身特点的方向后，可能会拥有更好的生活。

2. 在教学上设置自由、探索式活动，让学生体验成功

自主是学生获得自我价值感的前提，给学生自由选择和决定的机会是一条发展学生自我价值感的良好途径。只有在探究过程中才能发展能力，体验成功，因此，在各种活动中，教师要给学生充分探究的时间和条件。学生通过自己的努力找到解决问题的办法，既会留下深刻的印象，又会增强自我价值。教师在设计活动时，既要注意活动任务和材料的挑战性，也要注意层次性，这样做可以保证每个学生在活动中通过努力得到成功感和自我价值感。

3. 挖掘每个学生的长项，增强学生自我价值感

按照加德纳的多元智能理论，每个学生都有自己的长项智能。学生对自己长项智能的感知有助于自我价值感的提升。在教学活动中教师应尽量发现学生的长项，帮助学生感知、表现、发展自己的长项。

4. 始终把尊重学生作为教师的职业道德规范和教育的基本原则

心理学把教师和家长等在学生成长过程中起重要作用的人称为"重要他人"。他们的一言一行，尤其是对学生的评价与态度，直接影响着学生的自我价值感。因此，尊重学生，既是教育的一条基本原则，也是教师职业道德规范中最基本的一条标准。尊重学生集中表现为无条件地接纳每一名学生。无条件地接纳，就是对每一名学生的接纳，不应看学生是否符合教师心目中好孩子的标准，不应看学生是否聪明、漂亮，而仅仅因为学生是一个发展中的人，他有着无限的潜力和发展的可能性。

5. 使用社会评价手段

学校和教师不要夸大成绩的意义，也不要刻意强调考试与测验的作用。评价如果面向部分学生，关注考试竞争和选拔淘汰，就会失去平衡。评价只有面向全体学生，淡化考试竞争和选拔淘汰，才能寻求平衡。我们要让每个学生都能够全面、健康地发展。

6. 加强学生挫折教育

面对挫折，教师要引导学生正视自身的不足，分析问题，查找原因，寻找解决问题的方法。教师要引导学生合理安排时间，找到适合自己的学习方法，利用课余时间学习自己感兴趣的知识，并能勤于思考，学会独立解决问题。

四、中学生常见压力和心理辅导

(一)中学生压力的影响因素

1. 性别对中学生压力的影响

女生的心理压力较男生更大，这与女生生理成熟早于男生，以及女生情感更丰富有关，也与社会和家庭对性别的不同态度及要求有关。女生更容易受家庭，尤其是母亲的心理状况的影响。虽然男生的心理压力比女生小，但父母对男生的管教是男生心理压力产生的影响因素之一。家庭给予男生的控制程度越深，男生的心理压力越大。男生来自自身的压力比女生更大，表现为男生对自己学习成绩的高要求。①

2. 学习成绩对中学生压力的影响

学习成绩是中学生产生心理压力的最主要因素，七年级是整个中学阶段学业压力最低的年级，八、九年级学习压力显著上升，高一是一个缓冲阶段，从高二开始迅速回升，高三达到高峰。

3. 人际关系对中学生压力的影响

在人际关系对压力的影响中，七年级是整个中学阶段受影响最低的年级，八年级则达到中学阶段的最高峰。可见青春初期以自我为中心的中学生走入同龄群体时，面临着很大的压力，潜伏着很大的危机。

4. 情感对中学生压力的影响

在情感因素方面，九年级与高三相似，分别为初中和高中的高峰，高三达到整个中学阶段的高峰。可见随着青春期发育及其他因素的影响，初中生和高中生的异性关系都是教育界不可忽视的课题。

(二)中学生常见压力

1. 中学生常见压力表现

造成中学生压力或困扰的主要生活事件基本一致：考试失败或不理想，学习负担重，与同学或好友发生纠纷，升学压力，被人误会或错怪，当众丢面子，与异性发生感情纠葛，预期的评选(如三好学生)落空，家庭施加学习压力，受批评或处分，被盗或丢失东西，长期远离家人不能团聚，不喜欢上学，受人歧视冷落。

案例：小蒋，17岁，就读于某中学高三年级，独生女。父母均为普通公司职员，家庭收入一般。小蒋从小由外婆带大，外婆对她要求较为严格。她一直非常懂事，成绩也不错。父母对小蒋不溺爱，也无过分专制，家庭氛围良好。人际关系方面，小蒋朋友不多，与父母、老师关系一般，自尊心较强。小蒋有

---

① 黄春萍，项海青，等. 杭州市中学生心理压力影响因素分析[J]. 中国学校卫生，2006(09).

三个玩得很好的朋友，成绩都比较不错，小蒋把她们当成真心朋友来看待，有好东西也会和她们一起分享。但她最近发现朋友在逐渐疏远自己，后来无意间得知朋友认为自己负能量过多，影响到她们的学习。小蒋由此就意志消沉，孤独感日益强烈，很伤心朋友对自己的不理解。国庆之后小蒋一直不想学习，成绩不断下滑，月考也没有参加。小蒋目前高三，觉得压力很大，情绪很不好，学不进去。小蒋及她的父母和班主任都十分着急。

2. 中学生常见压力的心理学解释

小蒋处于青春期，这一阶段不仅是自我意识飞速发展的阶段，也是自我同一性确立的重要阶段。高中生的自我意识通常表现为三个方面：一是寻求独立，摆脱父母的控制；二是自我意识成分出现分化；三是有了强烈的道德意识和羞耻感。小蒋想逐步脱离父母的管束，获得成人感，与父母的沟通不断减少，取而代之的是寻求志趣相投的伙伴的支持。总体而言，小蒋的大多数时间还是在学校这个圈子度过的，没有经历过社会的历练，在对问题的认识和处理上还不成熟，看待问题易偏执，然而独立性的要求又促使她不愿寻求父母的帮助，在这种矛盾心理下，产生了情绪上的困扰。另外，由于自我意识的高涨，小蒋急切希望得到同伴的尊重与理解。小蒋的自尊心很强也很易受到打击，由此情绪充满了可变性和不稳定性。

小蒋不敢出错，追求完美。然而现实的原因和各方面的阻碍，令小蒋的愿望和需要常常得不到满足，家庭中又缺少有效的支持系统，由此小蒋产生了压抑感。

同伴在青少年的成长中扮演的角色越来越重要，因此小蒋更重视维护与学校同伴的关系，遇到挫折和困扰时希望寻求她们情感上的支持。同伴的突然远离令小蒋失去了可以倾诉的对象，支持系统彻底崩塌。看重朋友的她对此一时无法接受，自然而然地产生了情感上的崩溃，其中更交织着对同伴的不理解和对自己能力的彻底否定。

3. 中学生常见压力的心理辅导

第一阶段：评估与诊断。

通过一系列量表的综合评估，心理辅导教师将小蒋的问题初步诊断为一般心理问题，主要表现为：人际关系困扰，对学习缺乏兴趣，成绩下降，压力大，追求完美。

第二阶段：制定辅导目标。

根据诊断结果和学生的自身期待，通过与学生共同协商，同时与专业督导师沟通，制定如下目标。

具体目标与短期目标：帮助小蒋稳定情绪，调整认知和行为，排解负面情绪，缓解学习压力，增强自信，重拾对考试的信心。

最终目标与长期目标：帮助小蒋提升心理健康水平，消除不良情绪困扰，增强适应环境的能力，实现自我的全面发展，树立合理的人生观。

第三阶段：辅导过程。

介绍合理情绪疗法和放松训练。心理辅导教师向小蒋简要介绍合理情绪疗法的核心理论：情绪 ABC 理论。辅导老师示范和指导小蒋进行呼吸和肌肉放松，直到小蒋能熟练掌握整个放松流程。布置家庭作业：回家继续进行放松训练，每日 1～2 次，每次 10～15 分钟；在本子上记录自己每天的情绪表现，及时自我鼓励。

认知调整，领悟困扰根源。心理辅导教师向小蒋阐释是她对于朋友、考试的不合理信念引起了她目前的困扰，而不是事件本身，出现消极情绪不应当归因于外部的事件和环境。朋友的离开不是造成小蒋伤心难过的原因，小蒋对这件事的看法才是原因，小蒋应当对自己的情绪和行为反应负责。为了让小蒋与自己的不合理信念进行辩论，心理辅导教师布置了如下的家庭作业：完成合理自我分析报告，找出可以替代不合理信念的正确信念，促进自我思考改变；通过听舒缓的音乐、登山郊游的方式缓解自身压力，稳定自身情绪。

重建认知，修正不良信念。此时，小蒋已经找到了自己观念的不合理之处，并写下了对应的合理信念。心理辅导教师运用"产婆术式"技术提问，推导小蒋的观点，引出她存在的谬误，并引导她加以矫正。此种方法可以令小蒋主动思考，挖掘自身的资源、优势等，树立她的自信心。此外，心理辅导教师为小蒋制订了自信训练计划，让她在家完成，训练内容为：每天用一分钟在镜子面前大声说出自己的优点；经常给自己积极的心理暗示，如"我很优秀""我绝对可以做到"等；练习微笑，记住自己快乐的表情；学会纵向比较，不用自己的短处去比较他人的长处，及时肯定、赞扬自己的进步；练习与人说话时正视他人的眼睛，用眼睛表达自信等。

家庭辅导，改变父母期望。心理辅导教师对小蒋的父母进行认知上的指导，让父母意识到小蒋作为一名学生，成绩有波动是可以被理解和原谅的，应当结合孩子实际设置目标。父母要从积极视角看待孩子，一次考试的失败不能否定她的所有，相信孩子的能力，相信孩子可以凭借自己的努力让自己生活得更好，父母要做的只是默默地支持她，给予她鼓励和表扬。成功的道路有很多，条条大路通罗马。通过改变父母对学习的认知，减小小蒋来自父母方面的压力，也能影响到小蒋的认知。

第四阶段：总结过程，强化辅导效果。

回顾整个辅导过程，充分肯定小蒋在这段时间的积极变化，强化小蒋正确的思维和行动。

(三)中学生压力缓解的教育对策

1. 宣泄

宣泄是一种发泄，即通过某种途径把自己的压力排挤出去。宣泄的途径很多，性格外向的学生可能会找个地方高声大叫；性格内向的学生可能会把心中的不快写在纸上寄给远方的朋友。

宣泄是一件私人的事情，教师往往感觉爱莫能助。其实，学校心理中心的宣泄室可起到一定作用。学校可在宣泄室中放置一些沙袋，专供学生发泄使用，宣泄室的出口设置匿名记录本，宣泄后的学生可以把自己对学校、教师的意见写到记录本上，供学校参考。

2. 咨询

咨询是最常见的一种压力控制方式。当学生由于压力闷闷不乐时，一般都会主动找自己的好友或父母倾诉，并且征求对方的意见。有时，倾诉本身就可以达到控制压力的目的。

比较专业的倾诉方式是心理咨询。心理咨询就是指专业心理咨询人员(学校专职心理咨询师)通过语言、文字等媒介与咨询对象进行信息沟通，以矫正咨询对象心理偏差的一个过程。

作为学科教师，应该学习一些咨询的专业知识，以便为学生提供简单的咨询服务。在咨询过程中，教师应该注意以下几个原则。一是尊重，在咨询过程中应该尊重学生，并且给予学生充分的信任，让学生能够畅所欲言。二是保密，要对学生讲述的内容保密。三是和谐，教师和学生应始终保持和谐的关系，这种关系有时需要很长时间才能建立。四是疏导，整个咨询的过程就是一个疏导的过程，咨询的目的就是帮助学生减轻压力。五是自愿，学生是否愿意接受咨询，是否愿意真实地表达自己，完全取决于学生的意愿。六是预防，咨询是一个长期而缓慢的过程，要在事态还没有发展到非常严重的时候及时进行。

3. 引 导

通过引导也可以达到减轻学生压力的目的，如纠正学生的发展目标，培养学生的兴趣爱好等。

有些学生好高骛远，给自己制定了非常远大和宏伟的发展目标，但现实毕竟是现实，目标越高可能遭受的挫折越大。教师应该帮助学生根据自己的自身条件，树立适当的目标。可以举办一些职业发展指导活动，师生共同讨论如何提高和发展。

五、管理心理学对中小学生冲突与压力的建议 ▼

(一)人性假设理论与"以生为本"的管理理念

1. 树立"以生为本"的管理理念

学生在不同的发展阶段呈现出不同的状态，而不同的学生在面对同一问题或处在同一发展阶段所呈现的处事方法和风格也各有不同。"复杂人"假设指出需要根据不同人的具体情况，采取灵活多样的管理方式，这就要求学校管理树立一种"以生为本"的管理理念。在这种管理理念的指导下，教师要尊重每个学生个性上的发展，对不同学生采取不同的培养方式，进行不同类别、不同层次的指导。除此之外，学校还应该尽可能地为每个学生的专业发展提供相应的服务，使每个学生的潜能都能得到充分的发挥。

2. 形成有法可依的学校管理制度

在"经济人"假设中，有法可依、依法管理是一个非常重要的特征。在学校管理中，我们也需要明确且合理的章法。针对积极性不够、自律性不强的学生就必须靠严明的制度去约束他们，对于学习态度端正、严格要求自身的学生就可以予以奖励来激励他们。学校应该根据实际情况，制定出合适的、完善的规章制度，这样有利于规范学生的行为，对学生进行有效的管理。这些制度不能脱离实际，应该做到可操作性强，具体的程序、要求清晰明了。随着社会和学校的发展，学校还应该适时地更新制度，这样才不会出现滞后的现象。根据"社会人"假设关于人际关系的理论，学生心理发展的需要也应得到重视。比如，建立一些专门为学生服务的心理咨询机构、申诉制度、事务咨询机构等。在整个学校管理的过程中，这些制度应该既规范被管理者的行为，又约束和监督管理者的行为，使管理能做到真正意义上的职责分工明确，制度规范到位，实行措施得力。

3. 营造民主氛围，促进学生自治

根据"自我实现人"假设，每个人唯有在自己的才干得以发挥后才能获得满足，并且才干的发挥来自每个人的主观努力与追求。这要求新时代的学生具备自我激励、自我控制、自我管理的自治力。学生自治力的实现需要民主开放的氛围。高年级学生在学校一定程度的指导下，把自己作为自己的服务对象，根据社会和自身的发展需要，充分发挥主观能动性，自觉、自律地获得知识，形成实践能力，培养全面发展的综合素质。并且根据"社会人"假设，学校更应该加强民主，鼓励全体师生及行政管理人员参与学校的管理，让学校的管理系统呈现一种开放的状态。

(二)管理心理学视角下中小学生的冲突与指导意见

1. 管理心理学对冲突的定义

冲突是一种对立状态，表现为某些组织或群体产生紧张、不和谐、敌视甚至争斗的关系。孙泽厚指出："冲突是一种过程，一种肇始于一方感觉到另一方

对自己关心的事情产生或将要产生消极影响的过程。这一广义的概念描述了相互作用变为相互冲突时出现的各种活动，如目标不一致、对事实的理解不同、行为上的争斗等。它还涵盖了所有的冲突水平——从公开的暴力活动到微妙的意见分歧。"[1]

人们对冲突的看法在不断地变化。最早期的观点是，所有的冲突都是有害无益的。因此，冲突变成了暴乱、破坏的代名词，是管理不善的一种表现。后期人际关系学派认为，任何群体和组织，都可能会产生冲突，冲突分积极性冲突和消极性冲突。积极性冲突是指双方目标一致，但认识手段不同而产生的冲突；消极冲突是指双方目标不同引发的冲突。

管理心理学认为，当两个或两个以上群体成员在交往时，由于工作或生活目标、风格和价值理念互不相同，就容易产生人际冲突。李永鑫、李艺敏指出：人际冲突是指由于利益关系、观点分歧、个性差异等引发的人际交往对象之间的紧张状态和对抗过程。[2]

2. 冲突的应对策略

社会学家指出五种处理冲突的策略，即强制、回避、妥协、克制和解决问题。托马斯认为，解决冲突，必须注意人与人之间的沟通技巧，确定解决问题的次序，求得建设性地解决冲突的方式。

俞文钊指出，传统解决冲突的方法有九种：妥协、第三者裁判、拖延、不予理睬、和平共处、压制冲突、转移目标、教育、重组群体。

费尔德曼和阿诺德总结提出了四种主要的减少冲突的策略。第一，回避。试图不让冲突暴露出来。第二，缓和。试图缓和冲突，使敌意和情绪冷静下来。第三，限制。有些冲突允许被暴露出来，但要在限定的框架内说明哪些问题可以讨论及解决，允许冲突群体的代表进行谈判。第四，对质。冲突群体当面讨论问题，有时会重新分工。

---

① 孙泽厚．组织行为学[M]．北京：清华大学出版社，2010：253.
② 李永鑫，李艺敏．学校管理心理学[M]．上海：上海社会科学院出版社，2007：170.

3. 正确处理中小学冲突的建议

(1)以校为家，鼓励学生参与制定学校管理制度

学校各项学习、生活管理制度是学生在校园内的行为准则，科学合理的管理制度，可以使学生的在校行为得以规范，促使学生进行自我约束，养成良好的行为习惯，从而减少人际冲突发生。学生参与制定管理制度的过程，可以使学生思考制度制定的依据，更加清楚地认识制度的意义，也更能从心底尊重制度、理解制度，用制度来规范自己的行为。

在操作过程中，可以先以班为单位，在班级里讨论如何制定合理的规章制度，再集中意见，派出代表，为制度的制定献计献策。学校还可以开展一些活动，收集学生对管理制度的意见和建议。

例如，近几年学校内手机管理是个难题，针对这一情况，学校可以广泛征求学生的意见，如是否应该带手机进校园，带手机进校园好处多还是坏处多，怎样把手机的使用和学习结合，在宿舍内哪个时间段使用手机等。学校相关部门把意见收集汇总分析，制定一些关于手机管理方面的制度，规定如果违反制度如何惩处。通过制定相关制度可以加强对学生在学校内使用手机的管理，从而减少因手机使用问题引起的噪声问题，进而减少教学、师生冲突的发生。

(2)以学生为本，建立公平公开透明的制度管理体系

为了强化寄宿学生的制度意识，学校在新生开学第一周举行新生大会，强调家校沟通，共同明确在校期间学生的纪律、权利和义务，需要学生本人、家长承诺做到才可以寄宿。

在制度层面，把影响人际冲突最重要的因素摆在重要的地方反复强调、提醒。学校可以把管理制度、条例印刷成册，开学初每个学生发一本，对于一些经常需要涉及的方面，总结后打印出来，贴在每个班级和宿舍门后。

(3)理解和形成人性化宿舍管理理念

人性化的学生管理理念是指从学生的角度出发思考问题，了解学生的需求，保障和维护学生的合理利益。在管理方法上，教师处理问题时要尊重学生的心理发展特点，讲究技巧。寄宿生住在学校，宿舍就是寄宿生在学校的"家"。教师应该给予寄宿生关怀和关注，除了常规管理外，适当关注寄宿生的学习和生

活。特别是宿舍里有人际冲突时，教师应积极倾听学生诉求，指导学生正确解决宿舍人际冲突。宿舍的装修也要体现人性化的管理理念，如宿舍门的选择既要考虑私密性，又要便于管理。

(4)提升学生群体自我管理的能力

学生既是管理的客体，又是管理的主体。因此，学生管理者应把学生视为学校的主人，应该让全体学生参与自己生活的决策过程，无论是制订计划，贯彻执行还是监督总结评比，都要想办法让学生参与。

(5)加强中小学生自我修养

第一，预防和避免人际冲突。在同学交往过程中，学生要树立互相尊重、友好、平等、互助的沟通原则，真诚地交流和沟通，对于一些需要合作处理的事情，做好沟通和协调，遇到问题时，友好沟通，正确处理。学生应遵守学校制定的管理制度，遵守宿舍商定的宿舍公约，按照要求规范自己的行为，不随意违反就寝规定，不随意制造噪声，创造和谐的宿舍氛围。学生还要通过多方面资源主动学习如何与人交往，与同伴交往，如积极参加学校组织的人际交往讲座课程，阅读人际交往的书籍，在平时处理问题时多思考。

第二，直面人际冲突。冲突普遍存在，作为学生，一方面要尽量避免不良冲突；另一方面要直面冲突，树立积极的冲突观。校园生活中产生冲突是挑战也是机遇。有些冲突存在已久，只是隐藏起来，继续逃避可能造成人际关系的紧张，甚至更大程度的困扰。直面冲突，所有学生都积极面对存在的冲突，开诚布公，说出自己的看法，探讨如何解决这个问题，可以促进学生之间的互相理解，还能使人际关系得以重建。对于一些学生无法达成一致的问题，还可以请其他人员，如生活辅导老师、班主任、其他同学等协助解决。[①]

(三)管理心理学视角下中小学生的压力与指导意见

1. 管理心理学对压力的定义

压力是压力源和压力反应共同构成的一种认知和行为体验过程，即心理压力。从生理—社会—心理学取向可以把压力理解为一种复杂的身心历程，包含

---

① 张丽欣. 高中生宿舍人际冲突问题研究[D]. 长沙：湖南师范大学，2019.

三大部分：一是压力源，即具有伤害或威胁个人的潜在因素的任何情境或刺激；二是认知评估，即当事人对经历的情境或刺激的评估；三是焦虑反应，即当事人意识到自己的生理健康、身体安全、心理安静、事业成败或自尊维护，或者自己关心的人等受到威胁时所做的反应。因此，压力产生的身心历程是：压力的来源—威胁的知觉—焦虑的反应。

心理压力按程度来讲，可分为轻度压力、中度压力、重度压力和破坏性压力。轻度压力的压力源不大，刺激比较轻，难度较小，对动力影响也比较小，基本上不产生心理困惑，一般不需要关注和进行特别的调控。中度压力的压力源适中，需要经过努力和采取一定措施才能完成，对人的动力推动最大，容易让人产生焦虑情绪，也可能会让人产生轻微的抑郁情绪。当个体按着制订的计划和措施实施时，压力可以减小，心理困惑可以逐步减轻。重度压力的压力源大，会给人造成严重的心理冲突，导致的焦虑和抑郁持续时间比较长，程度比较严重，在短时间内很难减弱。重度压力状态会使大多数人产生了逆反心理，放弃现在的努力和改变这种状态的能力，导致压力所致的心理问题长期得不到解决。破坏性压力又称极端压力，包括战争、大地震、空难、被攻击等。破坏性压力可能会导致创伤后压力失调、灾难综合征、应激障碍等。破坏性压力不仅可以影响一个人的身体素质，使个体容易产生生理疾病，而且会引发个体在心理、社会、行为等各个方面的变化，从而导致身心障碍甚至身心疾病，应当被慎重对待。[①]

2. 压力与学习效率的关系

适当的压力可以提高学习效率，压力过大反而会降低效率，压力与学习效率之间呈倒 U 形曲线，如图 7-3。适当的压力可以带来适当的紧张，可以帮助个体集中注意力，提高兴奋程度，从而促进学习效率的提高。但是，压力过大就会使人过度紧张，让人无法集中注意力，让人出现心理或生理的不适，以致学习效率降低。

---

① 高存友，任秋生，甘景梨. 心理压力与调控[M]. 北京：九州出版社，2018：22-23.

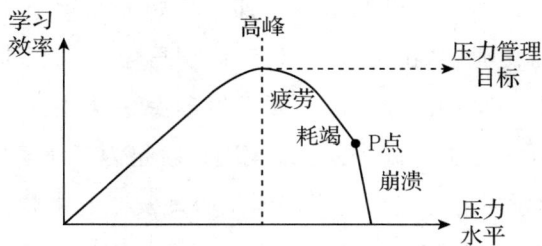

图 7-3 压力水平与学习效率关系

3. 增强成就动机

学生学习的过程从某种程度上就是追求自我实现的一种具体表现形式，学生通过学习实现自身的价值，发挥自我的潜能，完善自我的个性。因此，学生自我实现的需要是一种非常重要的学习动机。

(1)真诚关怀，心灵着陆——生理需要

对学生来说，健康的饮食和充足的休息直接影响到学习的状态。作为教师，我们会习惯性地认为这一需要的满足是家长的责任。其实，除了要照顾好学生的饮食起居之外，更重要的是要培养学生自身独立生活的能力，学会照顾自己，以最好的状态投入学习。从学校和教师的角度说，可以借助班会课、综合课、心理课等，适当与学生交流健康饮食与营养学的有关内容，教给学生基本的常识。学校应根据不同学段学生的生理、心理发展的规律，合理设置课程及作息时间。科任教师要重视课堂效率，合理布置作业，让学生有休息的时间。

(2)创设氛围，自由呼吸——安全需要

从学生心理的角度考虑，安全需要是指当前学习环境带给学生的心理安全程度及学生对当前学习环境的适应程度。班级氛围的优劣及同学之间的融洽程度，都会影响学生的心理安全。针对新生入学或者新编排的班级，班主任如果能多花些时间关注学生的动态、班级的动态，重视新环境适应的心理建设，那么学生在这个集体中的心理安全需要便能较快得到满足。学生已熟悉的班集体的学习氛围、人际关系等也是影响学生心理安全的重要因素。如果班级里常出现打架等人际不和谐的现象或者班级纪律较乱，学生的心理安全就会受到影响。因此，班主任及科任教师要转变观念，在课上或课外都要关注班级风气的建设，不要一进课堂就讲课，不妨先观察一下班级，走一圈或和学生简单聊几句，确定"正常"后再讲课。引导学生以正常的情绪进入课堂才是上好课的前提。课外，教师也不要只顾着跟进学生的作业，更要关注班级风气的建设。给学生创设安全的心理氛围，就是为了让学生更好地学习。

另外，教师对学生的态度也是影响学生心理安全的重要因素。具有民主意识，平易近人，有宽容的胸怀，能与学生融洽相处的教师，往往能带给学生更多的安全感。而一味严厉苛责的教师，会让学生缺乏安全感，进而影响学生的学习动机。相比较而言，轻松民主的课堂，严格但不严苛的教师，更易于让学生产生信任感与安全感，更易于让学生全身心投入学习。

（3）用爱营造恒温空间——社会需要

社会需要指个体要求与他人建立情感联系，以及隶属于某一群体并在群体中享有地位的需要。从学生的角度来看，这种需要可以理解为家庭的关爱、学校群体中的友爱，以及在班集体中的融入感。家庭的温馨、父母的关爱，能让学生爱的需要得到满足。相反，有些特殊家庭的学生，如单亲家庭、留守儿童，就有可能因为爱的缺失，无法正常地生活和学习。不同的家庭环境能给予孩子的爱也是不同的。作为教师，不仅要关心学生的学习，也应该关心学生的生活，力所能及地帮助学生排除影响学习的干扰因素。对于特殊家庭的学生，教师要加强家校联系，和家长一同努力弥补客观原因造成的爱的缺失，让学生感受到缺失的只是一角，而不是全部。

在班集体中的人际关系和个人在群体中的融入感，也是影响学生爱和归属的重要因素。虽说学生个人的个性及品行在很大程度上影响本人的人际交往及在群体中的合群程度，但教师可以从班级团体心理建设上努力，让班集体中的学生更为融洽地相处。心理健康活动课可以"人际交往"为主题，开展主题活动课。心理课之余，其余科任教师在学科教学中渗透，全体总动员，创设更为包容的集体环境，让班级的每一分子都能在集体中找到自己的位置，获得归属感。

（4）包容接纳，树立自信——尊重需要

他人的尊重是一种重要的认可，这种需要是否得到满足，会影响到个体自信心的建立。一个没有自信心的人，自然对学习没有多大的信心，也谈不上有多强烈的学习动机。一个值得尊重的人，才会得到他人真正的尊重。尊重他人，完善自己，是获得他人尊重的重要因素，除此之外别无捷径。尊重，是信心的来源。尊重需要得到满足的个体会深切地体验到自己的力量和存在的价值，产生强烈的尊严感和责任感，会为了证明自我的价值而努力克服困难，完善自我。

(5)蓄势待发，芳华吐露——自我实现需要

马斯洛对自我实现的定义是：一个人努力地变成他能够变成的样子。当学生进入为自我实现而努力的状态时，自我实现作为一种重要的学习动机的意义就正式开启了。学生只有认识到自己是因为缺乏，所以需要通过努力学习成为自己希望并可能成为的样子，才能激发自身最强烈的学习动机。当学生把注意力集中到当下，集中到自我实现，就会产生强烈的学习动机，就会为了实现更好的自己而努力。自我实现需要是生长需要，不同于缺失需要(安全需要等较低层次的需要)，它具有永不满足性，不会因为近期某个目标得到满足而停止，相反会随着阶段目标的实现而增强。所以，追求自我实现的学生，会有持久向上的学习动机，并且一生都会为实现更好的自己而努力奋斗。总之，教师要走近学生，了解学生的需要，理解学生的心理，引导学生为了自我实现而学习，激发学生源于内心最为强大而恒久的动力。

4.激发学习动力

根据双因素理论，教师调动和维持学生的积极性，要注意保健因素，以防止学生不满情绪的产生，但更重要的是利用激励因素去激发学生的学习热情，因为只有激励因素才会增加学生学习的满意感。①

(1)学习中的保健因素

保健因素主要是一些外部因素。当这类因素得不到满足时，会造成学生学习情绪的倒退。学校周边环境包括周边区域的安全、饮食的方便程度等。校园环境包括学校内环境的建设。教学设施包括教室环境、图书馆等。同学与教师的素质包括同学的为人和成绩，教师的自身修养、教学方法。人际关系包括与

① 赵琳娜.论双因素理论在学习中的运用[J].现代商贸工业，2007(10).

同学、老师的关系。

要确保这类保健因素得到满足，所有和教育有关联的机构和个人都必须一起努力。例如，政府机构应该保障学校周边环境的安全，学校应该保持良好的教学环境，教师应该平等地对待每一位学生，同学们之间应该有一个和睦的关系。满足了这类因素可以缓解学生除学习以外的外部压力，减少使学生焦躁的因素和分散学生注意力的因素。

(2)学习中的激励因素

激励因素是指那些能满足个人尊重、自我价值实现和社会贡献的因素，它能带来积极的学习态度、高度的学习热情和学习满意感。激励因素的缺失不会带来对学习的不满意，但满足了激励因素就会极大地激励学生的学习热情。学习中的激励因素有以下四个方面。一是个人的价值观。它在激励体系中占有主导地位，主要表现为学习目的和动机，对自身价值的实现及对社会的贡献等，影响着个人以后的努力方向和努力程度。二是学习科目的专业性。它是指所学的知识是否对应学生的兴趣爱好。例如，甲学生喜爱音乐而且有很强的音乐造诣，让他去选择学习数学是不可取的。三是责任心。学生应认识到学习与自己的责任之间的关系。四是鼓励学习的创造性。创造性地学习有利于提高学习积极性，有助于学生自身价值的提升。

第三部分

专业能力

DISAN BUFEN

ZHUANYE NENGLI

第八章　心理辅导活动课教学准备

　　心理辅导活动课是一门基于学生身心发展规律，引导和促进学生心理品质发展的综合性课程，在学校心理健康教育工作中具有基础性和先导性的地位。从目标上看，心理辅导活动课兼具发展与预防功能；从途径上看，心理辅导活动课强调活动性与体验性特征。这种功能定位和本质特点，是心理辅导活动课教学准备的重要依据。

第一节　心理辅导活动课相关理论

　　心理辅导活动课的设计与教学，必须建立在学生心理发展规律和心理特点的基础之上。只有了解儿童发展心理学，掌握学生成长过程中的挑战和机遇，才能保证心理辅导活动课的科学性和教育性。能直接指导心理辅导活动课的理论主要有发展心理学(参见第五章青少年发展心理学内容)、团体动力学和积极心理学。

一、团体动力学 ▼

　　心理辅导活动课以班级为教学单位，承载平台是学生组成的团体。团体心理的变化和发展规律，是心理辅导活动课设计的重要理论基础。在学校教育情境中，每个学生都在社会团体的人际互动中成长。不同性质的班级团体会对个体的心理行为产生不同的影响。研究团体对个体作用规律的科学，就是团体动力学。遵循并利用团体动力学规律有助于提升心理辅导活动课的实效性。

　　美国心理学家勒温在 1939 年发表的《社会空间实验》中，首次使用"团体动力学"这个概念，用以探讨团体发展规律，团体内在动力，以及团体与个体、团体与团体、团体与社会之间的关系。在勒温看来，团体并非个体的简单叠加，也并非大于个体之和。团体的本质，不在于个体之间的相似性或差异性，而在于个体作为团体成员，彼此之间的影响和依存形成了一个整体的影响力。团体的结构特性，不是由单个成员的性质决定的，而是由成员之间的关系决定的。团体具有独特的运作规律，如团体成员具有共同目标，团体具有特定组织和规范，团体成员之间有互动。

心理辅导活动课最大的特点是学生在团体中学习。设计与教学必须考虑团体的影响，尽量减少团体的消极因素，引导团体互动。团体凝聚力、团体领导者和团体氛围是心理辅导活动课需要重点关注的问题。

(一)团体凝聚力

团体凝聚力是团体对成员的吸引力，领导者对成员的吸引力，以及团体成员之间的吸引力的总称。这种具有"我们"感觉的吸引力，一方面由团体的活动定向、外部压力、组织结构及团队领导者的领导风格决定，另一方面由成员的动机与需求，成员对团体的期待与认知决定。团体凝聚力越强，团体对成员的影响力越大。

团体在很大程度上影响个体的认知和态度。在凝聚力强的团体中，成员倾向于按照团体规则和要求行事，在行动上与其他成员保持一致。成员会努力达成团体目标，更加认同在团体中的角色和地位，更愿意接受团体管理和规范并投入团体活动中。成员彼此关怀，互动更加开放，成员在团体中获得的社会支持更多。

团体凝聚力是心理辅导活动课能否成功的重要因素。樊富珉提出，凝聚力强的团体有七个特征：团体的团结不是来自外部压力，而是来自团体内部；团体内的成员，没有分裂为相互敌对的小团体的倾向；团体本身具有适应外部变化的能力，且具有处理内部冲突的能力；团体成员间有强烈的认同感和归属感；每个团体成员都能明确团体的目标；团体成员对目标及领导者持有肯定的、支持的态度；成员之间承认团体存在价值，并有维护团体继续存在的意向。

(二)团体领导者

团体领导者是在团体运作过程中，带领和指引团体成员，实现团体目标的人。在团体动力学中，不同领导风格对团体会产生不同的影响。勒温系统研究了专制型、民主型和放任型三种领导风格，获得了很多有价值的发现。

民主型领导者最能激发强烈的团体凝聚力。民主型领导者鼓励并协助所有事物的讨论和决定。在民主型领导者的团体中成员自由与任何人共事，工作分配由团体共同决定，领导者客观评价成员工作，不过多介入团体活动。

在多样化的班级中，学生拥有不同的家庭背景和人格特质，在行为模式和互动模式上有很大差异。团体领导者对于心理辅导活动课的成效具有举足轻重的作用。在心理辅导活动课中，教师是团体的天然领导者，具有引导团体发展的重要作用。

心理辅导活动课的领导者主要肩负以下三项职责：一是营造开放而安全的团体氛围，二是调动全体成员积极投入团体活动，三是用示范性方式参与和引导团体活动。根据团体动力学的特点，教师要保持真诚一致的态度，倾听不同意见，共情不同感受，引导团体的冲突力量用于问题解决，做到和成员共同成长。

（三）团体氛围

在不同领导风格影响下，成员会形成团体互动的某种共识，这种共识用言语或非言语的方式表达出来，就显现为团体氛围。在团体发展的不同阶段，团体氛围各有不同，这些特点会影响团体的发展趋势。

团体氛围可以根据团体凝聚力的变化程度和性质，分为防卫和接纳两个端点，大部分团体氛围处在防卫和接纳两极之间。在偏向接纳的团体氛围中，成员彼此真诚关怀，能够倾听他人，共情他人的想法和感受，表现出较高水平的合作与支持，成员也容易产生强烈的归属感，坦诚地开放自己，希望增进彼此的信任和理解。而在偏向防卫的团体氛围中，成员或是表现漠然，或是随意评论他人，彼此试图说服与支配对方，固执己见，隐藏自己的真实想法，无法觉察自己和他人的真实感受。

钟志农认为，团体氛围对个人的影响可能是正向的助力，也可能是负向的阻力。如果教师努力营造出一种温暖、安全和接纳的气氛，那么班级成员就能做到自由表露、相互反馈、解除心理防卫、认真探索自我，以获得个体的成长。如果教师的前期工作没有做好，师生之间没有建立相互信任的辅导关系，个体感到压力或者无章可循，那么团体成员就会相互封闭或者信口开河，于是团体阻力滋生。

团体领导者的核心任务，就是引导和调节团体氛围，营造出与团体目标一致的团体氛围。教师在团体中要示范良好的人际互动模式，多使用好奇、描述、共情、平等、尊重、协商的沟通语言，减少控制、评价、攻击等沟通语言，为营造团体氛围而努力。

二、积极心理学

美国心理学家马丁·塞利格曼认为，第二次世界大战以来的心理学主要致力于人类心理问题的解决和补救，虽然在认识、治疗和预防心理疾病方面取得了很大进展，却忽略了对正常人群的研究。他倡导研究者和大众在视角上进行转变，不仅关注疾病也要关注人的力量；不仅要修复损坏的地方，也要努力构筑生命中美好的东西；不仅致力于治疗痛苦的创伤，也致力于帮助健康的人们实现人生价值。这种正向的心理学研究方向，就是积极心理学。

《中小学心理健康教育指导纲要(2012 年修订)》明确指出了心理健康教育的总目标："提高全体学生的心理素质，培养他们积极乐观、健康向上的心理品质，充分开发他们的心理潜能，促进学生身心和谐可持续发展，为他们的健康成长和幸福生活奠定基础。"

研究者探索了积极心理学运用于教育领域的两大系统和六大模块。两大系统是身心调节系统和品格优势培育系统，六大模块包括积极自我、积极情绪、积极投入、积极关系、积极意义、积极成就。积极自我是培养及提升学生的自我认识、自尊、自爱、自我接纳、自我效能等能力。积极情绪是培养学生认识与管理情绪的能力，帮助学生了解情绪的基本规律，学会引发和提升积极情绪，调节消极情绪。积极投入是通过培养学生对生活与学习的内在动机，来提升学生的专注度与投入度，让学生学会主动创造"福流"，投入并爱上所做的事，体会过程中的快乐。积极关系是发展学生社交技能、沟通能力、爱的能力，建立和维护有价值的人际关系，帮助学生了解关系中的自我、他人与情境的关系，学习积极有效的沟通技巧，如非暴力沟通、主动建设性回应等，从而构建积极、稳定、互相支持的人际关系。积极意义是帮助学生树立正确的价值观，建立人生意义感和方向感,追求有价值、有意义的理想目标,并且激发他们持久的内在驱动力,使学生在更大范围内、更高层次上获得崇高的生命价值感和精神体验。积极成就是通过培养学生遇到挫折后复原的韧性、坚持不懈的毅力、解决问题的才干、成长型思维模式来提升学生实现有价值的目标的能力。

积极心理品质包括幸福感、满意感、希望、建构未来的乐观主义态度和对生活的忠诚等内容。研究者综合积极心理品质相关文献,提炼出六种美德(见表 8-1)。

表 8-1　积极心理品质的六种美德

美德	含义	品质
智慧和知识	能够通过获得与利用知识得到幸福生活	创造力、好奇心、开放思想、热爱学习、有视野(洞察力)
勇气	面对内在和外在压力毫不畏惧,能够为达到目标而坚持奋斗	真诚、勇敢、坚持、热情
仁慈与爱	重视与他人的关系,乐于助人	友善、爱、社会智能
正义	能够合理地处理自己与社会、集体、他人的关系	公平、领导力、团队精神
节制	善于控制自己的情绪和行为	宽容、谦虚、谨慎、自律
精神超越	重视精神力量,提高个人修养	审美、感恩、希望、幽默、信仰

积极人际关系是心理辅导活动课的重要内容。教师不但要教给学生处理人际冲突的技巧,还应培养他们良好的个性、品行、人际交往和沟通的能力,使其与同伴建立支持性的友谊,如感恩和宽恕。

感恩是指个体对他人做出的有益事情表达感谢的心理品质。我们身边有很多一直在帮助和支持我们的人——父母、老师、朋友、同学,但我们却很少正式地对他们表达感谢之情。研究发现,感恩与心理健康水平、抑郁、焦虑等情绪显著相关,表达感谢能给人带来美好、幸福的感觉,而且能够增进同伴之间的友谊,提升社会支持水平。

宽恕是指个体发自内心地原谅那些曾经误会或伤害自己的人,并且明确表达谅解的心理品质。研究发现,宽恕能够消除愤怒,减轻痛苦,修复心理创伤。具有宽恕之心的人,心境更加平和,更能体验到积极的力量。宽恕干预训练能帮助个体觉察心理防御机制，让个体找到解决问题的有效方法。通过学习，学生做出宽恕决定，采取实际的宽恕行动，从而释放消极情绪，增加积极情绪，恢复正常的人际关系。

积极心理学是当前学校心理健康教育的主导性理念，是心理辅导活动课的核心指导思想。心理辅导活动课的最终目标，就是推动学生形成积极的情绪、积极的认知、积极的行为和积极的关系，让学生在学校中有更加幸福的生活体验。

第二节 心理辅导活动课概述

心理辅导活动课是学校最常使用和最有效率的心理健康教育形式，以活动和体验为途径，引导学生心理、人格积极健康发展，最大限度地预防学生在发展过程中可能出现的心理行为问题。

一、心理辅导活动课的性质 ▾

心理辅导活动课以全体学生为教育对象，关注同一年龄段群体成长的共同挑战和困惑，以促进学生全面发展为目标，以大团体辅导为主要活动形式，具有发展性和预防性。

美国心理学家坎普伦将心理健康教育分为三个层级。一级心理健康教育尽可能控制直至消除导致个体产生心理问题和心理疾病的各种因素，营造和谐健康的家庭、学校和社会环境。二级心理健康教育注重心理问题的早期发展和早期诊断，在学生心理问题还没有加重之前，进行及时干预，防止心理问题演变成严重的心理疾病。三级心理健康教育对已经患有心理疾病的学生开展心理咨询和辅导，帮助他们尽快恢复健康，防止发生心理危机事件。

心理辅导活动课具有发展性和预防性，从途径上看强调互动性和体验性，这些性质体现在心理辅导活动课的各个方面：在教学目标上，更加关注学生健全人格的养成；在教学内容上，更加关注培养学生积极心理品质；在教学形式上，更加关注以情景体验和同伴分享为核心；在教学评价上，更加关注学生发展的可持续性。

二、心理辅导活动课的功能

学校生活不仅是学生获得良好学业成绩的关键，同时也是影响他们形成积极人生态度的重要因素。心理辅导活动课的主要功能是恢复和优化学校教育生态，形成有利于学生身心健康发展、有利于师生共同成长的文化氛围。

心理辅导活动课是素质教育的重要组成部分，在学校教育工作中占据重要地位，能够维护学生心理健康，提高教育教学质量，提升教师专业素质，促进全体学生全面发展。心理辅导活动课在班级建设中也具有重要作用，能够增进学生间相互了解，促进学生间分享经验和多元价值观，提供有效的行为反馈，提高学生问题解决能力。

三、心理辅导活动课的目标

心理健康教育的具体目标是：使学生学会学习和生活，正确认识自我，提高学生自主自助和自我教育能力，增强学生调控情绪、承受挫折、适应环境的能力，培养学生健全的人格和良好的个性心理品质；对有心理困扰或心理问题的学生，进行科学有效的心理辅导，及时给予必要的危机干预，提高其心理健康水平。

心理辅导活动课的目标兼具发展性和预防性，总目标是落实立德树人根本任务，提高全体学生的心理素质，培养学生积极乐观、健康向上的心理品质，充分开发学生的心理潜能，促进学生心理和谐可持续发展，为学生的健康成长和幸福生活奠定基础。

四、心理辅导活动课的分组

心理辅导活动课中，分组讨论是常用的基本活动形式。分组有助于强化团体成员的互动，突破全班讲授的模式，发挥价值澄清和多元互动的功能。教师如果缺乏基本的活动分组规范，就会导致心理辅导活动课中团体动力无法启动，活动效果差。

分组讨论效果差的活动课常常有以下不足：第一，活动室内整体布局不合理，小组之间相互干扰；第二，班级内成员自己组成小组，没有进行重新组合；第三，小组内活动规则不明确，小组活动混乱；第四，大组交流时教师站位不合理，不能兼顾所有小组；第五，大组交流过程中，小组间转换过渡不自然。

在心理辅导活动课中，一个班分几个小组，各小组的位置、布局会影响分组讨论的效果。因此，在心理辅导活动课开始之前，心理辅导教师要根据班级和活动室(上课地点)的情况合理确定小组数量，并进行统筹布局。

首先，要考虑小组数量。一方面，活动室内空间有限，小组太多会显得杂乱并且相互干扰；另一方面，为了全面了解情况，大组交流时要求每个小组都要发言，小组数量过多会导致发言用时过长，不利于活动课的环节安排。一般来说，中学阶段一个班级分 4～5 个小组为宜，最多不超过 6 个小组，每个小组以 6～10 人为佳，最多不超过 11 人；小学阶段小组内人数不宜过多，一般以6 人最佳，人数过多往往难以控制小组纪律。

其次，合理安排组间布局。要保障距离适合，小组之间位置不能太近，尽量给各小组足够的活动空间；要兼顾整体，所有小组在活动室内最好组成一个整体，一般操作为组成马蹄形或半椭圆形，中间留出适当的空地。布局要保证教师可以观察到每个小组的情况，每个小组都可以和教师对话，中间没有其他小组的阻断。

最后，要优化小组成员的组成。小组成员的组成常常会影响到小组讨论的质量，甚至会影响团体动力方向。在很多心理辅导活动课中，心理辅导教师没有规定分组的要求而让学生自由组合，这样常常会出现最要好的几个朋友坐在同一个小组或男女同学分组而坐的情况。这样的小组常常趋于同质，不利于学生拓展思路，而且小组讨论往往局限于自己的小圈子，讲一些他们都喜欢的话题，既不利于小组成员更好地投入活动课的主题，又不利于课堂纪律管理。为了避免上述缺点，增加成员与班级其他成员接触交往的机会，扩大学生人际交往面，增强学生的人际交往能力，在心理辅导活动课上教师常常采用课前教师安排分组或课堂上随机分组的方式。

课前教师安排分组是心理辅导教师或班主任根据学生的情况和特点，以及上课活动的内容，本着有利于活动课中小组讨论的开展的原则，进行精心安排，按同质或异质原则进行分组，事先确定小组名单并告知学生，在心理活动课上按照事先的分组名单就座。课前教师安排分组也可以采用电脑对姓名随机排列的方式进行随机分组。

课堂上随机分组是心理辅导教师在心理活动课开始时运用报数、发扑克牌等方法进行分组。比较常用的是用扑克牌按点数随机分组，优点是简单、快捷、便于控制。具体操作方法：根据每个小组的人数选用几副牌合在一起(同一点数的扑克牌数应与小组人数相同)，按小组数选取其中相应的点数，随机洗牌，随机将扑克牌分到小组中(以上步骤最好在上课前做好)。上课时让每个学生抓一张扑克牌，然后按扑克牌的点数到指定的小组就座，由小组组长检查并收取自己小组成员的扑克牌，收齐后交还给教师。

现在很多学校条件有限，没有专门的心理辅导活动课教室，心理辅导活动课只能在班级教室进行，上课时也无法重新排列位置，因此只能采用就近分组方式进行分组。每组 6～8 人，按就近的原则组合成若干小组：一般两人坐或单坐的班级，以两列前后 3～4 排为一个小组，第一排学生向后坐，中间的同学凳子侧坐形成一个小组；三人或四人并排坐的班级以前后两排为一组，前排学生向后转组成一个小组；就近分组后多出来的学生随机插入就近的小组。

另外，为了避免学生自己调换，教师应该制定对自己调换位置或不按规定到指定小组的惩罚措施，比如表演节目、打扫活动室卫生等。

五、规范讨论 ▼

(一)小组组长

组长在心理辅导活动课的分组活动中起到组织小组活动，维持小组秩序的作用。为了让活动进展得更加顺利，在心理辅导活动课分组活动中最好给每个小组确定一个组长。

组长的确定方法主要有小组推荐和随机产生两种方式。小组推荐是在分组就座之后，由各个小组快速自行推荐大家认可的成员担任组长。随机产生方法可以根据不同的分组形式运用不同的方法：如果是报数分组，可以由教师随机指定第几轮报数的学生为组长；如果在教室中上课，教师可以随机指定在小组哪个方位的学生为组长；如果是按扑克牌点数分组，可以在每个点数中安排一张与其他扑克牌有显著差异的扑克牌，抓到这张扑克牌的学生确定为组长。随机产生组长可能会产生一种现象，就是产生的组长不被小组其他成员认可，可能会影响小组的活动，特别是在有小组竞争内容的活动课上，学生会更加在意谁当组长。在课前应该对学生强调尊重每个同学，无论是谁担任组长，大家都要积极配合组长开展活动。在有竞争性的活动中最好不用随机的方式产生组长而改用小组推荐的形式产生组长。

（二）小组讨论

小组讨论是心理辅导活动课中的关键环节，能让全体学生都参与到活动中来，让学生相互沟通与传递意见、想法和感受，推动团体动力发展，从而实现活动的目标。小组讨论活动的质量高低将关系到整个辅导活动课的团体动力是否能够启动，关系到辅导的目标是否能够实现。在心理辅导活动课中，有的教师没有重视小组活动组织的规范，小组内活动规则不明确，小组讨论活动混乱，从而影响了整个辅导活动课的开展。教师在课前就要规定小组讨论的规范，在发言过程中要求学生做到：掌握讨论主题，发言不偏离主题；倾听他人发言，并具备批判能力；把握发言机会，简明扼要地提出自己的意见；用和谐友善的态度提出不同的意见；提出的意见应该具体明确，不宜空洞抽象；试着提出自己的想法，不宜要求自己的想法完美无缺；充分掌握时间，遵守时间规定。

为了避免各小组之间因为声音过大相互影响，在小组内讨论时要规定声音的大小——以小组内每个人都能够听清楚而其他小组成员都听不清楚为标准。

小组讨论形式通常有轮流发言和组长主持自由发言两种方式。小组成员轮流发言，从组长的左手边第一个同学开始按顺时针方向轮流发言，组长最后一个发言，全部发言之后小组成员还可以根据讨论的情况补充发言。自由发言则由组长主持，大家围绕主题自由发表意见，相互讨论，但所有发言必须针对整个小组和当下讨论的内容。一般来说，团体活跃、讨论积极的班级可以采用自由发言形式。对于讨论不够积极的班级，最好采用轮流发言的形式。为了避免个别学生不发言，还可以把"小组内不发言的成员"解释为"认为自己的发言重要，小组人数少需要让更多的人知道"，因此规定小组内不发言的学生在大组交流时首先发言。在小组讨论过程中，教师要来回巡查各个小组，发现小组讨论偏题或冷场，教师要进行指导或参与该组的讨论。当发现小组内没有同学发言时，可以询问组长轮到谁发言，如果这个同学说自己说过了，教师可以说："老师很想知道你发言的内容，请你再说一遍。"这样带动整个小组继续讨论。

（三）大组交流

大组交流是小组讨论的继续和延伸。在大组交流过程中，通过教师的倾听、观察和引导，通过组与组之间意见、想法和感受的相互碰撞，使学生之间的相互沟通更加充分，从而推动团体动力向预定的方向发展，实现活动的目标，使心理辅导活动课达到预定的活动效果。如果在心理辅导活动课中，教师组织大组交流不规范，心理辅导活动课就无法达到应有的效果。一般在组织大组交流过程中，应注意以下几个方面。

第一，小组发言内容与发言人员的确定。小组发言主要有两种方式：一种是对小组讨论产生的意见、想法进行汇总，一般由组长或指定的人员进行记录然后由他进行汇报；另一种是个人感受的交流，这种情况的小组发言人员应该由小组内感受最深、最具有代表性的学生发言，发言人最好是由小组推荐产生，而且发言人自己也同意。为了避免小组无人发言，在大组交流之前教师要请各组发言代表举手，以确定发言人员。对于未能推荐出代表的小组，可以解释为"每个人的观点都重要，小组内无法权衡"或者每个学生都想发言，没有诚心诚意地推荐别人，因此最后让小组内每个成员从组长开始都轮流发言。为了避免小组发言时间过长，影响活动进度，在操作时当小组组长发言后可以问是否能够代表小组成员的意见，若回答可以就不再往下轮流。

第二，小组发言学生要遵循的原则。小组发言学生在大组交流发言过程中，同样要遵守前面提到的学生在小组讨论中要注意的几点内容。

第三，教师回应学生应遵循的原则。教师在组织大组交流过程中要注意积极营造民主、和谐、信任的交流氛围；倾听、接纳、尊重每个小组学生的意见，并善用幽默；充分鼓励、强化和支持学生，激发学生思考又能够顾及学生过去的体验和现在的生活感受；鼓励、引导学生发言向正向发展，避免嘲讽、责备发言学生。

第四，小组发言顺序。大组交流时小组发言顺序的安排主要有两种顺序。一是各小组竞先发言，先举手的小组先发言。这种情况适合学生参与度比较高、讨论气氛比较热烈的班级。二是教师指定一个小组开始，按顺时针方向轮流。无论哪种顺序发言，在一个小组发言时，教师可以在倾听的基础上适当地追问或概括，但不要进行较长复述、总结或解释。并非每个小组发言时教师都要有话语回应，当学生发言比较充分，教师不需要再补充时可用简单手势过渡。为了激励发言，在一个小组发言之后，最好能够全体鼓掌，但鼓掌时间不宜过长，如可以规定学生鼓掌三下。交流有深度的自我暴露内容或悲伤话题时不适宜鼓掌，可做少许停顿。

第五，教师的站位。大组交流各小组发言时教师的站位很重要。很多教师由于发言的同学声音较轻，习惯走到发言同学前面，或者重复发言同学的话让其他同学能够听见，或者直接和他单独交流。这样就会把其他小组抛在后面，从而使其他小组脱离了讨论话题，无法将全体学生融入大组交流活动中，整个团体动力无法启动或无法朝向预定的方向发展。

在大组交流过程中，教师应该始终站在与小组发言同学相对应的马蹄形或椭圆形的另一侧(见图 8-1)，注意顾及在场所有学生。当发言学生声音过小教师无法听清楚时，应当要求学生提高声音。如果是公开课，由于场地的原因，其他教师和部分学生无法听清楚学生发言，应该事先准备话筒和扩音设备。教师和学生应该各有一个话筒，最好每个小组都有一个话筒。当条件受限，现场只有一个话筒时，教师可以走到发言学生身边，与学生共用一个话筒，面向全体学生并排站立。

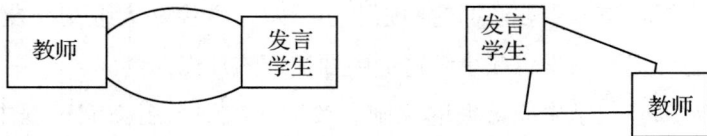

图 8-1　教师站位示意图

以上心理辅导活动课分组讨论操作规范只是在一般情况下行之有效的方法，或许还有更加有效的方法。不同的课型、不同的讨论内容应该有不同的操作方法。

第九章　心理辅导活动课教学进程

从教学进程来看，心理辅导活动课是以全体班级成员为对象，以 40～45 分钟的时间为单位，以发展心理学、团体动力学、积极心理学为理论依据，运用适当的团体辅导技术和策略，通过团体暖身阶段、团体转换阶段、团体工作阶段和团体结束阶段四个环节促进个体的自我探索和团体的互动探索，从而促进学生提升心理素质、激发自身潜力、预防心理危机的过程。

第一节　团体暖身阶段

暖身活动作为心理辅导活动课的第一个环节，它的积极意义被越来越多的心理辅导教师认同。如果盲目照搬一些暖身活动，采用的活动脱离辅导主题，就很难达到预期的暖身效果。如何开展有效的暖身活动呢？以下通过对暖身阶段的任务、主要形式、素材的选择、具体操作和注意事项等的分析具体说明。

一、团体暖身阶段的任务 ▼

心理辅导活动课采用催化取向的辅导模式，以班级为单位，利用团体动力营造和推动信任、接纳、理解、支持的团体氛围，通过共同商讨、训练、引导，解决团体成员共同的发展性问题，促进团体成员的共同成长。在活动课之初，学生还没有足够的情绪、精神准备，对辅导活动课要探讨的主题和达成的目标也茫然不知，班级内尚未形成互动、交流、分享的氛围。因此，要打破这种僵局，启动团体动力，活动开始时需要暖身，也称"破冰"。

成功、有效的暖身活动应达到以下几个目标：第一，启动团体动力，促进学生之间的初步互动，消除学生的防御心理，在团体内营造一种安全、轻松、开放的心理氛围；第二，将学生的注意力集中到当前的活动上来，引发学生参加团体的兴趣和需要，使学生在心理上为之后的活动和讨论做充足的准备；第三，心理辅导教师和学生之间建立良好的辅导关系，增进学生之间、师生之间的信任和凝聚力；第四，通过暖身后的分享，引发学生思考，揭示主题。

二、团体暖身阶段的主要形式 ▼

暖身阶段的工作重点是情绪接纳，游戏、故事、音乐、小测试或小调查、身体运动都能对个体产生一定影响，对营造良好的氛围，引发学生探索欲和初步思考，唤醒学生情绪有积极的推动作用，契合暖身活动应达到的目的。

（一）游戏

游戏是最受学生欢迎的暖身活动形式，具有趣味性、自主性、创造性、社会性的特点。在游戏中，学生能充分放松自我、表现自我、流露真情，能意识到自己作为独立的个体存在。在忘我的投入中，个体的自主性也能表现得淋漓尽致，自然也就能为团体活动的开展营造一种轻松、开放、安全的心理环境。

心理学家皮亚杰认为，游戏是思考的一种表现形式。参与者在游戏中身心是处于放松状态的，积极性高涨，其思维也是最活跃的，团体成员之间思维碰撞激发的火花也更能激发学生参与活动的热情。同时，游戏的组成是团体形态，因此，游戏时也需要成员之间的配合。在游戏过程中，有时成员之间会形成大家认可的各种规则。这种不成文的规则，约束和规范着成员的活动。成员共同的目标、规则及互动中产生的感情成为凝聚团体的力量，有助于团体成员相互信任、真诚分享。游戏的这些作用与暖身所要达到的目的可谓不谋而合，辅导教师组织适当的暖身游戏，创设良好的辅导氛围，能顺利将学生带入心理辅导活动课的下一个活动阶段。

（二）故事

讲故事和听故事是童年很自然的文化活动，故事与我们的生活息息相关。每一种文化都以寓言、神话与传说来教化儿童，传递价值和伦理观念。心理治疗师认为，孩子们的故事就像是潜意识的窗口，包含了直接的言语和隐喻的沟通，富含心理动力的意义、重要的主题和冲突。所以，听故事和讲故事作为暖身活动，可以引起学生的情感共鸣，引发学生初步的思考，既渲染浓厚的心理辅导氛围，又为辅导主题的讨论做好一定的心理准备。

（三）音乐

音乐是一种强有力的感觉刺激形式和多重感觉体验。音乐的特性使得它在生理方面、心理方面、环境方面对个体会产生一定影响。在生理方面，音乐可以引起各种生理反应，从而明显地促进人体的内稳定，减少紧张焦虑。在心理方面，音乐治疗师认为音乐对情绪的巨大作用，最终能影响人的认知体系。在环境方面，音乐的力量和价值在于它的非语言内涵：它能在较短时间内为个体营造一个安全愉快的人际交往环境，为个体提供一个通过音乐和语言来表达、宣泄内心情感的机会，为团体成员创造一个在情感交流中相互支持、理解的平台。音乐的这些特性对个体产生的微妙影响，正是暖身活动希望达到的目标。因此，只要辅导教师善于选择和使用恰当的音乐，音乐暖身作为暖身活动的一种形式就是可行的。

（四）小测试或小调查

中小学生对自我有较强的探索欲，尤其是对个体一些隐而不见的内在特质，如性格、气质等，同时，中小学生对自己与他人的想法是否有差异也有较强的好奇心。因此，采用小测试或小调查的形式能在全员参与的轻松氛围中，有效地将学生的专注力和好奇心聚焦到要讨论的话题上，引发学生的初步思考。在暖身阶段设置小测试或小调查时，除了要兼具趣味性和科学性之外，还要抓住一个"小"字，内容不宜过多，时间不宜过长，分析不宜过深，点到即止。

（五）身体运动

个体的"身"与"心"往往是融合在一起的，身体的放松会带来心灵的放松，身体的预热能带来思维的活跃。中小学生在学校课堂中大部分的时间是处于身体相对静止，精神高度集中的状态，因此也可尝试在心理辅导活动课的暖身阶段，让学生把注意的焦点放在身体的运动及对自我身体的关注上，将意识拉回到当下。此外，积极心理学的研究表明有节奏的集体活动可以让人放松和愉悦。

身体运动也常常融合音乐的设置，加入韵律和节拍，在课堂中自然形成有节奏的集体活动。

三、团体暖身阶段素材的选择

（一）素材选择的一般原则

1. 趣味性

心理辅导开始时，学生还没能进入良好的状态，或注意力不集中，或过于兴奋好奇，或观望退缩。此时，趣味性强的活动能将学生很快引入辅导现场，引发学生参与活动的兴趣和需要。

2. 参与性

学生自始至终都是心理辅导活动课的主体，暖身活动的选择应该面向全体学生。每一个学生都参与到活动中，才能增强团体的凝聚力。暖身游戏"大风吹，小风吹""口香糖""面对面的介绍"等，都需要全体学生的参与，能较快地解除学生的防御心理，催化团体动力。

3. 针对性

辅导教师要针对辅导对象和辅导内容选择暖身活动，在暖身活动中蕴含辅导主题。活动不仅能够"暖身"，还能够"辅导"，即不仅能激发学生的参与热情，激活认知态度，还要能对接下来的主体辅导起到引导作用。辅导教师也可以有意识地利用暖身活动做一些与辅导有关的观察和了解。例如，在注意力辅导中，借助"抓手指"这一暖身游戏，紧扣主题，可以取得很好的辅导效果。

4. 时效性

素材的选取应注意与时俱进，具有时效性。采用的素材要尽可能地结合当前大家关注的话题。通常，同时期的故事或具有时代特点的歌曲，更能得到学生的认可和关注。

（二）素材选择的操作策略

不同的暖身活动具有不同的特点，会带来不同的活动效果。一般来说，心理辅导活动课中选择何种暖身形式及素材，最先要考虑的是心理辅导活动课的暖身活动需要着重达到什么目标。通常，暖身活动的目标是比较一致的，但因为学生情况和活动主题的差异，每次暖身活动在目标达成的侧重点上会有所不同。所以，辅导教师在暖身形式及素材选择的具体操作上应以目标为导向，提高暖身活动的有效性。

1. 克服团体初建时的陌生感，加强团体成员凝聚力

示例 1：常用"抓手指"游戏进行暖身。小组成员围成一圈，在轻松而欢快的气氛中进行游戏，彼此认识、相互配合，增进生生、师生之间的信任感和凝聚力。

选择策略：选择表现形式活泼、趣味性强、便于操作、能促进学生初步互动的游戏。

选择理由：形式活泼的游戏能让学生较快地投入活动中，促进成员间相互熟悉和默契配合，体验教师的尊重、关爱、接纳，感受学生之间的真诚。

示例 2：在"价值大拍卖"心理辅导活动课上，辅导教师考虑到该班为幼师班，学生能歌善舞，提议合唱熟悉的歌曲。歌声响起，紧张的气氛一下缓和许多。

选择策略：选择贴近学生生活，学生熟悉、喜爱，能给学生带来温暖或激情，能勾起学生美好回忆的音乐。

选择理由：熟悉的歌词、旋律，以及由此引起的回忆，让人感觉安全，在这样的氛围下学生更容易意识到彼此的相同点，解除防御心理，在不经意间打开心扉，融入课堂。

示例 3：在小学四年级的情绪管理课上，教师采用"拍拍操"作为暖身活动。在朗朗上口的指令下，全体师生投入其中，专注而有序。在越来越快的节奏中，频频出现手忙脚乱的情况，传出阵阵笑声，师生间、生生间的距离迅速拉近。

选择策略：选择对场地要求不高，且配合有节奏的韵律和指令，容易上手的运动方式，如果能兼具一定挑战性，效果会更好。特别要注意的是，教师不能作为旁观者，需全程参与其中。

选择理由：在彼此陌生的氛围下，身体运动是比较安全且容易的启动方式，

且身体层面的"动"能带来意识层面的放松与开放，有利于团体成员的连接与融入。

2. 引出心理辅导活动课的主题，激发学生参与热情

示例 1：在小学五年级"我们的注意力"心理辅导活动课暖身阶段，学生一边做游戏，教师一边播放有趣的图片和声音进行干扰。游戏结束后教师与学生分享做对或做错的原因，然后水到渠成地引出主题。

选择策略：选择操作简单、体验性较强的小游戏，游戏的核心需与心理辅导活动课方向一致，在游戏分享环节引出主题。

选择理由：在游戏中，学生可以体验合作、竞争、交流等社会实践行为，从而提升学生的社会适应能力，这与许多心理辅导课的内容及目的一致。

示例 2：在小学六年级"情绪大转盘"心理辅导活动课中，教师邀请了一位学生描绘自己曾经的不良情绪，结果引发学生的情感共鸣，激起了学生参与讨论的内部需要。

选择策略：选择的故事尽量贴近学生生活实际，并紧密联系辅导主题。

选择理由：由于故事来自学生生活且具有代表性，所以，当教师让学生探讨看法时，他们往往思维活跃，课堂也很快就充满了活力。

示例 3：在七年级学生的异性交往心理辅导课上，教师在暖身阶段播放歌曲，立即吸引了学生的注意力，引发了学生的讨论，使活动课自然进入主题。

选择策略：选择具有歌词的音乐时，歌词表达的内容与要讨论的主题需密切相关，且具有较强的话题性。

选择理由：歌词内容提供了明确的主题指向，旋律和节奏营造了相应的氛围。因此，话题性的歌曲更能引发学生的讨论热情，使学生在讨论时言之有物。

示例 4：在八年级学生"瞧，我们这一家"心理辅导活动课中，教师在暖身环节设计了小调查的活动。通过一组对比调查，教师让学生感受到父母无条件的爱，从而将主题引向亲子关系辅导，也为后续学生更积极地看待自己的家庭奠定了基础。

选择策略：选择与主题相关、题量少、统计方法简单、有趣味性、有反差性的小测试或小调查，在测试或调查之后，教师需要对学生说明测试或调查的

局限性，使学生科学合理地看待。

选择理由：小调查让学生对自我进行初步的探索，同时呈现的结果也更客观地展示了学生群体的情况，会引发个体的认同或思考。

3. 调节学生的情绪状态，满足心理辅导的需要

示例 1：常常在上课要开始时，教室里还一团糟。这时教师播放一段轻柔、舒缓的音乐，并引导学生闭上眼睛认真听，结合指导语展开想象，往往能使学生渐渐安静下来。

选择策略：学生的情绪较为激动，而团体活动需要深层次的思考，可选用舒缓轻柔的音乐；学生的状态不够积极，而团体活动需要大家活跃的思维，可选用节奏感强或欢快的音乐。

选择理由：音乐在调节情绪方面的优势在于非语言内涵，这与人类的潜意识活动联系紧密。

示例 2：在高三考前心理辅导活动课上，教师在暖身阶段设计了师生随着音乐和画面共跳"海草舞"的活动，现场瞬间被点燃，为后续活动的开展创设了适宜的氛围。

选择策略：可选择时尚、有趣、节奏感强、适合学生年龄特点的身体运动，包括舞蹈、健脑操、韵律操、注意力训练活动等。

选择理由：时尚、有趣的舞蹈常常对青少年有较强的吸引力，在教师的带领下，学生从相对拘束到随着音乐舞蹈，身体的运动带来心理的放松。

4. 渲染气氛，让学生在特定的情境中体验当时的感受

示例 1：在小学六年级"应对挫折"心理辅导活动课中，辅导教师设置了测试记英语单词的情境，当学生感受到一定的挫折时，教师引出本课主题。

选择理由：选择游戏应具有情境性，游戏中虚拟的情境能引起游戏者相应的情绪体验。

示例 2：在高一关于爱情观的心理辅导活动课上，教师缓缓讲述自己高一时一次特别的情感经历。教师在讲述中似乎回到了从前，也把学生拉到了那种难以选择的矛盾心理中。

选择理由：故事能发挥语言渲染作用，教师声情并茂地讲述也有助于创设特定的情境，使学生如临其境，形成良好的情感互动。

示例 3： 在八年级亲子交往的心理辅导活动课上，教师播放歌曲《我想更懂你》。歌曲展示了母子间想爱又不知该如何爱的状况，很多学生自然想起了生活中与父母相处的类似场景，感受到当下想接近又怀有不满的复杂情绪。

选择理由：音乐对于情绪具有较强的影响力，能把人带入某种情感体验中。

四、团体暖身阶段的具体操作

(一)游戏暖身的呈现方式

1. 明确游戏规则

游戏规则可以通过书面和口头的形式呈现，规则的表述要详细、完整。使用书面形式呈现规则时，辅导教师也要再进行口述，力求每个学生理解游戏的过程和要求。

2. 示范游戏

示范可以使成员更好地理解游戏。通常，教师会请志愿者和自己一起示范游戏的过程和规则，一边讲解，一边和志愿者演示过程。最后，确认每个成员是否都已明白规则。

3. 进行游戏

辅导教师积极参与，和学生一起按照规则进行游戏。

4. 分享游戏感受

全班范围内分享游戏感受，交流自己的体验和感悟。

(二)故事暖身的呈现方式

1. 互动接故事

互动接故事是呈现一个故事的开头，让学生根据自己的想象设计剧情的方式。这种呈现方式能提高学生的参与度，激发学生的活动兴趣，但是在呈现过程中容易出现时间上的拖沓。辅导教师在设计故事时要灵活处理，在实际操作中也要视学生的表现随机应变，把握好活动时间。

2. 以视频或文字呈现故事内容

视频或文字呈现故事内容是最简单的一种呈现方式，易于操作，学生在欣赏故事的过程中，可以产生初步的情感体验。用文字呈现故事时，教师要考虑学生的识字量和阅读能力。一般情况下，针对低年级的学生时，不适合采用文字呈现故事这一形式，可以用图片代替文字或图文结合的方式。

3. 角色扮演

角色扮演可以满足学生内在的表演欲望和创造欲望，引发学生参与活动的热情，并能在较短时间内将学生的注意力吸引到活动中来。角色扮演也能让扮演者体验角色的情绪，用表演的形式将难以用语言表达的想法宣泄出来，以获得情绪上的疏解。例如，在以"认识情绪"为主题的心理活动课中，辅导教师在暖身阶段，让学生用自己的方式表演用文字出示的各种情绪词，表演者自然真诚地、有创造性地进行角色扮演，其余的学生在观看的过程中，体会个人情绪与外在表现的联系，既达到了暖身的目的，也很好地引出辅导主题。

4. 以文字或图片呈现故事片段

辅导教师可以用关键性的文字、图片呈现故事片段，再用生动的语言串联整个故事。教师在讲述故事的时候，要注意停顿和语调，尽量将学生带入故事情境，引起学生情感共鸣。采用这种方式，辅导教师需要有较好的语言水平和朗读功底，也可以事先录制好故事，配合文字片段或图片播放，以弥补教师朗读水平上的不足。

(三)音乐暖身的呈现方式

相同的音乐素材采用不同的方式呈现会产生截然不同的效果，在心理辅导活动课的暖身阶段，音乐素材的呈现可以分为作为主体呈现和作为辅助手段呈现两种方式。当我们将音乐作为活动的主体呈现时，可以考虑下面几种方式。

1. 音频呈现

单纯播放音乐提供给学生的感觉刺激和情感体验较少，因此这种方式较少独立应用于音乐暖身活动中。在学生进入心理辅导活动室时，在活动课开始之前提供合适的音乐对营造温馨、安全的心理氛围是有益的。

2．音乐电视呈现

音乐电视与单纯的音频呈现相比，多了视觉刺激，能更多地吸引学生的注意力，不过在选择时要充分考虑画面的恰当性。一般来说，在暖身阶段，以画面来叙述故事或展示某个场景的音乐电视优于以舞蹈和歌手为主要画面的音乐电视，因为前者能够更多地引发学生的情感体验和对主题的思考，而后者容易让学生将注意力放在歌手或舞蹈上，反而削弱了教师期待学生产生的情感体验。

3．学生合唱

这一方式能够在一开始就自然而然地邀请学生加入团体活动，营造轻松、安全、开放的氛围。合唱曲目必须是学生喜爱的、熟悉的、朗朗上口的。曲目的产生可以通过以下两种方式：第一，在现场征求学生的意见，集体清唱；第二，由教师事先准备相应的歌曲，暖身阶段呈现音频和歌词，学生集体跟唱。一般在辅导活动课中，第二种方式运用得较多，其优势在于教师可以根据活动课主题选择具有针对性的歌曲，适当调控学生的情绪，为团体活动做好心理准备。

4．教师独唱

这一呈现方式最大的优点在于能迅速吸引学生的注意力，拉近教师和学生的心理距离。例如，在以"亲子关系"为主题的心理辅导活动课中，教师以独唱《天亮了》开始，其悠扬的旋律和优美的歌声一扫课前学生对辅导教师的陌生感，对之后的活动表现出极大的热情和期待。此外，教师独唱也是一种自我展示和自我开放，教师开放的态度给予学生很好的示范，能潜移默化地带动学生参与活动。一般说来，采用这种方式，教师需要有一定的音乐素养和歌唱实力。在这一过程中，辅导教师也不能过于彰显个人魅力，防止学生将过多的注意力集中到教师身上，反而不利于正常的师生互动和生生互动。

5．音乐想象

音乐想象可分为引导性和非引导性两种。引导性的音乐想象指的是教师通过音乐的选择、想象情境的设定和想象进程的控制，主动引导学生进行联想。

非引导性的音乐想象指教师根据需要，选择恰当的音乐，让学生跟随音乐进行自由联想。两者相比，引导性想象中教师的控制性较强，适用于较浅层次的交流，其内容主要是美好的情境和良好的自我体验，其目的是消除紧张情绪，强化安全感和放松感。非引导性想象中学生的主动性较强，更适用于深层次的交流。因此，在暖身阶段，引导性想象较为适用。例如，在以克服考试焦虑为主题的心理活动课中，教师首先播放一段轻音乐，引导学生想象自己舒服地躺在沙滩上，听着海浪轻轻地拍击海岸……柔和的音乐配合教师缓缓的描述，很快让学生体验到了放松的感觉。

(四)小测试或小调查暖身的呈现方式

1. 精心组织指导语，说明操作规则

指导语要求清晰明确，根据需求可简洁可详细。操作规则主要说明学生采用何种方式作答，如纸笔作答、用某个动作来表示等，教师采用何种方式统计，统计哪些信息等。

2. 开展测试或调查

依据操作规则实施小调查，教师或仔细观察，及时解决学生遇到的问题并给予指导；或站在中立的角度积极投入互动调查中。

3. 测试或调查结果反馈

结果反馈通常包括两种情况。一是教师公布评判标准，由学生自行算分，得出结果。通常，在需要考虑学生心理安全感和保护隐私的小调查中可采用这种方法。二是教师进行现场统计。通常，在题量少、易于统计且统计结果具有课堂价值的小调查中采用这种方法。

4. 分享小测试或小调查的感受

全班范围内随机分享，促进学生进一步思考。

(五)身体运动暖身的呈现方式

身体运动暖身的呈现方式相对简单，可直接播放音频、视频，由教师与学生共同跟随进行。如果运动相对复杂，可通过"先示范练习，后跟随进行"的方式引导学生逐渐投入。通常，在运动暖身的过程中要考虑空间的限制、安全因素等，动作不宜过于剧烈。

五、团体暖身后的分享

暖身活动后的分享是团体启动的预热，属于较浅层次的交流，一般在活动后就直接进行全班范围的交流，不需要经过小组讨论。此刻的分享目的仍在于解除个体的防御心理，创设开放、安全的心理氛围，因此在分享中应遵循"广泛互动，点到即止"的原则。即在较短的时间内教师尽可能地与多个学生进行交流，但与每个学生交流的时间不宜过长，了解一定的信息即可。辅导教师对学生的分享不做对与错的判断，倾听、尊重、接纳学生真实的表达，但可以做适当的引导，使暖身活动紧扣辅导主题。通常，辅导教师需要根据暖身活动的目的确定一个具体的分享点。分享点可以从以下几个方面选择。第一，针对暖身活动的内容或过程提问。第二，分享暖身过程中联想到的生活实际。第三，针对暖身活动涉及的主题，简单说明自己的观点。第四，交流暖身活动时的情绪体验、互动经历等。

六、团体暖身阶段注意事项

第一，暖身时间不宜过长，一般3~5分钟为宜。过长显得拖沓，学生容易疲倦；过短学生还未进入状态，团体氛围还未形成，达不到暖身的目的。

第二，应对学生的观望状态。在课程开始之初，由于各种因素的影响，很多学生会处于观望状态。因此，暖身阶段的活动通常选择需要全员参与的活动。同时，以教师对学生的尊重和接纳促进团体的和谐及学生对团体的信任。

第三，探询应适度。教师要通过肢体、表情、语言等方式，全方位充分展现对学生尊重、关怀、理解的态度。教师应耐心倾听、支持鼓励，重点做好氛围营造和行为态度示范。因此，在该阶段，过深的分享、直接的面质、过度的追问是不合宜的。

第四，提前告知课堂公约。在暖身阶段或课前应告知学生班级心理辅导活动课的公约，如"彼此尊重、全情投入、畅所欲言"等，告知学生倾听他人意见，保守团体或个人秘密等规则。如有必要，教师也可以在第一节心理辅导活动课上专门告知并示范、练习，在前期课程中时常提醒，直至形成班级习惯。

第五，特殊情况应对。如果暖身后的分享是真实的现场生成，自然的情感流露，教师可以直接过渡到活动主题的展开，甚至不必拘泥于设计环节的限制；如果出现暖身失败的情况，教师应考虑再增加一个暖身活动，以便重新建立良好的辅导关系和心理氛围。

第二节　团体转换阶段

团体转换阶段肩负着由"团体凝聚力初步形成"向"运用团体动力解决团体共同关心的某个发展问题"转移的重要任务，团体转化阶段的主要目的是凝聚团体动力，缓解班级学生焦虑，为团体工作阶段做铺垫。团体转换阶段的设计必须围绕辅导目标展开，并与工作阶段的内容紧密相关。

一、团体转换阶段的任务 ▼

团体的推进是一种自然进程，前后各阶段是相互依存、密不可分的整体。在心理辅导活动课中，团体转换阶段起着承前启后的作用。

团体转换阶段的前阶段是团体暖身阶段，后阶段是团体工作阶段，三者关系如图 9-1 所示。

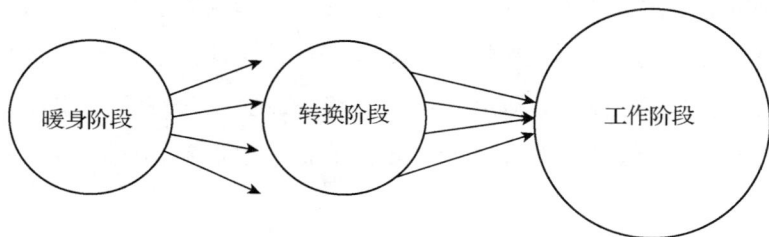

图 9-1　转换阶段与前、后阶段关系

从内容上讲，暖身阶段的活动可与辅导目标无关，也可与转换阶段无关；从关系上讲，暖身阶段为转换阶段做了铺垫，其作用在于将学生的注意力引向转换阶段，促进师生间、生生间的互动，初步建立辅导关系。从内容上讲，转换阶段必须围绕辅导目标展开，并与工作阶段的内容紧密相关；从关系上讲，转换阶段为工作阶段创设了安全、信任、开放的团体氛围，使工作阶段得以有效进行。

为了实现团体辅导活动课的目标，团体转换阶段关注的辅导关系及主题的展开应该在学生学习的最近发展区内。而这里的最近发展区就相当于为团体工作阶段提供一个教学支架，在这个支架内，学生开始认知、情绪和行为上的准备。要说明的是：这里的学习不一定是知识方面的，更应包括对某一成长困惑的理解及把握。

(一)凝聚团体动力

心理辅导活动课在暖身阶段通过活动让班级学生投入心理辅导活动课中，班级团体动力得以启动。但此时，班级团体的动力还未指向明确的方向。团体转换阶段需要通过具体的情境呈现与讨论，将班级团体的动力凝聚到特定的方向，使班级学生拥有共同的话题，并产生针对这一话题展开深入讨论的愿望，从而使整堂活动课能够围绕事先设计的主题和方向展开。

(二)缓解学生焦虑

班级心理辅导活动课的目的是针对学生现阶段关心的某个发展主题开展工作。在心理辅导活动课的具体操作过程中，教师不能让学生直接就现阶段班级共同关心的某个发展问题展开讨论，主要原因有两点：其一，此时学生没有心理准备，缺乏安全感，焦虑程度过高，无法放开自己，不能真诚地参与讨论，也就无法达到活动课预定的目的；其二，学生很难立刻体验现阶段问题情境中的感受，在这样的情况下直接讨论，学生没有切身体验，常常会成为空谈。

团体转换阶段可以缓解学生焦虑。团体转换阶段呈现和讨论的是学生现阶段以外的情境，学生可以用局外人或过来人的身份展开讨论，学生会感到更加安全，能够逐渐打开自己，为团体工作阶段中讨论并解决自身的问题打下基础。

团体转换阶段可以创设氛围。通过在团体转换阶段设置恰当的活动，学生可在低焦虑的状态下不断放开自己，逐渐融入团体讨论。通过讨论，学生之间的交流增多，班级团体人际关系更加积极安全，从而创设出良好的团体氛围。

（三）为团体工作阶段打基础

团体转换阶段可以进行理论演练，为团体工作阶段打基础。团体心理辅导活动课的工作是以一定的心理辅导技巧为支撑的，学生能否掌握这些解决问题的方法，决定了团体工作阶段能否扎实有效地开展。因此，在团体转换阶段，辅导教师需要和学生一起演练运用这些技巧，并及时就其中不足的地方进行调整。

二、团体转换阶段情境材料的选择 ▼

心理辅导活动课团体转换阶段情境材料的选择要充分考虑该阶段的任务。

（一）情境材料的选择要凝聚团队动力

第一，情境材料应符合学生的年龄特征，其内容与形式要让学生感兴趣。辅导教师要避免根据自己的喜好选择情境材料，从而导致出现严重脱离学生实际的情况。

第二，情境材料应符合心理辅导活动课的主题，但与团体工作阶段的情境要有所区别。团体转换阶段的情境体现的主题必须与团体工作阶段要解决的问题情境主题一致，只是在某些因素上(如人物、时间、地点)或表现形式上(如音乐、文学作品、影视作品、游戏或场景体验等)不同。

第三，与暖身阶段相比，转换阶段的情境材料应让学生产生更丰富、更深刻的体验。从形式上看，团体转换阶段的很多形式与暖身阶段是相同的，但落实到情境材料的选择上，转换阶段的情境与暖身阶段的情境需要达成的目的是不同的。例如，团体暖身阶段和团体转换阶段都可能有游戏的设计，但呈现形式不同。团体暖身阶段的游戏一般比较简单，活动时间较短，形式较活泼，注重鼓励学生，让他们乐于参与其中，游戏后进行简短的分享，甚至可以不进行分享直接进入转换阶段。但是转换阶段的游戏则需要相对较长的时间，需要学生在参与的同时，从中获得更多的体验，游戏后必须有相对充分的分享讨论。转换阶段游戏的体验与分享是最重要的环节，如果没有体验和分享，单纯是做游戏，就无法完成团体转换阶段的任务。

又如，团体暖身阶段和团体转换阶段都会选择音乐作为情境材料，但在暖身阶段常会选择一些没有歌词又富有动感的音乐作品，且经常与简单的活动相结合，让学生动起来，起到感染的作用，而在转换阶段一般会选择与团体工作主题相关的、有歌词的歌曲或把音乐与冥想结合，通过歌词唤起学生与团体工作阶段相关的情境体验，或者通过冥想让学生体验团体工作阶段相关的情境。

(二)情境材料的选择应考虑安全性

心理辅导活动课的最终目的是促成学生更好地认识和接纳自我。那么，在辅导前后，我们希望学生在自我认识方面发生什么变化呢？樊富珉教授在《团体心理咨询》中用乔韩窗口来讲述这一变化，给了我们很好的启示。[①]

乔韩窗口理论把自我划分为四个领域：公开领域、盲目领域、隐秘领域和未知领域，如图9-2所示。A格代表我们自己知道，也会让别人知道的领域。这一部分我们不能隐藏，或者我们愿意公开。B格代表别人知道而自己却不知道的领域。这是我们自己没有意识到或无意识地在别人面前表现的部分。C格代表我们自己知道，别人不知道的领域。这是我们不愿意在别人面前表露出来的部分，属于个人隐私。D格代表我们自己不知道，别人也不知道的领域。这是我们无意识的部分。

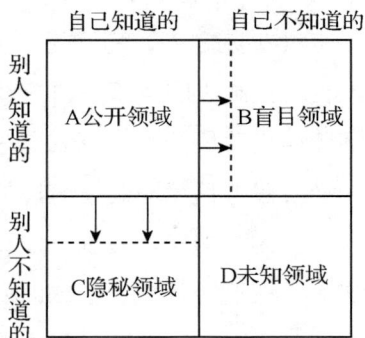

图9-2 乔韩窗口

———————————

① 樊富珉.团体心理咨询[M].北京：高等教育出版社，2005：108-109.

乔韩窗口理论认为，每个人的自我都由这四个领域构成，但每个人四个领域的比例是不同的，而且随着人的成长，自我的四个领域会发生变化。当一个人自我的公开领域扩大，则其生活变得更真实，不论与人交往还是自处，都会轻松愉快而有效率。心理辅导活动课的目的之一是扩大学生的公开领域，这也是团体工作阶段的主要任务。公开领域的扩大可以通过自我开放，使一部分隐秘领域的内容进入公开领域；也可以通过他人反馈，使一部分盲目领域的内容进入公开领域，正如图 9-2 中箭头所示。

心理辅导活动课在帮助学生扩大自我公开领域的过程中，必然会引发学生的焦虑和抗拒情绪。因此，心理辅导活动课没有直接讨论现阶段学生面临的问题，而是在工作阶段之前设计了转换阶段。在转换阶段中，教师可以设计与学生面临的问题相关的话题，以此作为一个安全的切入点引发讨论，这就能有效避免学生因直接讨论自身现阶段问题产生过强的焦虑感。基于以上考虑，转换阶段的情境材料一般应属于学生公开领域，让学生感到安全，没有过大的心理负担。在团体转换阶段，教师可以让学生先讨论过去的或他人的情境，由于这些情境和现实的自己有一段距离，学生会感觉相对安全，容易打开心扉，真实地表达自己的看法和感受。

(三)情境材料的选择要为工作阶段做准备

这些准备包括认知的准备、情绪的准备和行为的准备。每一次情境的设计和选择可能兼顾这三个方面，但是会有某一方面的侧重，这种侧重倾向称为情境选择的主要目标，具体参见表 9-1。

表 9-1　团体转换阶段情境材料选择

主要目标	选择策略	工作原理	示例
认知的准备——引发认知冲突	选择与现实问题具有对比性的情境，这种对比性可表现在时间、空间、地点、人物上，也可以表现在行为上	皮亚杰的认知理论：当个体产生了认知冲突，同化、顺应才有可能发生，才可能成长和发展	"嗨，男生女生"呈现过去的视频，引发学生的思考：为什么我现在和过去不一样了？（时间上的对比）

续表

主要目标	选择策略	工作原理	示例
情绪的准备——引发对主题的感性体验	选择与主题相关的趣味性游戏或故事	动机理论：在趣味性游戏活动中，学生参与度比较高，内在动机易被激发	"五彩情绪"抢凳子游戏，让学生在游戏中，体验情绪；"价值观拍卖"通过拍卖游戏，让学生体验自己的价值观
行为的准备——引发积极思考或行为	选择正面的情境或游戏，在这样的情境中体验自己或别人的成功，引发思考：我/他/他们是怎么做到的？	社会学习理论：榜样示范、观察学习、替代强化	"张开隐形的翅膀"雷庆瑶的故事；"我的AB剧"黄永玉的故事；"团队因我而精彩"团队游戏过程

三、团体转换阶段的具体操作

(一)情境呈现

情境呈现是以具体的方式，呈现一个与班级学生共同关注的话题相关的情境，让学生在情境中产生体验，调动学生的情绪，创设良好的班级团体氛围，为切入主题做准备。在团体转换阶段，情境的呈现方式也决定了学生对辅导关系和辅导主题的参与程度。在选择情境呈现方式的时候，教师要考虑该呈现方式是否能引起学生情感的共鸣，是否能让学生有话可说，是否利于师生间的亲密互动。总之，情境的呈现方式应重点关注学生对该情境的情感投入。转换阶段的情境呈现方式可以分为非活动性和活动性两类。

1. 非活动性呈现方式

非活动性呈现方式是辅导教师将现成的材料直接展现给学生，不需要学生参与活动的一种呈现方式。例如，欣赏音乐，观看影视作品，听故事或案例，观看辅导教师课前拍摄的录像或学生表演的小品等。在这些活动中，学生只需要欣赏体验，不需要参与其中。

在运用非活动性方式呈现情境时，辅导教师要注意想办法让学生进入呈现的情境中，让其感同身受。在这一阶段，教师可以根据呈现的情境，适当地提出几个相关的问题，让学生带着疑问来体验将要呈现的情境。

2. 活动性呈现方式

活动性呈现方式是需要学生参与活动的一种呈现方式，即通过班级学生参与活动来创设情境。活动性呈现方式主要包括故事、音乐、体验性活动、文艺作品等，不同的呈现方式又有不同的呈现技巧，具体参见表 9-2。

表 9-2　活动性呈现方式

呈现方式	操作原则	呈现技巧	工作原理	注意/示例
故事	趣味性 参与性 针对性 时效性	视频或文字呈现故事内容	刺激较少，学生可以有更安静的空间体验思考	注意：对于低年级学生要考虑阅读速度和识字量
		故事接龙	学生在续写剧情中投入了情感，也投射了自我	示例：给出男女主人公的开端，让学生续写故事
		角色扮演	扮演者体验角色的情绪，同时学生扮演者特有的表现方式，能引起学生情绪共鸣	示例："我与同桌"中的"同桌招聘会"
		用关键性的文字、图片呈现部分故事片段	留有悬念，融入辅导教师的情感，加深学生的情感共鸣	注意：教师自身的讲述能力及情感投入程度
音乐	选择舒缓而宁静的音乐	音乐冥想	利用特定声音素材的声波振动来调节脑电波的频率及身体各个器官和系统运行的节奏，使身心的运行更加协调和富有效率，容易消除防御，投入情感	示例："生涯规划"生涯冥想
体验性活动	趣味性 针对性	师生、生生的互动体验	学生在体验中建构对于问题的看法和感受	示例："让我更懂你"中的画图形和猜图形游戏；"嗨，男生女生"男女生对对碰游戏

续表

呈现方式	操作原则	呈现技巧	工作原理	注意/示例
文艺作品	时效性 针对性	电视节目片段	激发兴趣 引起共鸣	示例："张开隐形的翅膀"用了雷庆瑶的视频
		艺术背景介绍		示例："积极心理暗示"明星照背景介绍
		影视片段		示例："对性骚扰说'不'"用了《疯狂的石头》片段

以活动性方式呈现情境要特别注意三点。第一，要考虑活动的每个细节，做好恰当的安排。例如，在"团队因我而精彩"一课中，当教师发现班级人数为单数时，就在分组前让班级公推一位最公正的同学来担任裁判员，一位既公正又手巧的同学来担任计时员，一位计算高手来担任记录员(如果班级人数是偶数就将计时员和记录员合并)，并要求被推选的学生当众宣誓就职。在分组前公推，很好地避免了分组后再选人产生偏袒现象，同时又使裁判员、计时员更有公信度和责任心。第二，要明确活动的内容、要求和活动规则，努力创设活动氛围，让每个学生都参与活动。第三，在活动过程中要注意维持活动秩序，及时处理和阻止违反规则的行为，让整个活动按既定的方案顺利进行。

此外，在转换阶段情境呈现的过程中，辅导教师无论选择非活动性方式还是活动性方式，都要先通过渲染调动学生的兴趣，把学生的注意力集中到将要呈现的情境中。

(二)讨论分享

讨论分享是指学生针对情境呈现过程中自己的观察，产生的体验或想法，以及自己的分析或思考和大家进行分享和讨论。讨论分享的质量将关系到活动课的团体气氛，关系到整堂活动课的团体动力，关系到活动课阶段的转换，以及关系到团体活动课的进行。

团体转换阶段的讨论分享一般分为小组讨论和大组交流两个阶段。无论是小组讨论还是大组交流，首要任务都是解决班级学生的焦虑和抗拒心理，为班级团体创设安全的、积极互动的氛围。

1. 小组讨论

团体转换阶段的讨论分享形式必须从小组讨论开始。首先，小组成员人数比较少，小组讨论能有效降低成员的焦虑，在心理上感到相对安全。其次，学生在与工作阶段的问题密切相关的情境上充分发表自己的意见和感受，并不断对他人的意见予以反馈，彼此间进行有效交流，这样能进一步将团体动力凝聚到辅导目标上，并不断激活和扩大团体动力，为大组交流和团体工作阶段打下基础。

规范组织小组讨论，创设良好的讨论氛围，辅导教师需要注意以下几点。第一，小组讨论之前，教师一定要让每个学生明确分享和讨论的内容，让组长和组员明确自己的职责。第二，教师对情境做表层的讨论，利于成员表达观点即可。第三，在小组讨论过程中，辅导教师应来回巡查各个小组，进一步展现自己的尊重、接纳、关爱，以及开放的心态，鼓励每个成员参与，为小组讨论做示范。第四，在情境讨论时，教师应该让每一个学生都参与讨论，不宜跳过小组讨论而直接全班分享。

2. 大组交流

分组讨论后的大组交流是小组讨论的继续，具有以下几个作用。第一，进一步扩大班级学生的安全感，解除学生的过度焦虑和抗拒心理。第二，让学生在全班面前针对与团体工作阶段相关的问题情境，充分发表自己的意见和感受，把自己小组的观点呈现在大家面前，以此和其他小组的观点进行碰撞，并对其他小组的意见予以反馈。第三，通过教师的倾听、观察和引导，进一步促进各组间意见、想法和感受的碰撞，使学生之间的沟通更加充分。

在大组交流过程中，辅导教师需要注意以下几点。第一，在大组交流过程中，辅导教师更多地是充当"主持人"的角色，组织各个小组将自己小组的意见和看法呈现给大家。第二，辅导教师的回应更多地表现为共情、接纳，而不宜使用面质、澄清等技术，教师在组织大组交流过程中要注意积极营造民主、和谐、信任的交流氛围。第三，辅导教师应尽量减少自己的发言时间，一般只做必要的澄清或简短的小结，不质疑和进行长篇的总结，更多地倾听、接纳、尊重每个小组学生的意见，让组与组之间进行自然碰撞。第四，辅导教师要特别注意恪守价值中立原则，并继续充分展现自己尊重、接纳、关爱的辅导态度。在这期间，辅导教师要特别注意的是在发现学生的价值观与自己的价值观产生明显冲突时，不管学生的观点是否正确，一般都不做正误判断，依然对学生无条件积极对待，接纳学生。

在很多心理辅导活动课中，心理辅导教师不能真正做到价值中立。辅导教师发现个别学生在发言中体现的价值观有明显错误时，往往会迫不及待地加以纠正，担心这种观点可能在团体内造成更大的负面影响。其实一个观点如果能够引起更大的负面影响，那肯定有深层次的原因，如果教师草草纠正它，就无法进一步发现更深层次的因素，也就无法彻底解决它。辅导教师只有以尊重、接纳、关爱的态度对待这个观点，才能引发学生充分发表自己的看法，对问题进行更加深入的讨论。随着讨论的进一步深入，在团体工作阶段通过更正确的观点的冲击，错误的价值观一定会得到澄清和纠正。相反，如果在团体转换阶段，辅导教师只要发现学生价值观的偏差，就迫不及待地予以纠正，粗暴地给予干预，很有可能引起学生的逆反心理，反而让学生更加坚定自己错误的价值观。

当然这并不是说在团体转换阶段，辅导教师就不能对学生进行指导，只是一般不直接从观点是否正确方面指导，更多是在解决问题的方法上适当加以引导。从理论上来讲，在每一堂心理辅导活动课中，辅导教师都应该有自己的理论取向，并在团体工作阶段运用该理论中的某些辅导技术来对学生进行干预，从而引导学生向积极的方向发展。就这个角度来讲，辅导教师在团体转换阶段的大组交流中，应积极抓住现场呈现的有利机会，尝试教会学生运用理论技巧，讨论如何运用技巧解决转换阶段情境中的问题，并进行适当的演练，为团体工作阶段打基础。

讨论和分享是被见证的过程，在讨论中学生的观点会流动碰撞，产生新的观点，而新的观点可能是不被看见的故事，也可能是支线故事的入口。人们在平常的生活中只看见主线故事，没有机会去看见支线故事，看见资源故事。而通过讨论和分享，人们可以去发掘支线故事，增加自我认同感。例如，课例"我的剧本人生"中辅导教师让学生回顾自己十几年来的生命历程，寻找属于自己的重要时刻，以及在这段经历中的收获，并以小组为单位简单交流自己的生命故事并推荐到大组分享。在这段讨论中学生分享自己的生命故事的过程，也是让自己生命中的经历被自己和同学看到和见证的过程。此时的小组讨论，每个人都是故事的分享者，同时也是故事的见证者，分享和见证让故事变得更加有意义。

四、团体转换阶段可能遇到的问题及处理方法 ▼

如果把团体转换阶段比作一个有生命的个体，则情境是躯壳，关系是灵魂。情境和关系是相互依存密不可分的，好的情境创设可以产生更温暖融洽的关系，同样，安全信任的关系也会利于情境的表达和深入。团体转换阶段的情境讨论更多关注辅导关系，所以此阶段的讨论重在引导每个学生的参与，建立安全接纳的关系。有两个要素会影响关系，其一是情境，其二是辅导教师的介入。情境的选择、呈现、讨论都对辅导关系有着重要的影响，上文已有论述，这里主要阐述辅导教师的介入。

（一）对不和谐、无信任班级氛围的处理

有很多原因会影响到班级氛围的形成，有时在团体转换阶段，辅导教师会明显感觉到班级无法形成和谐、信任的氛围。这时，辅导教师不能按部就班生硬地进入团体工作阶段，而应在团体转换阶段停留更多的时间。班级团体的不信任往往来自学生的焦虑。辅导教师要主动察觉并接纳学生的焦虑和抗拒，告知学生表达焦虑将有助于缓解焦虑，并用足够的时间来让学生表达和讨论他们的焦虑。班级团体的不和谐往往来自学生的抗拒，辅导教师觉察到学生的抗拒，不仅要告诉学生抗拒是自然反应，而且要对学生的抗拒予以接纳、关怀和尊重，以更加开放、和谐的气氛来鼓励学生表达自己在班级团体中的彷徨或焦虑。

（二）对学生调侃行为的处理

心理辅导活动课的转换阶段出现学生调侃的现象是因为学生对团体不信任，

因而采取不真诚的方式来表达。辅导教师在处理学生的调侃时，要觉察到学生的焦虑情绪。辅导教师要先接纳学生的行为，再对引发学生焦虑的原因采取必要的处理，一般不应该对调侃行为本身进行处理，如出面进行规范或者粗暴地叫停，当然适当加以引导还是有必要的。当学生在情境讨论中表现出对他人的攻击时，教师应该用一种柔和的方式制止，或打断他的发言让下一个同学发言，或忽略他的发言；当出现学生任意发挥，分享的内容完全背离主题，教师也应进行引导，将学生的发言拉回主题；当讨论的自由发挥余地太大时也容易出现调侃行为，此时教师应建立明确的团体规范。教师应以更加开放、包容的态度去看待课堂调侃。

（三）对课堂沉默的处理

心理辅导活动课转换阶段的沉默可能出现在小组讨论中，也可能出现在大组交流中。课堂沉默的原因可能是焦虑，也可能是抗拒。对课堂沉默处理的最有效的方法是小组讨论，并对精彩的发言予以及时鼓励。另外，教师也可以进行必要的自我开放，分享自己类似的经验与感受。小组内的沉默是小组氛围不够安全的信号，需要辅导教师在小组内通过开放自己给学生做示范，并带领小组进入正常的讨论中。大组交流时的沉默，有可能是班级团体内形成了小团体，对其他成员不信任，也有可能是对辅导教师带领的方式不满。辅导教师要觉察其中的原因，并有针对性地进行处理。如果是形成小团体的原因，可以通过书面方式表达意见，以各小组间的相互沟通来化解冲突，增强信任感。如果是辅导教师的带领方式让学生不满，教师要及时调整自己的带领方式。

焦点解决学派认为沉默也是有意义的。本杰明认为，沉默可能意味着案主正在整理自己的想法。本杰明相信尊重案主的沉默十分必要。[①] 因此，当教师在课堂中发现学生沉默时，可能需要容忍。这时教师可以保持沉默，给学生一些时间，也许他正在整理该如何发言；也可以对学生努力思考问题给予表扬，并抛出其他问题来鼓舞他们继续思考答案。如果辅导教师提高了自己保持沉默的能力，学生会更努力地给出自己的答案。如果辅导教师对学生的课堂沉默有更

---

① ［美］Peter De Jong，Insoo Kim Berg. 焦点解决短期治疗导论［M］. 沈黎，吕静淑，译. 上海：华东理工大学出版社，2015：49.

多元、更善意的理解，可能会采取以下三种做法：问题确实不容易回答，那就耐心等一会儿；问题很难说清楚，鼓励学生试着说一些；也许学生目前不想说，可鼓励学生寻找另外的方式或另外的时机来说。

（四）对学生过早或过度表达负性情绪的处理

在团体转换阶段，有的学生会过早或过度地表达自己的负性情绪，辅导教师要及时进行处理，要以倾听、接纳、尊重的方式应对，并以恰当的方式打断学生的表达。辅导教师可以觉察"此时此地"，引导更多的学生对当下负性情感发表自己的看法，并捕捉学生发言中表现出转机的话语和切合辅导目标的观点，进行强化，以此来改变关注点。辅导教师不宜辩驳、指责、逃避负性情绪，但是可以采用灵活的方式暂时搁置，课下对特定的学生做个别辅导，从而防止因为过早或过度表达负性情绪，导致班级团体出现焦虑、抗拒、自我防卫等。

第三节　团体工作阶段

团体工作阶段是心理辅导活动课的核心，往往用时最长，用力最多。以下通过团体工作阶段的任务、情境材料的选择、具体操作和注意事项几个方面来分析探讨该阶段。

一、团体工作阶段的任务 ▼

以工作阶段为心理辅导活动课核心的视角来看，前期的暖身阶段和转换阶段在很大程度上是为这一阶段的顺利进行和有效开展做铺垫。暖身阶段的目的主要在于创设安全的氛围，建立和谐、信任的师生关系和生生关系。转换阶段在进一步缓解学生焦虑、凝聚团体动力的同时，开始将讨论聚焦到本节课的主题。因此，在工作阶段开始之初，团体呈现的理想状态应该是：团体氛围安全、信任、开放，团体动力凝聚到特定的方向，班级学生拥有共同的话题，并产生针对这一话题展开深入讨论的愿望。

在这样的"心理场"之下，团体工作阶段的主要任务是：引发自我探索，鼓励问题探讨，促使行为改变。三者在时间上不存在绝对的先后顺序。自我探索让问题探讨更真实、更深入；问题探讨也能激发更多、更深刻的自我探索；在自我探索和问题探讨的过程中，随时都可能产生促使学生行为改变的动力。

(一)引发自我探索是工作阶段的首要任务

在转换阶段，我们选择的材料和讨论的问题大多集中在乔韩窗口的公开领域，这是为了缓解学生的心理焦虑。而在工作阶段，学生的安全感更强烈，此时若始终停留在公开领域工作，就失去了心理辅导活动课的意义。因此，工作阶段应该鼓励学生进行更深入的自我探索，或将自己的真实体验进行回顾总结与再发现，或将自己以前自动化的反应带入意识层面，从而更多地发现、认识和接纳自我。

一节心理辅导活动课成功与否，关键点在于学生是否愿意进行深度的自我探索，学生的分享内容是否来自真实的生活感悟。缺乏自我探索的谈论往往是一堆大道理的堆砌，表面和谐，内在空虚，而在自我探索基础上的讨论则朴实而富有生命力。例如，在以"自我意识"为主题的高二心理辅导活动课"心理 AB 剧"中，某一学生在回顾自己的经历时数次落泪，其他学生也频频落泪，这就是经由自我探索得到的真实体验带来的冲击。

(二)鼓励问题探讨是工作阶段的主要任务

在工作阶段的探讨包括很多方面，如对问题的讨论，对任务的研究，对此时此地的事情与感受的分享，对他人意见的反馈，师生间、生生间的面质与支持，对解决策略的探索等。这些探讨如何发生、何时发生取决于团体动力的发展和教师的灵活处理。可以肯定的是，当这些探讨有效进行的时候，将会是团体内激荡最频繁、意见最多、信息量最大的阶段。学生在问题探讨中的参与度、投入度和讨论深度也往往是评价一节心理辅导活动课的重要因素。

通过问题探讨，学生可以在自我表达中对过去的经验、想法、做法进行再梳理和再思考，对自我有更统一的认识；在倾听中开阔自己的眼界，得到新的启迪；在反馈中了解他人眼中的自己，借以扩大乔韩窗口中的盲目领域；在互动中澄清彼此的观点，修正或拓展自己的认知。因此，无论从团体层面来说，还是从个体层面来说，鼓励问题探讨都应该是辅导教师在工作阶段的主要任务。

(三)促使行为改变是工作阶段的终极任务

有效的心理辅导活动课不应仅停留在课堂里，还应延伸到生活中；不应仅表现在认知改变上，还应反映在行为改变上。因此工作阶段的终极任务是提升学生的自我接纳与自我整合水平，在此基础上发展出有效的应对策略，促使个体发生行为上的改变。

由认知到行为的改变是需要动力的，动力来自个体本身的需求、认知改变的深度、对行为策略的认同性和行为策略的可行性。心理辅导活动课的选题越精准、越切合，学生在自我探索和问题探讨中感触越深，与他人的观点碰撞越激烈，对行为策略的认同性越高，策略实施越容易，行为改变的可能性就越大。可见，终极任务的达成在很大程度上有赖于前两个任务的完成情况。

二、团体工作阶段情境材料的选择 ▼

团体工作阶段情境材料的选择应充分考虑不同年龄阶段辅导对象的心理特点和该阶段在整堂活动课中肩负的任务。

(一)为了引发自我探索，情境材料的选择应符合三个特点

第一，情境材料应贴近学生，包括内容贴近学生的生活，能力贴近学生的实际，使学生的自我探索有依据、有体验、能实现。这就要求辅导教师对学生有充分的了解，并以学生的视角选择相应的情境材料，必要时可通过课前小调查等方式来更精准地定位并搜集有效的课堂素材。

第二，情境材料应紧紧围绕课程目标来选择，使学生的自我探索有的放矢。工作阶段是实现课堂目标的关键阶段，该阶段任务的设置必须直指目标，因此情境材料的选择必须为任务的有效实施提供适宜的载体。

第三，与暖身阶段和转换阶段的情境材料相比，工作阶段可选择较深入、冲突性较强的情境材料，以便学生在阻碍和碰撞中有突破、有发现，以扩大乔韩窗口中的公开领域，并加深对隐秘领域的探索和接纳。

(二)为了鼓励问题探讨，情境材料的选择应符合两个特点

第一，情境材料应具有普遍性，使绝大部分学生都有体验，有分享的愿望。每个学生的生活境遇、成长需求各不相同，但在心理辅导活动课中，教师要针对共性的部分展开辅导。工作阶段情境材料的选择也是如此，越多的学生有体

验、有感悟、有话说，就越有可能加入互动，并在互动中拓展和丰富自我。

第二，情境材料应具有高开放性，能引发学生产生不同的观点，在各种观点的碰撞中扩大乔韩窗口中的公开领域，特别是让盲目领域的部分进入学生的意识。因此，教师在工作阶段选择情境材料要注意多一些客观性描述，少一些指向性评判；多一些过程性描述，少一些结果性呈现。教师应给学生留足对话的空间，留有更多发展的可能性，让问题在多元碰撞中被充分讨论。

(三)为了促使行为改变，情境材料的选择应明确、集中

情境展现的问题越明确、越集中，发展出的策略就越有针对性、可行性，也就越有可能将策略运用于生活。任何一个心理话题在不同的时空、不同的情境中都会有不同的呈现，教师需要控制相关影响因素，将探讨聚焦于目标问题，从而提升成效，促进改变。

综上所述，工作阶段情境材料的选择通常应贴近学生实际，聚焦于课堂目标，能唤起一定内心冲突，具有普遍性和开放性等特点，但因具体教学情境的需求，在实际选择中也会有所侧重。

三、团体工作阶段的具体操作 ▼

团体工作阶段可分为情境材料的设计与呈现，以及问题的思考和探讨。前者是工作载体，后者是重点目标，两者密切相关，并决定了辅导的质量和成效。

(一)情境材料的设计与呈现

在团体工作阶段教师可采用多种活动形式。情境材料的选择视辅导需求而定，可另起炉灶，也可承接或沿用转换阶段的情境。情境材料的设计与呈现也没有固定的程序，可灵活处理，但需遵循一定的原则。

1. 通过案例讨论探寻应对策略

工作阶段案例的来源有很多，常见且较为适宜的有课前调查、个案改编、课堂生成、个人生活体验等。真实且安全的案例更能引发学生的思考与讨论。案例的呈现形式可以是调查问题的直接呈现，可以是辅以文字或关键字的案例现场讲述，可以是学生现场表演或事先录制情景剧现场播放，也可以是心理课

前面阶段的现场生成或任务成果材料的重现。

在案例设计与呈现的过程中，教师特别需要注意三点。第一，案例的表述既要简洁明了又要注意关键细节的重点描述。第二，案例的呈现方式要符合学生的认知特点，让学生有代入感。例如，低年级的学生更适宜形象刺激的呈现方式，高年级的学生抽象思维和理解能力都有了提升，呈现方式可以更多元化。第三，遵循保密和自愿原则，避免对当事人造成伤害。如果案例来自真实的个案或课前调查，必须以保证当事人的隐私为前提，对案例进行再创作；如果案例来自现场生成或前面阶段的任务成果，要充分尊重当事人的意愿，同时在前期活动设置和后期追问中注意把控方向和限度，尽可能避免学生过度自我暴露又无法妥善处理现场的状况。

示例：在以"学习习惯"为主题的九年级心理辅导活动课中，辅导教师采用了案例讨论的方式，运用同一个案例作为转换阶段和工作阶段的辅导载体，并在不同阶段采用了不同的案例设计与呈现形式，效果较为理想。案例源自教师对学生学习困扰的课前调查，经过统计与再创作形成心理剧"考试之后"。剧中设计了三个角色，对应三种典型的学习困扰：偏科、成绩起伏大、时间分配不合理。在转换阶段，教师先播放事先拍摄的心理剧视频，迅速带领学生进入情境，形成整体印象，再请学生根据实际情况选择和自己目前状态最接近的角色，根据角色重新分组，选定组长。在工作阶段，教师通过活动单，以文字的形式呈现心理剧中每个小组需要讨论的案例，并加强案例中关键细节的描述，以便学生反复阅读，寻找依据，思考讨论。同时，教师在活动单中设计层次不同的讨论话题，为学生搭建达成成长目标的脚手架。

2. 通过任务活动进行互动探索

以任务活动作为工作阶段的辅导载体是较为常见的形式，好的任务活动能够为学生创设真实的、安全的体验场景，让学生在此时此刻的互动中对自我、对关系、对探索主题有新的感受、观察、发现和建构。目前，可供选择的心理游戏有很多，但在实践中辅导教师往往会发现选择并不是一件容易的事情，在选择过程中需要考虑主题一致性、目标达成性、活动与学生的匹配性、活动的可行性等多种因素。因此，辅导教师通常需要对已有的活动进行重新设计，以保证活动的适切性。

任务活动的设计特别需要注意以下几点。第一，活动要求必须清晰明确，符合学生的能力特点，让学生感到有挑战性，也有实现的可能性。第二，任务环节的设计有相应的理论支持，活动要为后续探索服务，不为活动而活动。第三，任务活动的设计要尽可能让全体学生参与其中，避免少数学生参与、多数学生旁观的情况出现。

示例：在以"创新"为主题的七年级心理辅导活动课中，辅导教师采用了小组任务活动的方式，通过"起床神器"设计、展示与完善等活动，让学生在活动中寻找创新方法，发掘自身的创新潜力。在转换阶段，辅导教师以"早晨起床困难，闹钟响了会一遍遍被按掉"这个困扰情境导入，引导学生快速设想一款产品，确保使用者能按时起床。在转换活动之后，各小组将任务聚焦到产品创意设计中。在工作阶段，辅导教师设计了两项创意活动。活动一是加入创意，设计并绘制产品，让学生在课堂环境中快速体验创新的过程，对创新有直观的感受，这是后续辅导展开的基础。活动二是"起床神器"发布会，包含两个环节。第一个环节是小组创新产品介绍，包括产品名称、设计、创新点和创新由来，让小组成员梳理小组内创新过程，发现创新的方法和途径；第二个环节是现场助力，每个展示小组抽取一种助力方法，由其他小组通过这种助力方法来帮助展示小组进行产品再设计，助力方法包括提建议、质疑、说缺点、提希望等，让学生对创新方式有更多、更广的体验。在工作阶段之后，学生在课堂多元互动中总结出常见的创新方法，也在亲身体验中感觉到创新并不神秘也不遥远。

3. 通过模拟演练开展技能训练

中小学的心理辅导活动课通常是面对群体的发展性课程，因此也常常会涉及方法和技能的传授。在这样的课堂上，工作阶段通常是方法或技能的模拟演练，让学生在实践—反思—解决—再实践的行动过程中初步掌握相应的方法或技能。模拟演练通常包括以下几个基本环节：让学生了解方法的基本流程或技能的操作要点；提供现实生活中常见的情境让学生进行现场练习；在演练后进行反思，并讨论演练中存在哪些困难和阻碍，又该如何解决。如果时间充裕，教师还可以让学生尝试新一轮的演练。

模拟演练中特别需要注意以下几点。第一，在工作阶段之前，教师要让学生对即将学习的方法和技能产生强烈的兴趣、需求和认同，做好充足的心理准备。第二，模拟演练的几个基本环节环环相扣，必须在充分完成前一环节的基础上才能进入下一环节，否则很难保证每一环节的学习成效。第三，演练后的反思与讨论适宜采用开放性的问句，充分暴露学生在演练中真实遇到的问题和困惑，以帮助学生实现要点突破，更好地掌握要学习的方法或技能。

示例：在以"时间管理"为主题的高一心理辅导活动课中，辅导教师采用了模拟演练的方式。辅导教师在让学生意识到生活中很多困境都是由于时间管理不充分造成的基础上，提出通过制作番茄钟来进行时间管理的方法，工作阶段的重心自然转移到了学习如何制作番茄钟上。在工作阶段，辅导教师首先向学生介绍了番茄钟时间管理方法的基本流程，为了表述清晰明确，采用了"关键词＋详细描述＋图例演示"的方式。之后，辅导教师创设了现实情境——以期中考试为目标，对周日一天的复习进行有效的时间管理。同时，辅导教师下发事先设置的任务清单，内容包括周日复习任务清单、可自由填写的补充任务、番茄钟时间管理法的基本流程和用于制作番茄钟的表格。情境的设置和任务单的设置是为了让学生顺利进行番茄钟时间管理法的模拟练习。练习并分享之后，辅导教师向学生呈现两组问题：①制作番茄钟的过程中遇到了什么困难？你是如何应对的？有没有更好的解决方法？②你制作的番茄钟中，哪一个实施起来困难最大？为什么？可以采取哪些措施进行克服？两组问题的讨论让学生有机会对制作和运用番茄钟的难点进行集中突破，有利于方法的掌握，也有利于促进学生将时间管理运用到现实生活中。因为时间的关系，辅导教师在课内没有设置讨论后再演练的环节，而是将其延伸至家庭作业，鼓励学生实践。

(二)问题的思考和探讨

问题的思考和探讨是辅导活动的关键环节，主要的活动形式是小组讨论和大组分享。工作阶段的小组讨论和大组分享需要学生有更多的自我开放、自我探索。因此，工作阶段的小组讨论和大组分享在操作上更注重实效性，关注不同观点的相互碰撞，自我的接纳和整合，以及应对策略的形成。

辅导技术在心理辅导课中极为重要，而思考和探讨环节对教师辅导技术的要求是最高的。不同咨询流派背景的辅导教师擅长采用的辅导技术会有所不同，但基本的辅导技术是相通的。最常用的辅导技术包括倾听、澄清、面质、具体化、同理心、支持与保护等。

1. 倾听

倾听是心理辅导活动课教师的必备技术。倾听指个体全神贯注于对方的表达，积极主动地搜集对方的语言信息和表情、眼神、体态、语气语调等非语言信息，不以个人的价值观来评判。心理辅导活动课中的倾听包括两个层面，一是辅导教师积极主动倾听学生，二是辅导教师引导学生在课堂中学会倾听他人。有效的倾听不仅能创设尊重、平等、接纳、开放的团体氛围，增强团体凝聚力，还能激发学生的思考，促进学生的自我表达与积极互动，形成和谐、多元、热烈的讨论氛围。

要想在心理辅导活动课中促成有效倾听，辅导教师可以用以下方法进行尝试。第一，成为倾听的示范者，以中立、好奇、开放的态度仔细倾听学生的表述，不仅倾听学生的语言表达，还要关注学生的"言外之意"。在倾听的过程中，注重对体态的管理，身体前倾，眼神关注，避免双手交叉抱胸等，用点头、微笑或"嗯"等方式及时回应，尽量不要打断学生的表达。总之，辅导教师不仅要自己处在倾听状态，还要让学生感受到自己的思考和表达被充分尊重、接纳和重视。第二，引导学生积极主动倾听他人，可通过课前明确倾听要求，课中示范、提醒与积极关注来达成。学会倾听对学生的生活和未来也是有帮助的，但倾听是需要不断练习、慢慢掌握的，教师需要多一点耐心。

2. 澄清

澄清指辅导教师通过提问、重述等方式明确学生的语言和非语言信息，避免互动中产生信息差，引导学生更准确、清晰地表达自己的想法的辅导技术。在这个过程中促进学生的再思考，达成自我澄清。在澄清的过程中，教师特别需要注意以倾听为基础，不带入过多的自我揣测和个人观点，在语言表述中也不宜过于肯定，要保有余地。

在实践中，常见的澄清途径有以下几种。第一，对不明确的信息进行提问，通常开放式的提问能够引出更多的表达，封闭式的提问可以得到更明确的回应，可视需求而定，但不宜过多采用封闭式提问，以免令学生紧张、不安。第二，对不明确的信息进行重述，让学生有机会跳脱出来观察自己的想法，引发学生的再思考，从而进一步明确学生真实的表达意图。在重述时可采用"我刚刚听到的好像是……是这样吗？""你的意思似乎是……不知道我的理解对不对"等句式，让学生来确认或纠正。第三，对不明确的信息，请学生举例说明，换一个角度，换一种表述方式，让表达更直观，让信息更清晰。第四，对不明确的信息，由教师根据倾听得到的信息，以概述、举例、说明等方式进行重新诠释，并和学生进行信息的确认。

3. 面质

心理辅导活动课中的面质通常指教师针对学生在表达过程中非语言信息或语言信息前后不一致或彼此不一致的地方进行深入探讨的辅导技术。面质的意义不在于强调学生在表达过程中的矛盾，而在于借由前后表达的差异性引发学生更多的自我觉察，发现自己未曾觉察的部分或潜能。如果处理得好，面质可能给学生带来前所未有的自我发现或自我突破，但时机、方式、程度都需要根据具体情况仔细拿捏。

辅导教师在心理辅导活动课中采用面质技术时，特别需要注意以下几点。第一，确认师生之间具有良好的关系，团体氛围和谐、融洽。在团体初始阶段不宜采用面质，在工作阶段则较为适宜。第二，在面质之前必须对需要面质的要点进行深入、具体的了解。教师在面质时需要明确指出学生在语言和非语言信息，以及前后看法之间的差异，引发学生的自我觉察。第三，面质应以尝试、试探的语气进行，态度和蔼，保持好奇，避免质问。在面质之后给学生足够的时间来说明，教师倾听并回应。最佳的状态是让面质的过程成为一个开诚布公、探讨问题的过程。此外，面质前还要考量团体的氛围是否适宜，学生的性格和状态是否适合，质疑点在班级团体中进行深入探讨是否恰当等问题。

4. 具体化

具体化指辅导教师通过提问引导学生更明确地表达自己的经验、行为或感觉的辅导技术。具体化有助于学生厘清自己对问题的真实想法，进行更深入的自我探索；有助于学生间、师生间的互相了解；也有助于学生将计划与策略细化，使其更具操作性与可行性。因此，具体化往往是辅导深入开展的基础。

在实践中，具体化可通过以下途径来实施。第一，教师在辅导过程中用具体的方式来表述自己的经验、行为或感觉，同时在必要的时候进行示范。第二，教师通过提问的方式将模糊或过分概括化的问题具体化。例如，学生说"我感觉今天的心情很糟糕"，"糟糕"是一个模糊、概括化的描述心情的词语，辅导教师可以进一步问："能具体说说吗？糟糕是一种怎样的感觉？这种感觉在今天出现了几次，都是在什么样的情况下出现的?"通过具体化，教师可以帮助学生厘清情绪。第三，教师可以通过关键词的引导帮助学生更具体地表达。例如，用"我"取代"班里的同学""青少年""他们"等，当教师觉察学生的表达过于模糊或笼统时，可通过询问"谁""何时""何地""何事""何物""如何"等来引导学生实现具体化。第四，教师在引导学生具体化的过程中要充分尊重、接纳、关怀学生，要留有余地。因为学生模糊的部分很可能也是学生想要逃避的部分或未察觉的部分，会出现一时说不出或不想具体表达等情况。

5. 同理心

同理心技术是指教师站在学生的视角和立场来思考问题，设身处地地洞察学生的感受，并将这种洞察反馈给学生的过程。同理心技术包括三个部分：倾听、辨识和沟通。倾听带领教师走进学生的世界，是同理心技术的基础；辨识是指教师站在学生的角度，感受其内心体验；沟通是指教师将自己感受到的信息准确地反馈给学生，并引导学生进一步思考。

教师在运用同理心技术时特别要注意以下几点。第一，以倾听为前提，从对方内心出发，体验对方的感受，切忌过度揣测。第二，以尝试性的询问为开头，切忌过于肯定，可以采用"听起来你似乎觉得……""对你来说好像……""你是不是认为……"等句式。第三，用于描述感受和情绪的词汇要准确且符合学生的年龄特点。第四，教师在沟通过程中的反馈要尽可能简要且富有弹性。

6. 支持与保护

班级心理辅导活动课中自我探索和师生、生生间的互动贯穿始终，学生在这个过程中可能会不安和退缩，有时把"问题"和"人"混为一谈，讨论问题时偶尔出现攻击他人的情况。此外，团体中也可能存在着负性小团体。在这样的情况下，教师需要采取一些主动措施，让学生在团体中免受身心威胁，同时给予学生充分的鼓励、关怀和正向强化，尽可能地创造适宜团体发展的氛围，帮助学生实现自我成长与自我超越。

在团体中出现数人欺负某人，小组讨论中学生落单、被排挤而无法加入讨论时，或学生在活动过程中因过度分享而勾起伤心记忆暂时无法平复等情况时，教师需要主动作为，并给予保护。当学生在课堂中出现信心不足，面临挫折想退缩，团队讨论动力不足、困惑重重，将习得的方法或技能运用到生活中有不确定感等情况时，教师需要针对具体的问题及时给予支持，以推动学生自我探索或互动探索的进行。

在课堂实践中，保护学生免遭伤害的途径包括制定并明确团体活动的规则，教师在各组间走动巡视，一旦发现问题就及时介入引导，必要时可采用"暂时终止"的策略，在彼此恢复冷静、明确规则、澄清问题的基础上再重启讨论。传递支持常见的方法有用口头语言鼓励与赞美，还有运用非语言信息——倾听、点头、微笑、眼神、手势等对学生进行肯定。

四、团体工作阶段注意事项 ▼

（一）应持续提高团体凝聚力

团体凝聚力是教师在整堂活动课中都应该关注的。在工作阶段之前的主要任务就是建立和提高团体凝聚力，在工作阶段，团体凝聚力的提高不是刻意的，而是通过强化团体的正向行为来实现的。

因此，教师应关注全体学生，适时在教室中走动，及时发现并强化有益于提高凝聚力，形成有效行动的团体行为。如果学生出现专注倾听、彼此支持、分享经验、相互反馈，提出化解矛盾冲突的意见，提出有效的解决策略等行为时，教师就应立即予以强化。

(二)应始终关注目标聚焦

中小学生有时会因活动有趣、氛围轻松而过于兴奋，甚至忽略了真正的活动目标与要求。为了聚焦目标，提高辅导效率，教师可以尝试以下方法。第一，在活动之初明确小组讨论和大组分享的规则。第二，在活动设计中关注细节设置，将学生的注意力始终集中在课堂的核心任务上，如设置任务单，运用奖励策略，加入挑战、竞技或计时设置等。第三，关注全体，深入小组指导，适时提醒学生根据课堂要求将讨论的重心放在主题上。

(三)应充分鼓励大组分享中生生间的互动反馈

在工作阶段的小组讨论中通常会有比较充分的生生互动，但在大组分享中，很容易会以师生间的互动反馈为主，因此大组分享中生生间的互动反馈非常珍贵。同龄人的认同、补充或疑问可进一步激发学生思考、体验与生成策略，带来多元信息的冲击。通常，教师可以通过活动环节设置，在问题分歧点采用开放式提问与现场组织等方式，促进大组分享中的生生互动。

此外，教师还应了解反馈分揭露性反馈和面质性反馈。若学生呈现揭露性反馈，分享自己的想法，表达此时此地的感受，陈述解决问题的策略，教师应予以立即强化；若学生善意地表现出面质性反馈，且反馈的内容较为具体，教师应予以强化；若反馈的内容不具体，非善意，偏离主题，教师应将学生引导到课程主题上继续讨论。[①]

(四)应适度自我开放

在团体工作阶段，为了营造适宜的团体氛围，教师也常常会使用自我开放的辅导技术。通过公开表达自己对探讨主题的感受，分享人生经验，讲述生活中的忧虑、未解决的问题、对未来的憧憬等内容，引导并鼓励学生自我开放。但无论是教师，还是学生的自我开放，都应该明确自我开放并非挖掘个人历史或内心最深处的秘密，并非公开一切事情，而是随着探讨主题的发展，适时适

---

① 李坤崇. 班级团体辅导[M]. 北京：中国人民大学出版社，2010：42.

度分享经验或感想。

(五)应正面面对学生的情绪宣泄

由于团体工作阶段自我探索更为深入，有时会引发学生的情绪宣泄。学生在叙述的过程中可能会释放被压抑的情绪，表现出泣不成声、愤怒等状态。首先，教师要明白这是一个正常的过程，宣泄能带来情绪的流动、情感的表达，让身心更为轻松；其次，教师要倾听、接纳、支持。这不仅对当事人会产生积极的作用，也能给团体带来示范性作用，如情境允许，也可鼓励同伴给予当事人正向反馈。也许情感的宣泄会给团体带来短暂的沉默和压力，但只要教师能引导团体正面面对，接纳包容，对当事人和团体来说都会是一种成长。

(六)应充分讨论"此时此地"的现场生成

心理辅导活动课中"此时此地"的现场生成可能源于活动任务中的当下体验，可能源于互动中的感受、反馈中的冲突，也可能源于情境材料带来的情感冲击。无论源自何处，这些都是真实而宝贵的，如果学生能在工作阶段袒露自己"此时此地"的感受，很可能对自我有新的发现，给团体带来新的启示。因此，教师应通过活动设置、积极示范、支持鼓励、提醒引导等方式让学生关注自己的"此时此地"，好奇同伴的"此时此地"。

第四节　团体结束阶段

结束阶段是团体心理辅导历程的最后阶段，该阶段在整个辅导过程中虽然用时比较短，但作用是举足轻重的。如果结束阶段的活动开展得成功有效，学生就比较愿意将自己在辅导中的所学、所感、所悟带入实际的生活中，持续影响自己的身心发展。

一、团体结束阶段主要任务 ▼

结束阶段的工作重点是总结、回顾与升华。辅导教师的主要任务是协助学生回顾辅导历程，整理辅导成果，使学生带着欣喜、感动、感慨、期待等正向情绪结束辅导。[①]

(一)引导学生总结收获，澄清意义，升华主题

结束阶段要引导学生做好课堂总结和强化巩固工作，让学生带着收获、体验、成长或者是某种意味深长的感情结束辅导。这时总结能够起到很好的效果，不仅可以引导学生回顾，还可以帮助学生达成共识，提高学生的认识层次，促进学生得到新的感悟。

(二)鼓励学生将收获向课外延伸

有人把向课外延伸的部分单独算作一个阶段，叫作延伸阶段。课外延伸包括横向延伸，即与其他教育方式的结合与渗透，如与班主任工作、班级管理、学科教学及家庭教育的结合；也包括纵向延伸，即采取与主题相关的其他辅导行为和措施，如布置拓展作业，鼓励学生将课堂上学到的方法运用到实际生活中。

(三)对活动主题进行拓展性理解

教师有时会在结束阶段加入一些小小的提醒，这是对活动主题的拓展性理解，也是对前几个阶段的补充说明。例如，"多元智能"这节课的目标是探索学生目前的多元智能，让学生获得对不同智能的理解，从而更加了解自己的优势智能。在结束阶段教师一般会提醒学生：人的智能不是一成不变的，虽然目前是这样的智能结构，并不代表未来也会是这样的智能结构，有些智能通过练习是可以提升的，人的智能结构也会随着生活阅历的不同而发生改变。又如，在运用爱情三角理论上关于异性交往的心理辅导活动课时，教师一般也会在最后提醒学生：虽然依据爱情三角论爱情分为好几种，但现实中的爱情是复杂的，并不能简单依据理论对号入座。

二、团体结束阶段具体操作 ▼

结束阶段同样需要教师精心设计活动，以便可以为本次主题探索画上一个

---

① 司家栋，张付山，牟红梅，等. 班级团体心理辅导课程操作实务[M]. 北京：蓝天出版社，2012：67.

圆满的句号，并给每一个团体成员留下深刻的记忆，激励他们将课堂上的活动体验与课后的生活实践更好地衔接起来。

第一，总结升华。结束阶段教师可以用正向具体的赠言、寓意深刻的名人名言、感人肺腑的歌曲等对课堂进行总结升华。

第二，组织小型活动。结束阶段教师可以组织一些能够营造热烈气氛，增进团体凝聚力，激发学生正向情绪的小型活动，如具体化的优点轰炸、礼物大派送、互送祝福、手语歌等。

第三，布置课后练习。结束阶段教师可以布置一些课外延伸的辅导练习，促使学生将讨论的结果、认知的提升加以生活化和行动化。教师还可以启发学生，在团体内做出"承诺"或者订立"契约"，这对于学生履行诺言、身体力行、将团体经验实践于个人生活，具有正向的效果。

三、团体结束阶段特别说明 ▼

心理辅导活动课的结束阶段与小团体辅导的团体结束期有很大的不同。一般在小团体辅导的团体结束期，团体成员会因为团体结束而产生一系列情绪，如依依不舍或如释重负。在心理辅导活动课的结束阶段，学生不会有那么强烈的离愁别绪，教师也不需要花费很多时间来细致处理这些情绪。

辅导教师应在课后对需要辅导的学生提供个别咨询。例如，教师在课堂观察到的有特别情绪反应或行为的同学或在亲子关系主题中的单亲家庭学生。

心理辅导活动课结束后，教师可以与学生一起回顾整合团体体验，对学生进行追踪观察，对自己课堂中的利弊得失进行反思，为下一次备课提供参考。

从理论上讲，一节心理辅导活动课必须要有团体结束阶段。团体结束阶段的成效受前面几个阶段的影响，也决定了前面几个阶段的工作最终能对学生的认知和行为产生多大的影响。此外，还有看起来好像没有结束阶段的心理辅导活动课也达到了预期效果。这些心理辅导活动课并不是真的没有结束阶段，而是在课堂操作中，教师把结束阶段巧妙地融入了工作阶段的后期，在工作阶段的活动中就进行了活动小结，并引导学生将重心从课堂转向课外。

四、团体结束阶段常用的活动形式

（一）一句话分享收获

全班每人说一到两句话分享自己在本次辅导中的收获。这种方式比较多见，这种分享收获的方法也有比较多的灵活操作。在心理辅导活动课"心理聚光灯：提升课堂注意力"[①]结束阶段，辅导教师设计的活动是"回归生活：学以致用"。教师请学生结合课程所学，联系自己的学习生活，思考：通过学习这节课有哪些收获？还有什么集中注意力的方法？这种思考是收获的分享，也是拓展。

（二）彼此祝福

彼此祝福是一种将课堂的学习回归到真实的人际关系中的一种方式。心理辅导活动课"生命之书——给自己一份爱的礼物"结束阶段，辅导教师要求学生给组内同学写一些祝福的话语，为同学加油。祝福的话语可以是感谢，"感谢你在我受伤时给我鼓励"；也可以是欣赏，"我很欣赏你独立、坚强的特质"；也可以是祝福，"祝福你数学成绩更上一层楼"等。

（三）家庭作业

教师可以通过家庭作业的方式鼓励学生将认知和经验加以生活化与行动化，将自己的收获向课外延伸。心理辅导活动课"宝藏男孩女孩——探索我的优势"[②]的课后拓展是用优势解决问题，教师邀请学生描述一个正在困扰自己的问题，从优势的角度重新建构问题。例如，困难——即将期末考，作业练习多，难以按时完成；优势——创造性、自律；如何利用优势——想办法自我激励，合理规划时间；其他资源——同学、老师；运用其他资源——问同学如何完成作业，一起分析影响因素。

（四）音乐、视频或诗歌升华主题

在团体结束阶段，教师通过贴近主题，富有感染力的音乐、视频或诗歌升

① 杨小娥，史家欢．心理聚光灯：提升课堂注意力［J］．中小学心理健康教育，2020(23).

② 韦秋庚．宝藏男孩女孩——探索我的优势［J］．中小学心理健康教育，2020(25).

华主题。心理辅导活动课"语言是窗户——人际沟通技巧"①的团体结束阶段，辅导教师引导同学朗读《语言是窗户》这首诗。

(五)团体结束阶段活动启悟

可以通过一个小小的结束活动引导学生体验，从而升华课题。这样的活动是对工作阶段的提升，也是结束阶段的收尾，给人一种浑然天成的感觉。心理辅导活动课"人生题目"的团体结束阶段，教师引导学生用自己手上的人生形状，共同完成一幅拼图，并让学生分享拼图过程中的感受。教师引导：在这个大拼图中，我们每个人都是独一无二的，无论在哪个色彩方块中，都有不可替代的位置；当我们拿着自己的形状去融入这个世界的时候，我们感受到的是存在和快乐；而当最后拼图完成时，我们也超越了自己的人生。因为独特的人生，所以敬畏生命，因为自主的人生，所以热爱生活，因为超越的人生，所以成就梦想。

心理辅导活动课"宝藏男孩女孩——探索我的优势"的团体结束阶段，辅导教师请学生拿出课前的"优势星星图"跟现在的"优势大圆盘"比较优势个数的变化。通过课堂前后的对比，学生对自我的认识发生了变化，获得了内心积极的情感体验。

(六)团体结束阶段特别提醒

暖身、转换和工作阶段都在围绕活动主题展开辅导，对于特定的主题有时会有一些特别值得提醒的内容，而这些提醒一般放在团体结束阶段。心理辅导活动课"我是好奇小博士——小学五年级积极心理品质培养课程设计"②中，教师围绕好奇心展开辅导，把好奇心这个抽象的概念具体化，通过情境创设，引导学生在活动中发现问题并尝试解决问题。在团体结束阶段，教师引入"好奇馅饼"环节，提醒学生好奇冒险有边界。

---

① 陈慧慧，杨海荣，邝翠清. 语言是窗户——人际沟通技巧[J]. 中小学心理健康教育，2020(22).

② 魏楚姗. 我是好奇小博士——小学五年级积极心理品质培养课程设计[J]. 中小学心理健康教育，2020(28).

关于心理辅导活动课的补充说明

1. 心理辅导活动课是不是一定要有暖身—转换—工作—结束四个阶段？

从操作层面来看，教师按照四阶段理论来设计和操作心理辅导活动课，最容易促进团体动力的发展，有利于课堂任务的完成，但是四个阶段并不是缺一不可的，特别是暖身阶段和转换阶段在特定的设计中可以相互替代，因此有些课看起来只有三个阶段，同样可以取得良好的效果①。无论设计几个阶段，从"暖身—转换—工作—结束"四个阶段来看团体动力的发展，根据团体动力发展规律来设计心理辅导活动课是必要的。心理辅导活动课四个阶段中任何一个阶段对团体动力的贡献，都必须通过载体来实现，否则设计出来的心理辅导活动课在实际操作中很难取得良好的效果。

2. 心理辅导活动课团体动力的发展轨迹

一节成功的心理辅导活动课在教师和学生的共同作用下，团体动力会有以下的发展变化过程：在暖身阶段，团体动力通过暖身活动被激发起来，学生对心理辅导活动课产生热情，并把自己的精力集中到心理辅导活动课中，这个时候团体有了动力，但还没有特别明确的方向；到了团体转换阶段，学生逐渐有了一个共同关注的主题，并且每个人都逐渐将注意力向这个主题集中，最后，通过这个阶段的活动使团体动力向解决"团体共同关心的某个发展问题"的方向转移，使整个团体的动力有了比较一致的明确方向；在团体工作阶段，所有的学生都围绕着这个大家都关心的发展主题体验或展开讨论，使问题得到基本解决；进入结束阶段，此时团体对"团体共同关心的某个发展问题"有了比较清晰的理解，在整个问题解决过程中有了自己的收获或体验。这个时候整个团体动力凝聚成班集体持续发展的力量或升华为促使学生成长的动力，并会在心理辅导活动课之外对学生产生影响，使学生能够沿着健康的方向不断发展。一堂成功的心理辅导活动课的团体动力发展可以用图9-3来表示。②

---

① 周杨经. 心理辅导活动课四阶段进程的再理解[J]. 江苏教育，2018(40).
② 周杨经，施海尧，杨艳. 微观下的心理活动课团体动力发展[J]. 中小学心理健康教育，2013(07).

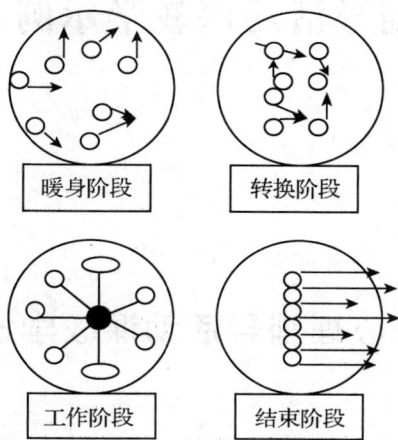

暖身阶段　转换阶段

工作阶段　结束阶段

图 9-3　心理辅导活动课中团体动力发展示意图

第十章 心理辅导活动课教学示例

第一节 心理辅导活动课教学设计示例

一、小学活动设计：情绪小精灵的彩色外套 ▼

(一)活动目标

第一，知道害怕的情绪人人都有。

第二，了解并认识在害怕情绪下的身体反应、想法和行为。

第三，学会接纳害怕情绪给自己带来的影响，照顾好自己的害怕情绪，变害怕为勇敢。

(二)辅导对象

三年级学生。

(三)课前准备

多媒体课件，每个学生准备马克笔，情绪小精灵挂图，与学生数量相同的情绪小精灵空白图案。

(四)活动过程

1. 团体暖身阶段

(1)游戏：情绪木头人

引导语：这节课老师邀请了一位新朋友来到我们的课堂上(情绪小精灵打招呼)，谁能来和情绪小精灵打个招呼？我们大家一起来和它打个招呼吧！接下来让我们和情绪小精灵一起玩个游戏吧！我们一起看大屏幕。

"情绪木头人"游戏规则：音乐响起，学生在原地随着音乐节奏走动，自由做动作；老师说："1、2、3。"学生接："1、2、3，什么人？"学生听到老师说××的人后，做出匹配的表情和动作，并定格不动。

(2)交流感受

游戏过程中有 5 段不同的音乐，分别对应快乐的人、伤心的人、愤怒的人、害怕的人、平静的人。在学生做出动作并定格不动的时候，老师去采访学生现在的感受。

2.团体转换阶段

(1)情绪小精灵的故事

引导语：情绪小精灵和我们做了有趣的游戏，今天这堂课上老师还要向大家介绍情绪小精灵的彩色外套。这件彩色外套有一个神奇的本领，我们一起看大屏幕。

快乐的时候，我的外套会变成黄色，想要和朋友们一起分享我的快乐。

伤心的时候，我的外套会变成蓝色，什么事都不想做。

愤怒的时候，我的外套会变成红色，想要大吼大叫！

平静的时候，我的外套会变成绿色，身体觉得很轻松。

老师提问："小精灵的彩色外套有什么神奇的本领呢？"引导学生发现彩色外套的神奇之处：外套的颜色会随着心情的不同而改变。

引导语：可是有一天，情绪小精灵的彩色外套变成了黑色，这是为什么呢？请两位同学和老师一起把情绪小精灵遇到的事情讲给大家听一听！

有一天快要放学了，老师把情绪小精灵叫到身边，告诉小精灵："刚刚你妈妈打电话来说，你的爸爸妈妈今天放学没时间来接你，让你自己走回家。"情绪小精灵站在窗户旁边，看着窗外，心想："怎么办？我从来没有试过独自回家。路那么长，我不敢！我好害怕……"

情绪小精灵越想越害怕……

老师提问："情绪小精灵遇到了什么事情呢？现在情绪小精灵的情绪是怎样的呢？"

(2)联系自身，增强体验

引导语：同学们，你们平时在生活、学习中一个人做过哪些事情呢？当你一个人去做事的时候有没有害怕过？谁能来分享一下当时的情况呢？

小结：现在你们长大了，需要自己一个人去面对的事情越来越多，有时候我们难免会害怕，但是老师在刚才的谈话当中发现你们很聪明，能想出办法来照顾自己的害怕情绪。

3. 团体工作阶段

(1)招数大擂台

引导语：对于情绪小精灵来说，哪个方法更能帮助它面对害怕的情绪呢？接下来让我们来到招数大擂台，以小组的形式来讨论一下吧！

讨论问题：对于情绪小精灵来说，哪些方法能帮助它面对害怕的情绪呢？

讨论规则：小组讨论时尽量每个同学都参与发言；音乐停止结束讨论。

(2)情绪小精灵大变身

引导语：我们帮助情绪小精灵想出了这么多的方法去面对害怕情绪，相信情绪小精灵一定会发生改变。变化后，情绪小精灵的外套会变成什么颜色呢？帮情绪小精灵画一画吧！

接下来请学生将成果展示在黑板上，同时采访几个学生的想法："为什么这么画，这个时候的小精灵有什么样的情绪呢？"

4. 团体结束阶段

引导语：这节课即将结束，你印象最深的是什么？

(设计来源于永康市解放小学吴玥老师)

二、初中活动设计：我想让你更懂我 ▼

(一)活动目标

第一，学会表达生活中处处存在的亲子冲突，了解冲突发生的原因，增进亲子间了解。

第二，感受和父母的关系变化，编写完善《我的使用说明书》，增强父母对孩子心理需求的了解。

第三，学会用换位思考等方式应对亲子冲突，改善亲子关系。

(二)活动准备

多媒体课件，家庭树道具，《我的使用说明书》(初中 2.0 版)，信封，分组(6～8 人)。

(三)辅导对象

八年级学生。

(四)活动过程

1. 团体暖身阶段

课前播放歌曲《我想更懂你》，由歌词引发思考。教师提问：听了之后，你对歌词中哪几句有感触？歌曲描述的是谁和谁之间的关系？

教师展示母子之间的对白。

母亲：你去哪儿？

儿子：出去。

母亲：和谁？

儿子：嗯……和你无关好吗？

母亲：那你等一下要干什么？

儿子：别好像你关心我似的。别好像你愿意了解我！你什么都不懂！你根本就不关心我！别假装问了！

母亲：其实我很在乎。

教师提问："这段对白给你的感觉是什么？"引导大家了解这样的冲突，猜测可能的原因，伴随歌词进入今天的主题——我想让你更懂我。

2. 团体转换阶段

教师呈现家庭树道具，说引导语："假设这棵树上会生长出你最亲密的家庭，会长出我们自己、爸爸、妈妈，也许还有兄弟姐妹。现在请你用1～2个关键词去形容每个人的性格，再用1～2个关键词描述你心中理想的他们有什么特点。"

学生各自完成自己的家庭树，展示介绍自己的家庭树(教师重点引导学生关注爸爸、妈妈的关键词)。

教师提问："你的家族树上一共画了几个人？都是谁？你最想先和大家介绍哪位家庭成员？在你的家庭树中，用什么词去形容他？这和你理想中的爸爸一样吗？你有没有想过，把你的想法和爸爸妈妈表达？今天我们就尝试去表达。"

教师提问由浅入深，关注学生描述中的爸爸妈妈在现实和理想中是否有差别，引导学生讲出具体的事例，引发学生之间的共鸣。很多学生会表述理想与现实中的爸爸妈妈有差别，从而引出本节课的重点，如何表达自己内心的想法，避免因互相不了解而导致亲子冲突。

3.团体工作阶段

引导语：在小学时我们还是属于小学版的自己，进入初中后其实你已经变成了 2.0 版本的自己，而这些变化爸爸妈妈可能还没有发现，今天老师想和大家一起做一个活动，写一份《我的使用说明书》。

规则：所有成员轮流发言；由一名学生记录小组中所有成员描述的使用注意事项，写在卡纸上；由一名学生代表小组成员进行发言；展示时间只允许两个小组派代表上台详细介绍本组同学的使用说明书，其他组的展示采取先全部贴上黑板，然后请一位学生找相同之处的方式，把更多的信息反馈给全班学生。

头脑风暴：如何把说明书给父母。

4.团体结束阶段

引导语：今天老师也给大家准备了一个小惊喜，就在大家的抽屉里，每个人都可以得到这样一个信封，让我们把说明书放进信封，写上自己的名字，挂在黑板上的家庭树上，下课后我会收集起来，交给班主任保存。下次家长会时班主任会帮大家把这封信放在你的课桌上，作为给家长的惊喜。如果你迫不及待想自己亲手给家长，也可以在课后向我要回，今天就带回家给家长(播放《我想更懂你》歌曲呼应开头)。

家庭作业：等家长拿到说明书后，大家共同协商修改，让他们也写出他们的说明书，作为约定保存在家里的显眼位置。

（设计来源于金华外国语学校赵嘉欣老师）

三、普通高中活动设计：插上积极的翅膀飞翔 ▼

（一）活动目标

第一，通过游戏，引导学生觉察自己在学习、生活中存在的习得性无助感，理性对待学习中的障碍，提高抗挫折意识。

第二，帮助学生理解学习方法和刻意练习的重要性，并迁移到学习过程中。

第三，引导学生寻找并看见自身优势，增强积极体验，提高自我效能感。

（二）辅导对象

高一学生。

（三）课前准备

第一，课前调查学生学习中的困难与体验。

第二，制作 PPT，影视片段剪辑，幻游材料的准备，A4 纸。

第三，3 根彩带，3 个眼罩。

（四）活动过程

1. 团体暖身阶段

活动：穿越封锁线

请 6 位同学两两相对站立，在不同高度拉起 3 根彩带，再请 3 位游戏的参与者穿越封锁线，但不能触碰彩带。然后，让参与者蒙住眼睛，重新穿越封锁线，不能触碰彩带。等参与者蒙上眼睛后，教师悄悄把绳子去掉，观察参与者的表现。

学生分享：请参与者谈谈游戏过程中的感受，特别是蒙上眼睛和睁开眼睛后。现实生活中，是否有过类似的感觉？

请观察者谈一谈，看了这个游戏，有什么想法或感受。

全班讨论并分享：主观经验一定对吗？消极的主观经验对我们有什么影响？

你在学习中遇到的最大的障碍是什么？面对这些障碍时，你的感受如何？这种感受对你的学习有什么影响？

教师总结：在学习过程中，每个同学都会遇到困难和阻碍。要知道，失败是暂时的，我们只要不断探索与尝试，方法就一定比困难多，从今天开始，让我们觉察消极思维定式，重新插上积极的翅膀，勇敢去飞翔（引出主题——插上积极的翅膀飞翔）。

2. 团体转换阶段

活动：展示《国王的演讲》影视片段，由影视案例感悟成长之道。

提问：一开始，国王对演讲有什么感觉？为什么？口吃专家帮助国王进行了哪些训练？做了哪些努力？对你有什么启发？再次面对学习生活中的挫折、困难，你有什么想对大家说的？

教师总结：在同学们的分享中，我听到最重要的两个词语：一个是方法，要不断寻找尝试正确的、科学的、适合的方法；另一个是坚持，需要大量的刻意练习。除此以外，我们还需要相信自己，看见自己的优势。

3. 团体工作阶段

活动：幻游奇旅——寻找学习优势，增强积极体验。

教师根据指导语带领学生做一次幻游（冥想），引导学生寻找自己在学习上的优势，体验学习中的愉快体验。幻游结束，请学生将幻想中写在门上的五个答案写在"学海泛舟"记录单中，并谈谈幻游的感受。

教师总结：真为大家感到高兴，有这么多同学体验到了学习的轻松、愉快，还找到了这么多学习上的优势，我们绝对需要自我肯定！

刚才我们在幻游中体验到了愉快的感觉，现在我们要在现实中寻找学习中的愉快体验。请同学们围绕问题"在学习中，你曾经还有过哪些愉快的经历或体验"进行小组讨论分享，并选出小组当中最能代表愉快体验的事例，在全班分享。

4. 团体结束阶段

全体学生手臂挽着手臂，围成一个圈，跟着音乐一起唱《不要认为自己没有用》，然后让每位学生用一句话分享感受。

教师寄语：学习的本质，是从"不会"到"会"的过程，请相信人的能力是可以通过努力训练得到提高的！只要我们不放弃希望、不放弃努力，我们就能不断成长、不断进步。最后，祝愿每一位同学插上积极的翅膀，勇敢去飞翔！

（设计来源于兰溪第一中学洪旭霞老师）

四、职业高中活动设计：今天你"宅"了吗？▾

（一）活动目标

第一，理解"宅"的含义。

第二，对自身"宅"的情况可以自查自知。

第三，根据自身"宅"的程度进行针对性调整。

（二）辅导对象

中职高一学生。

（三）课前准备

PPT 准备，材料案例准备。

（四）活动过程

1. 团体暖身阶段

教师活动：教师明确大风吹游戏规则，组织游戏，最后一问以"热爱自由的同学"为游戏结尾。

学生活动：大风吹，吹戴眼镜的同学；小风吹，吹不勇敢的同学；小风吹，吹黑头发的同学；大风吹，吹热爱自由的同学。

设计意图：活跃课堂气氛，充分调动学生的积极性；最后一问向第二环节自然过渡。

2. 团体转换阶段

引导语：我们同学都是热爱自由的人，那么请问，你们认为自己自由吗？你最向往的自由状态是什么样的？请通过你的描述和我们分享一下。

请几位学生描绘自己向往的自由状态。教师根据学生对自由状态的不同诠释，引导到"宅"这个主题上。

教师通过 PPT，向学生介绍"宅"的起源，发展的过程，以及宅人低龄化的现状。

教师提供现实中一些宅人的生活状态，请学生分组自查。

学生根据自己的情况，分为"宅人一族"(宅人、觉得自己挺宅的、想过宅人生活的同学)和"外交一族"(不是宅人、不羡慕宅人生活的同学)。

教师通过课堂调查，了解学生对自由的诠释，从而引导入题；通过宅文化的介绍，让学生对"宅"现象有较全面的认知；通过学生自查情况，分组而坐，为第三环节的思考讨论做准备。

3. 团体工作阶段

(1)同学们，你们怎么看？

教师给两个组不同的讨论题目(见表 10-1)。两个组根据教师提出的问题进行思考讨论。

表 10-1　分组题目

"宅人一族"讨论题目	"外交一族"讨论题目
1. 你对自己"宅"的生活是否满意？ 2. "宅"在家里都干些什么？ 3. 你"宅"在家里有哪些原因？ 4. "宅"让你享受到了什么？又给你带来了什么影响？	1. 你对"宅"状态的理解是什么？ 2. 你对"宅人"的形象评价如何？ 3. 你认为他们"宅"的原因有哪些？ 4. "宅"带来了怎样的利与弊呢？

教师组织各组小组长归纳发言，教师根据学生讨论结果，适当做一些补充或概括。一方面，"宅"是我们满足心理需要的一种方式；另一方面，"宅"又存在着生理隐患和心理隐患。

学生各组组长分享讨论结果，其他学生认真倾听。

分两个组别，从不同角度，深入地思考讨论"宅"的动机、影响等；学生通过了解他人的观点，多角度地看待"宅"现象，促成态度的改变。

（2）让我们"宅"得更好

教师引入心理舒适区的知识，引导学生从"宅"的隐患中寻找对策。

学生分小组讨论，就如何避免或减少"宅"的不良影响这一问题，提出对策，几个学生代表分享。

通过对心理舒适区的讲解，让学生明白拓展心理舒适区的重要性；探寻"宅"得更好的方法。

4. 团体结束阶段

为自己写下青春寄语。

教师总结：看了"万卷书"，要行"万里路"，让"宅"成为万里路上适时出现的小亭子，休憩之后再出发。

（设计来源于浙江省永康市职业技术学校王琛老师）

第二节　心理辅导活动课说课示例

说课是提升教师专业能力，促进教师专业研讨和开展心理专业教研的重要形式。教师根据自己的教学设计，用语言表达课程设计的基本理念和思路。主要内容包括辅导理念、辅导目标、辅导准备、辅导过程和辅导反思。良好的说课能够清晰地说明教什么（教学内容）、怎么教（教学方法）、为什么（设计依据）、如何学（学习方法）和怎么组织（教学过程）。说课总体上要抓住关键点，最好每次都有主题、有重点，以便在限定的时间内，把关注的焦点问题论述透彻。

一、小学说课示例：情绪小精灵的彩色外套 ▼

（一）辅导理念

三年级开始，家长会渐渐地放手，希望孩子可以独立地做一些事情。孩子一个人去面对一些事情的时候，难免会产生害怕的情绪。本节课旨在让学生明白害怕是一种情绪，这种情绪每个人都会有，只要我们正确认识了害怕这种情绪，并在害怕时找到让自己平静下来的方法，我们就可以坦然地接受自己的害怕情绪并照顾好自己，变害怕为勇敢。

（二）辅导目标

本节课的活动目标有三点：知道害怕的情绪人人都有；了解并认识在害怕情绪下的身体反应、想法和行为；学会接纳害怕情绪给自己带来的影响，照顾好自己的害怕情绪，变害怕为勇敢。

（三）辅导准备

课前需要为每个学生准备马克笔，多媒体课件，情绪小精灵挂图，与学生数量相同的情绪小精灵空白图案。

（四）辅导过程

1. 团体暖身阶段

暖身阶段采用"情绪木头人"游戏。教师邀请出课堂的新朋友——情绪小精灵，情绪小精灵邀请学生们一起玩"情绪木头人"游戏。教师出示游戏规则：音乐响起，学生在原地随着音乐节奏走动，自由做动作；老师说："1、2、3。"同学接："1、2、3，什么人?"学生听到老师说××的人后，做出匹配的表情和动作，并定格不动。

游戏过程中有 5 段不同的音乐，分别对应快乐的人、伤心的人、愤怒的人、害怕的人、平静的人。在学生做出动作并定格不动的时候去采访学生。

这一环节旨在让学生认识快乐、伤心、愤怒、害怕、平静等情绪，以及了解自己在各种情绪状态下的身体反应、想法和行为。

2. 团体转换阶段

（1）情绪小精灵的故事

在游戏中让学生认识到快乐、伤心、愤怒、害怕、平静等情绪，也在最后一个平静的情绪下由游戏回到课堂，并安静地倾听小精灵讲述它那神奇外套的本领。从小精灵的讲述中，教师引导学生去发现外套的神奇之处：外套的颜色会随着心情的不同而有所改变。

了解了彩色外套的这一神奇之处后教师告诉学生：可是有一天，情绪小精灵的彩色外套变成了黑色,这是为什么呢?这个转变极大地调动了学生的积极性。马上邀请两位学生和老师一起讲述情绪小精灵遇到的事情。听完了情绪小精灵遇到的事情后,让其他学生总结小精灵遇到的事情,以及情绪小精灵现在有什么样的情绪。

通过情绪小精灵彩色外套的神奇本领让学生去判断,当外套变黑的时候情绪小精灵的情绪是什么样的,自然而然地引出本节课的主角——"害怕"情绪。

(2)联系自身,增强体验

接着,让学生联系自身的实际经验去说一说,自己在平时的生活学习中一个人做过什么事情?学生对这一问题深有体会,教师抓住这个时机,继续提问:"当你一个人做事时会不会害怕?谁能来分享一下当时的情况?"三年级的学生普遍面临着需要自己一个人睡觉这件事。对于一部分学生来说,这是一件让他们感到害怕的事情。通过学生讲述切身经历和分享应对经验,让学生之间互相借鉴。

学生们联系自己生活学习中的实际体验,更加有话可讲,更加有体会。

3.团体工作阶段

(1)招数大擂台

结合自身经验,学生学会了照顾自己的害怕情绪。对于情绪小精灵来说哪些方法更能帮助它面对害怕的情绪呢?接下来教师让学生以小组的形式讨论这个问题。

经过了之前关于自身实际情况的讨论,学生对于帮助情绪小精灵勇敢面对害怕情绪可以说出很多的方法。在帮情绪小精灵想到办法后,教师让学生一起实际操练,这样可以让学生更有切身体会,以后再次遇到害怕情绪的时候,也可以想起这节课上的操练方法。

(2)情绪小精灵大变身

在学生帮助情绪小精灵想出了多种多样的方法后,情绪小精灵一定可以勇敢地面对害怕情绪。此时,情绪小精灵的外套又会变成什么颜色呢?接下来教师请学生帮情绪小精灵画一画它的新外套,并将画好的情绪小精灵展示在黑板上。在学生上来展示的时候教师随机采访几个学生的想法:为什么这么画?这个时候的小精灵是什么样的情绪呢？

为情绪小精灵外套涂色其实就是学生对于害怕情绪的重新认识，让学生说出涂色想法是让学生意识到以后遇到害怕情绪的时候，可以采用行之有效的方法来面对。

4. 团体结束阶段

教师让学生总结在这一节课上有什么最想记住的，同时为此次课做一个小结：现在你们长大了，需要自己一个人去面对的事情越来越多，有时候难免会害怕。但是老师在今天的课堂中发现大家很聪明，能想出许多办法来照顾自己的害怕情绪，老师也从大家的身上学到了许多，谢谢同学们！

（五）辅导反思

这节课在"情绪木头人"的游戏中拉开了序幕。通过游戏让学生放松了下来，以轻松的状态进入课堂。学生在游戏中表现及交流各种情绪的身体反应和心理感受。学生们的表现和回答都十分出彩。在"情绪小精灵的故事"环节以情绪小精灵自述的形式介绍了彩色外套会随着心情的不同而改变颜色的神奇之处，接着自然而然地引出黑色外套所对应的"害怕"情绪。教师紧接着让学生联系自己生活实际，说一说生活上和学习上遇到过的类似情况。通过交流，教师发现绝大部分学生对一个人睡觉这件事感到有点害怕。教师请不害怕一个人睡觉的同学分享他们的经验。学生的想象力是非常丰富的，让一部分学生用他们的经验去帮助其他学生，远比教师直接告诉他们应该怎么做来得更有效果。接下来在"招数大擂台"环节，教师让学生针对情绪小精灵遇到的困扰帮助它想想办法，有了前面自身经验的分享，学生在这一环节的讨论就更加多样化了。教师抓住时机让学生在课堂上进行了实际操练。希望通过这些方法的操练，让学生在以后出现害怕情绪的时候，可以想起这节课上的操练方法，并用这些方法来给自己勇气，能变害怕为勇敢。最后，在"情绪小精灵大变身"的环节，教师让学生用马克笔给情绪小精灵的外套涂色，涂完颜色拿上黑板展示的时候，与学生进行交流，了解他们涂色的想法，其实这也影射了学生以后在出现害怕情绪时他们内心的想法。

这一堂课上，学生一直在交流着、活动着、体验着，参与的兴致特别高。从这堂课上教师也感受到了，学生之间互相分享经验，让学生帮学生解决问题，比教师或家长直接告诉他们该怎么做来得更加有效！只要我们相信学生，放手让每一个学生自由地说、大胆地做，他们一定能给我们带来惊喜！

（案例来源于永康市解放小学吴玥老师）

二、初中说课示例：我想让你更懂我 ▼

（一）辅导理念

八年级学生已经进入青春期，心理发展具有矛盾性：生理发育速度远远快于心理发育，使得他们的身心处于不平衡的状态。这个状态就会引发他们的反抗性和依赖性。这个时期，学生会产生强烈的成人感和独立意识，希望摆脱成人的束缚，但同时，他们的内心并没有完全摆脱对父母的依赖，更多表现为希望得到父母精神上的支持。这样的独立性与日俱增，难免与父母发生冲突。教师通过前期调查发现：在认知层面上，大多数学生都能认识到产生冲突的原因，在没发生冲突时或者冲突过后都能冷静思考，但是他们不知道怎么去面对不可避免的冲突。所以本课的设计主要围绕增进亲子之间的相互了解，教会学生沟通方法，选择恰当的时机进行沟通，使亲子沟通更加通畅。

（二）辅导目标

首先，通过活动让学生学会表达生活中处处存在的亲子冲突，增进亲子间彼此了解；其次，通过小组讨论合作，感受孩子和父母的变化，编写完善《我的使用说明书》，增强父母对孩子心理需求的了解；最后，通过课堂学习，学生能更理解父母，学会用换位思考等方式应对亲子冲突，改善亲子关系。

（三）辅导准备

课前教师需要准备多媒体课件；家庭树道具(粘贴在黑板上)，《我的使用说明书》(初中 2.0 版)每人一份，信封每人一份，课前分组(6~8 人)。

(四)辅导过程

1. 团体暖身阶段

用一首《我想更懂你》引入主题。以简单问题"从歌曲中你听到了什么?"暖身,接着教师展示对白,让学生感同身受亲子冲突:想要了解对方又不知从何开始。伴随歌曲进入今天的主题——我想让你更懂我。

2. 团体转换阶段

教师让学生画一画、说一说自己的家庭关系。教师重点引导学生说出父母之间的沟通问题,让学生明白,大多数时候我们与父母想法会有一定的差别,也不常沟通。引出本节课重点:如果想要父母成为自己理想中的父母,需要主动沟通。

3. 团体工作阶段

发现问题之后,教师引入《我的使用说明书》,让学生写一写自己的特点,以及希望父母怎么对待自己。写完之后小组讨论,派代表进行展示。设计目的是教给学生一种书信沟通的方式,也利用团体动力,让学生看到他人理想的与父母之间的沟通方式,从而也可以修正自己的方式。

4. 团体结束阶段

教师展示惊喜的信封,让信封作为媒介,把课堂的成果带到现实生活中。教师布置家庭作业:等到父母拿到说明书后,大家共同协商修改,让他们也写出他们的说明书,共同作为约定保存在家里的显眼位置。呼应开头,把课堂成果渗入生活,因为现实才是亲子沟通真实的应用场景。

(五)辅导反思

这节课先引导学生了解亲子冲突的原因是不沟通、不够了解对方,目的是让学生学会使用《我的使用说明书》。从课堂表现来看,学生的参与度很高,得益于设计的活动贴近他们的真实生活,而且在设计上由浅入深,先让学生学会审视自己家庭中的亲子沟通现状,再针对性地写下解决方法,基本实现了教学目标。团体工作阶段的展示环节,采用了一种新的模式:先由两组同学详细分享，然后其他组同学全部把结果展示于黑板上，请一到两名同学来找相同点，对全班同学的结果进行总结。这种形式让每位同学都感觉参与到展示的过程中，给予他们课堂的满足感。在团体结束阶段，学生具有仪式感地将说明书装入信封，教师的引导语是："下课后，我会收好让班主任代为保管，下次家长会时作为给家长的惊喜，但是如果你迫不及待想自己亲手交给家长，那么下课后可以向我要回。"让我惊喜的是，有十多位学生在下课后向我要回了信封，带着开心兴奋的表情告诉我，今天放学回家就拿给家长。

（案例来源于金华外国语学校赵嘉欣老师）

三、普通高中说课示例：插上积极的翅膀飞翔 ▼

（一）辅导理念

积极心理学认为，人人都有巨大的潜能，都有追求自我实现的需要。但是当个体在经历重复的失败或惩罚后，会形成一种对现实的无望和无可奈何的行为及心理状态，这种现象称为习得性无助。特别是刚进入高中的学生，面对竞争压力的变化，环境要求的变化，更容易在挫折中丧失信心，自我怀疑，从而影响学习积极性。

去除习得性无助感是一个长期而艰难的过程，教师能做的，首先是帮助学生准确觉察并了解自己学习无助感产生的原理，让学生明白自己对学习的无奈来自消极定式，使学生能够重新认识自己；其次是通过一系列活动，使学生明白学习方法与刻意练习的重要性，明白人的能力是可以改变的，体会学习中的积极情绪，学会挖掘自身学习的优势，帮助学生重新树立起积极的自我意识和科学的学习观。

（二）辅导目标

首先，通过游戏引导学生觉察自己在学习、生活中存在的习得性无助感，理性对待学习中的障碍，提高抗挫折意识。其次，通过影视片段欣赏让学生明白学习方法和刻意练习的重要性，让学生感觉到在困难面前是有办法的。最后，通过活动引导学生寻找并看见自身优势，增强积极体验，提高自我效能感。

(三)辅导准备

首先，课前调查学生学习中的困难与体验，做好相关回应的预设，做到心中有数。其次，做好课件、影视片段剪辑、幻游材料、A4纸、彩带、眼罩等教具的准备。

(四)辅导过程

1. 团体暖身阶段

首先，教师进行自我介绍。然后带领学生进行一个"穿越封锁线"的游戏。游戏规则：请六位学生两两相对站立，在不同高度拉起三根彩带，再请三位学生作为参与者穿越彩带，但不能触碰彩带，然后，让参与者蒙住眼睛重新穿越彩带，不能触碰彩带。等参与者蒙上眼睛后，教师悄悄把彩带去掉，看参赛者的表现。

游戏结束后，教师先请参与者谈谈游戏过程中的感受，特别是蒙上眼睛和睁开眼睛后。教师询问参与者在现实生活中，是否有过类似的感觉。然后教师请观察者谈一谈，看了这个游戏，有什么想法或感受。接着教师请全班讨论并分享：主观经验一定对吗？消极的主观经验对我们有什么影响？你在学习中遇到最大的障碍是什么？面对这些障碍时，你的感受如何？这种感受对你的学习有什么影响？最后，教师总结，并导入今天的主题。

这一环节，主要是通过一个有趣的游戏导入，引起学生的兴趣，调动课堂气氛。由游戏中的障碍引申到学习中的障碍，以及面对学习困难时的主观感受，使学生有所感触，觉察习得性无助对学习的影响，为课程目的埋下伏笔。

2. 团体转换阶段

教师展示影视剧《国王的演讲》中的一个片段：国王因口吃无法在国人面前发表演讲而懊恼、自责、恐惧，在一个口吃专家的技能训练和心理疏导下，通过科学有效的方法，经过刻苦练习，终于战胜了自己，发表了精彩演讲。

教师引导学生思考问题：一开始，国王对演讲有什么感觉？为什么？口吃专家帮助国王进行了哪些训练？做了哪些努力？你有什么启发？再次面对学习生活中的挫折，你有什么想对大家说的？在学生分享过程中，教师适当引导和提炼，抓住有效方法和刻意训练，让学生明白困难是有办法战胜的。

学生分享结束后，教师进行总结提升，并自然过渡到下一环节，发现自身的优势，体验学习中的快乐。

本环节主要是通过影视片段欣赏，让学生明白学习方法和刻意练习的重要性。同样，在学习过程中，任何困难都可以通过适当有效的方法和大量刻意的练习来克服，让学生在困难面前也能产生自我效能感。

3.团体工作阶段

本阶段有两个部分。第一个是幻游奇旅，学生根据教师指导语做一次幻游(冥想)，目的是引导学生寻找自己学习上的优势，获得学习中的愉快体验。第二个是围绕问题"在学习中，你曾经还有过哪些愉快的经历或体验?"展开小组讨论，在现实中寻找学习中的愉快体验。

教师总结，给予学生振奋性鼓励，并自然过渡到下一环节。

本环节主要是通过冥想和联想，使学生学会挖掘自身在学习上的优势、能力，重新认识和肯定自己，并增强学习的积极体验。通过小组讨论，由幻游回到现实，虚实结合，让愉快的感觉更加真切。

4.团体结束阶段

全体学生手臂挽着手臂，围成一个圈，跟着音乐一起唱《不要认为自己没有用》。然后，请每位学生用一句话分享感受。最后，教师表达心声和寄语，结束课程。

这一环节主要是在音乐中渲染氛围，引起学生共鸣，增强学生内动力。

(五)辅导反思

本堂课围绕积极心理学中的相关概念，活动设计环环相扣，操作性强，学生参与度高，课堂氛围非常好，不仅为很多学生带来新的视角，动摇消极意识，也让学生掌握了一定的方法，体验了一定的积极情绪，对学生的学习生活有较大的触动。但去除习得性无助感不是一蹴而就的，本堂课目标较多，内容也较多，在一堂课中分享不够深入，如果能将本堂课拆分为两堂课，或者延长上课时间，可能效果会更好。总之，用心理学原理提高学生的抗挫折能力，发展成长型思维，值得我们不断探索和实践。

（案例来源于兰溪第一中学洪旭霞老师）

四、职业高中说课示例：今天你"宅"了吗？

（一）辅导理念

随着社会科技日新月异的发展，网络的普及，娱乐方式的多样化，"宅"这种文化现象已经非常普遍，"宅"的年龄越来越低。从心理角度看，如果长此以往，人们，尤其是青少年，容易进入"心理舒适区"。一旦外界环境的变化和发展冲击了舒适区的防线，青少年的自我评价、心理适应等方面将被冲击出一个巨大的断层，难以跨越。

（二）辅导目标

结合自身的教学理念，使学生成为"能说、能写、能做"的人。说说看，就是要让学生说出对"宅"的感受与态度；写写看，就是让学生记录"宅"产生的原因及影响；做做看，则是让学生能够调整自身"宅"的比例，合理安排"宅"生活。

（三）辅导准备

这堂课采用的辅导策略为游戏、情境创设的方法，让学生始终联系自己生活实际，同时，通过运用小组合作、自主体验等方法，让学生在参与中感悟，在活动中内省，使学生的主体性得到充分发挥。

（四）辅导过程

1. 团体暖身阶段

暖身游戏"大风吹"考验的是学生对指令的快速反应能力。当听到大风吹某一特征，则有该特征的同学站起来；听到小风吹某一特征时，则没有该特征的同学站起来。尤其在听到"小风吹，吹不勇敢的同学"时，课堂气氛急剧升温。于是，教师乘胜追击，以"大风吹，吹热爱自由的同学"作为游戏的结尾，顺利向第二环节过渡。

2. 团体转换阶段

教师紧紧围绕"自由"一词，对学生提出头脑风暴式的描绘要求。通过学生的分享，教师可以初步了解班级中"宅"现象的人数比例，对后面辅导的角度和策略做相应调整，同时，将"宅"这个主题顺利地引出来。

此时，课件采用文字、漫画、图表等形式呈现有关"宅"的起源、发展过程，以及宅人低龄化的现状，让学生对"宅"现象的普遍存在有较全面的认知。事实证明，这一过程不仅极大地激发了学生兴趣，也为后续讨论创设了良好背景。

教师又适时展示生活中宅人真实的写照，请学生比对自身。宅人、觉得自己挺宅的、想过宅生活的同学为"宅人一族"，不是宅人、不向往羡慕宅生活的同学为"外交一族"，进行快速分组就座。

3. 团体工作阶段

随后进入"同学们，你们怎么看?"的讨论环节，这个环节中的搞笑图片对白，让学生的情绪高涨，课堂气氛再次热烈起来。教师给两个组别不同的题目，引导学生进入讨论区。"宅人一族"要讨论的问题有：你们对自己"宅"生活是否满意，宅在家里都干些什么。"外交一族"则讨论：你们对"宅"状态的理解是什么，你们对宅人的形象评价如何。通过对"宅"的原因进行讨论，"宅人一族"对自己宅的动机有了明确的认识。有的学生说，我的"宅"是为了满足娱乐休闲的需要；有的学生说，不是我想"宅"的，没人和我玩，只能待在家里……"外交一族"则从旁观者的角度讲述对"宅"的看法。最后，两组分别对"宅"的利与弊进行讨论分析。有的学生提出，"宅"使我们的生活更便捷、舒服环保又实惠；有的学生则说，"宅"对我们的个人成长不利，坑身坑心还啃老。学生将"宅"影响探讨得相当透彻，此时，教师及时引导，指出"宅"是我们满足心理需要的一种方式，但过于"宅"会埋下生理和心理的隐患。这样，本堂课的重点就在此突破。

随即，教师引入心理舒适区。一个人如果总在自己的舒适区里打转，永远无法获得新的经验，永远无法增强社会生存能力，并且，当外界环境的变化和发展冲破了舒适区的宁静、恐慌和不安将会把人淹没。以此让学生认识到积极拓展心理舒适区的重要性。接着，教师请学生讨论，如何避免或减少"宅"的不良影响，如何合理安排"宅"生活，做一个健康快乐的人。经过激烈的讨论，学生得出了很多建议，如培养体育、摄影等兴趣，遵循科学的作息，参加志愿者服务等。现场学生直抒胸臆，不少建议得到了同学们的积极接纳和认同。在这样的活跃氛围中，本课的难点迎刃而解。

4. 团体结束阶段

为把学生的认知和体验进一步内化，教师在最后为学生寄语，"宅"本身并没有好坏对错之分，只是一种生活状态，但为何选择它，如何使用它，决定了"宅"对我们的影响。看了"万卷书"，要行"万里路"，让"宅"成为万里路上适时出现的小亭子，休憩之后再出发。

（五）辅导反思

本课的亮点在于整体设计紧紧以"宅"这种现象为主线，联系学生实际生活和感受，教师保持价值中立，从头到尾没有出现好与坏的评价。

本节心理辅导活动课曾在学校多个班级上过，课堂效果良好。"宅"这个话题贴近学生实际，虽然中职生群体"宅"的程度不是很深，时间比例也还不是很大，但是设计这堂课可以起到预防、提醒的作用，符合学生心理发展的需求。总体来说，在暖身游戏的设计和实施中，教师能够充分地调动学生的积极性，主题的引入流畅自然，能够紧紧地抓住学生的注意力和好奇心。教师通过对"宅"文化的介绍，让学生进行自查，让学生针对不同状态分组讨论。在分享结果的时候，学生通过同伴群体的角度，能够更客观地认识"宅"对我们的影响，思维的火花在交流中产生，形成了良好的团体动力，推动学生正确认识"宅"现象，并且知道该如何良性使用"宅"这种生活方式，使自己成为一个快乐的宅人。学生课后纷纷表示，他们在这堂心理辅导活动课上收获很多。

（案例来源于浙江省永康市职业技术学校王琛老师）

参考文献

[1]安斌．加强中小学心理健康教育途径的探析[J]．青春岁月，2013(04)．

[2]白晓丽，七十三，乌云特娜，等．心理学视域中民族认同研究的嬗变与发展[J]．西南大学学报(社会科学版)，2020，46(06)．

[3]陈慧，车宏生，朱敏．跨文化适应影响因素研究述评[J]．心理科学进展，2003(06)．

[4]陈慧慧，杨海荣，邝翠清．语言是窗户——人际沟通技巧[J]．中小学心理健康教育，2020(22)．

[5]陈旭，张大均．心理健康教育的整合模式探析[J]．教育研究，2002(01)．

[6]陈英敏，邹丕振．在全球化与本土化之间：建构一种多元文化的现代心理学观[J]．山东师范大学学报(人文社会科学版)，2005(03)．

[7]陈震．班主任新思维[M]．南京：南京师范大学出版社，2000．

[8]段青青．佛家思想在中医药院校心理健康教育中的应用探析[J]．考试周刊，2017(01)．

[9]樊富珉．团体心理咨询[M]．北京：高等教育出版社，2005．

[10]芳菲．为什么要研究和掌握儿童心理的发展规律？[J]．父母必读，1992(02)．

[11]扶丹丹．红色文化在大学生心理健康教育中的运用[J]．人文之友，2019(12)．

[12]高存友，任秋生，甘景梨．心理压力与调控[M]．北京：九州出版社，2018．

[13]高汉运，裴国栋，段成英．校园文化环境与学生心理健康[J]．中国学

校卫生，2002(01).

[14]高觉敷．西方心理学的新发展[M]．北京：人民教育出版社，1987.

[15]葛鲁嘉．心理文化论要——中西心理学传统跨文化解析[M]．大连：辽宁师范大学出版社，1995.

[16]苟晓玲，彭玮婧，刘旭．全域视野下教师心理健康教育素养：内涵、构成与发展路径[J]．当代教育论坛，2020(04).

[17]郭晓梦．中国传统文化对大学生心理健康教育的实际意义[J]．中国科教创新导刊，2014(07).

[18]郭学东．疫情防控期间家庭亲子冲突原因及对策初探[J]．教育实践与研究(理论版)，2020(05).

[19]何德宽．心理教育是阳明一生践履"成圣"的主线——王阳明心理教育思想初探[J]．贵州民族学院学报(哲学社会科学版)，2003(04).

[20]侯玉波．社会心理学[M]．北京：北京大学出版社，2002.

[21]黄春萍，项海青，等．杭州市中学生心理压力影响因素分析[J]．中国学校卫生，2006(09).

[22]黄洁．论中国传统文化对当代大学生心理健康教育的价值与借鉴[J]．社会心理科学，2013(11).

[23]黄立芳，段可杰．中国传统文化与中医心理健康观[J]．中医药学刊，2006(09).

[24]姜廷玉．多视角下的长征[M]．北京：国防大学出版社，2006.

[25]经纶．走进大学生心理健康教育视野中的道家文化[J]．扬州大学学报(高教研究版)，2015，19(05).

[26]李炳全．文化心理学视域中的教学模式探析[J]．天中学刊，2010，25(01).

[27]李炳全，张丽玲．人际关系心理学[M]．北京：科学出版社，2017.

[28]李慧慧．当前中小学师生冲突问题及对策研究[D]．曲阜：曲阜师范大学，2019.

[29]李静．基于传统文化的中学生心理健康教育[J]．魅力中国，2020(10).

[30]李坤崇．班级团体辅导[M]．北京：中国人民大学出版社，2010.

[31]李永鑫，李艺敏．学校管理心理学[M]．上海：上海社会科学院出版社，2007.

[32]林崇德．儿童心理学与教育心理学空前活跃的十年[J]．中国教育学刊，1989(02).

[33]刘国清．道家、儒家、佛家"健康观"的现代心理学意义[J]．新闻爱好者，2010(22).

[34]刘嵋．大学生班级团体心理辅导教程[M]．北京：清华大学出版社，2009.

[35]刘启迪．打好中国学生发展核心素养的文化基础[J]．当代教育科学，2017(05).

[36]刘伟．集中·封闭·大型团体咨询[M]．北京：中国轻工业出版社，2010.

[37]刘宣文，赵晶．学校心理健康教育课程设计与教法[M]．北京：中国人民大学出版社，2020.

[38]刘智勇，齐姗姗．科学实施心理健康教育——努力提升班级管理成效[J]．中小学校长，2020(12).

[39]龙潘．中国古代传统体育养生史纲要[D]．广州：广州体育学院，2009.

[40]卢廷柱．儿童学习心理学研究的发展[J]．华南师范大学学报(社会科学版)，1980(02).

[41]鲁洁．教育社会学[M]．北京：人民教育出版社，2007.

[42]麻彦坤．维果茨基对现代西方心理学的影响[J]．华东师范大学学报(教育科学版)，2006(03).

[43]马建新，张学武．道家思想在大学生心理健康教育中的价值诠释[J]．云梦学刊，2013，34(05).

[44][美]Peter De Jong, Insoo Kim Berg．焦点解决短期治疗导论[M]．沈黎，吕静淑，译．上海：华东理工大学出版社，2015.

[45][美]杰洛德·布兰岱尔．儿童故事治疗[M]．林瑞堂，译．成都：四川

大学出版社，2005.

[46][美]克里斯托弗·彼得森. 积极心理学[M]. 徐红，译. 北京：群言出版社，2010.

[47][美]墨菲，柯瓦奇. 近代心理学历史导引[M]. 林方，王景和，译. 北京：商务印书馆，2009.

[48]孟昭兰. 普通心理学[M]. 北京：北京大学出版社，1994.

[49][美]珀文. 人格科学[M]. 周榕，等，译. 上海：华东师范大学出版社，2001.

[50]乔佳. 美国学校心理学的发展对我国心理教育工作的启示[J]. 吉林省教育学院学报，2010，26(05).

[51]邱紫华. 中国传统文化的理想人格之一：儒家的理想人格[J]. 今古文创，2020(01).

[52][瑞士]让·皮亚杰. 教育科学与儿童心理学[M]. 傅统先，译. 北京：文化教育出版社，1982.

[53]申荷永，高岚. 理解心理学[M]. 广州：暨南大学出版社，1999.

[54]沈德立. 基础心理学[M]. 上海：华东师范大学出版社，2003.

[55]舒曼. 知行合一与心理健康[J]. 南京师大学报(社会科学版)，2020(03).

[56]司家栋，张付山，牟红梅，等. 班级团体心理辅导课程操作实务[M]. 北京：蓝天出版社，2012.

[57]司马云杰. 文化价值论——关于文化建构价值意识的学说[M]. 济南：山东人民出版社，1990.

[58]斯静亚. 传统诗词与大学生心理健康保健探析[J]. 成功(教育)，2008(9).

[59]孙泽厚. 组织行为学[M]. 北京：清华大学出版社，2010.

[60]汪凤炎，郑红. 中国文化心理学[M]. 广州：暨南大学出版社，2004.

[61]汪维山，孙小青. 班主任技能教程[M]. 合肥：安徽大学出版社，2001.

[62]汪雪兴．管理心理学[M]．上海：上海交通大学出版社，2014．

[63]王国祥．中国古典诗词欣赏与情感心理健康[J]．福建医科大学学报(社会科学版)，2004(02)．

[64]王丽丽．为学生提供一个有利于心理健康的学校氛围——生活指导工作初探[J]．文教资料，2009(03)．

[65]王敏琦，张变花．高校心理教育中师生协作与互动的途径[J]．教书育人(高教论坛)，2018(08)．

[66]王伟艳．心理健康教育与德育结合培养学生健全人格[J]．黑龙江教育学院学报，2010，29(07)．

[67]王燕．积极心理学的十年研究综述[J]．河南教育学院学报(自然科学版)，2014，23(03)．

[68]王迎春．高校心理教育中师生协作与互动的途径分析[J]．智库时代，2019(48)．

[69]韦秋庚．宝藏男孩女孩——探索我的优势[J]．中小学心理健康教育，2020(25)．

[70]魏楚姗．我是好奇小博士——小学五年级积极心理品质培养课程设计[J]．中小学心理健康教育，2020(28)．

[71]魏德样．太极拳锻炼与心理健康的关系：一项元分析研究[J]．福建师范大学学报(自然科学版)，2011，27(5)．

[72]吴明洁．城市小学生学习压力状况及影响因素的调查[J]．教育观察，2019，8(29)．

[73]吴中云．中医心理养生谈[M]．北京：农村读物出版社，2008．

[74]习近平．在纪念孔子诞辰2565周年国际学术研讨会暨国际儒学联合会第五届会员大会开幕会上的讲话[M]．北京：人民出版社，2014．

[75]习近平．在中央党校建校80周年庆祝大会暨2013年春季学期开学典礼上的讲话[M]．北京：人民出版社，2013．

[76]向前．论心理健康教育在班级管理中的渗透[J]．教学与管理，2011(30)．

[77]解梅，段兴利，陈红. 略论古典诗词对大学生的心理调适作用[J]. 卫生职业教育，2010(18).

[78]邢飞儿. 人本主义教育的研究综述[J]. 吉林省教育学院学报(中旬)，2015，31(08).

[79]徐辉. 中国传统文化中心理健康教育资源的凝练[J]. 马克思主义学刊，2017(01).

[80]徐晓虹."阳明心学"之心理学辨析[J]. 宁波大学学报(教育科学版)，2016，38(06).

[81]徐晓暖. 中国传统文化的心理健康教育价值[J]. 大连干部学刊，2008(05).

[82]杨怀文. 浅析成语中的心理学[J]. 黑龙江教育学院学报，2014，33(01).

[83]杨小娥，史家欢. 心理聚光灯：提升课堂注意力[J]. 中小学心理健康教育，2020(23).

[84]叶一舵，余香莲. 台湾学校"教训辅"三合一辅导体制及其实施建议[J]. 中小学心理健康教育，2006(09).

[85]余玲，夏君玫，周小翔，等. 传统养生体育运动处方对随迁老年女性心理健康的应用研究[C]. 第十一届全国体育科学大会论文摘要汇编，2019.

[86]余祖伟. 高师公共课心理学研究的现状与趋势 [J]. 洛阳师范学院学报，2002 (03).

[87]俞文钊. 管理心理学[M]. 大连：东北财经大学出版社，2004.

[88]袁玉英. 学校环境建设与学生的心理健康[J]. 陕西教育(高教版)，2008(06).

[89]袁振国. 当代教育学[M]. 北京：教育科学出版社，2010.

[90]曾红. 儒道佛理想人格的融合——中国文化心理结构[M]. 济南：山东教育出版社，2012.

[91]曾杰，王继子. 论红色文化在当代青年人格教育中的价值生成[J]. 湖南科技学院学报，2017，38(08).

[92]张春兴．心理学思想的流变——心理学名人传［M］．上海：上海教育出版社，2002.

[93]张厚粲．行为主义心理学［M］．杭州：浙江教育出版社，1997.

[94]张丽欣．高中生宿舍人际冲突问题研究［D］．长沙：湖南师范大学，2019.

[95]张世富．皮亚杰关于道德判断和行为的理论［J］．昆明学院学报，1988(03).

[96]张卫，林崇德．论儿童发展的新皮亚杰理论［J］．华南师范大学学报(社会科学版)，2002(04).

[97]张艳萍．中国传统文化对中医心理思想的影响研究［D］．南京：南京中医药大学，2010.

[98]张勇．中国传统心理取向音乐治疗思想研究［J］．医学与哲学，2017，38(12).

[99]张忠华．论中国传统文化的心理健康教育价值［J］．现代大学教育，2005(05).

[100]章士嵘．心理学哲学［M］．北京：社会科学文献出版社，1991.

[101]赵琳娜．论双因素理论在学习中的运用［J］．现代商贸工业，2007(10).

[102]赵旻，黄展．中国传统文化视域下的心理学和大学生心理素质教育研究综述［J］．思想教育研究，2014(09).

[103]浙江省教育科学研究院，浙江省中小学心理健康教育指导中心．浙江省中小学心理健康教育课程标准(试用稿)［M］．杭州：浙江教育出版社，2019.

[104]郑敦淳．经典人格论［M］．广州：广东人民出版社，1988.

[105]郑洁欢．浅析中国传统文化教育对学生心理健康的积极影响［J］．人文之友，2019(10).

[106]钟志农．心理辅导活动课操作实务［M］．宁波：宁波出版社，2007.

[107]钟志农．心理辅导活动课的微观发展进程研究［J］．中小学心理健康教育，2009(03).

[108]周含华.论佛家智慧对大学生心理建构的意义[J].湖南师范大学教育科学学报,2008(02).

[109]周宿峰.红色文化基本问题研究[D].长春:吉林大学,2014.

[110]周杨经,刘锦金.微观下心理辅导活动课"团体转换阶段"的探索[J].中小学心理健康教育,2011(16).

[111]周杨经,施海尧,杨艳.微观下的心理活动课团体动力发展[J].中小学心理健康教育,2013(07).

[112]周杨经.心理辅导活动课四阶段进程的再理解[J].江苏教育,2018(40).

[113]朱金富.传统思想与心理治疗:临床上的应用[M].北京:北京大学医学出版社,2009.

[114]卓秀芳.基于需要层次理论的角度谈学生学习动机的激发[J].华夏教师,2015(07).